BAEDEKER SMART

MAROKKO

Perfekte Tage in den Gassen der Souks

Verlag Karl Baedeker – www.baedeker.com

Inhalt

Kapiteleinteilung: siehe vordere Umschlaginnenseite

TOP 10

1 DJEMAA EL FNA (MARRAKECH) ➤ 52

Der Besuch dieses einzigartigen Platzes (Abb. links) mit Gauklern, Feuerschluckern und Schlangenbeschwörern ist für Einheimische und Touristen faszinierend.

2 LA ROUTE DES KASBAHS ➤ 150

Eine Region wie aus 1001 Nacht mit herrlichen Lehmburgen und leuchtend grünen Oasen inmitten der Steinwüste lädt zum Verweilen, Wandern und Staunen ein.

3 FÈS ➤ 128

Orientalischen Zauber umfängt denjenigen, der sich durch Fès el Bali, die Altstadt von Fès treiben lässt und dabei von Sehenswürdigkeit zu Sehenswürdigkeit schlendert.

4 ESSAOUIRA ➤ 78

Das einstige portugiesische Mogador ist heute ein sympathisches Städtchen am Meer mit viel Flair. Spektakulär ist die Hafenanlage aus dem 18. Jahrhundert.

5 AÏT BEN HADDOU ➤ 154

Das pittoreske Lehmdorf steht unter dem Schutz der UNESCO und diente vielen Filmen als Kulisse. Wer Aït Ben Haddou sieht, weiß schnell warum!

6 PARC NATIONAL DE TOUBKAL ➤ 155

Geradezu majestätisch erheben sich die Berge des Toubkal-Massivs mit mehreren 4000ern inmitten von Terrassenfeldbau und malerischen Dörfern und laden zum Trekken oder Wandern ein.

7 MEDERSA BEN YOUSSEF (MARRAKECH) ➤ 54

Diese große Koranschule aus dem 12. Jh. ist mit Sicherheit das schönste Bauwerk der Stadt.

8 RABAT ➤ 81

Die Hauptstadt Marokkos hat eine tolle Lage am Meer, eine malerische Altstadt und großartige Sehenswürdigkeiten. Auf der anderen Seite des Flusses liegt die Schwesterstadt Salé.

9 VOLUBILIS ➤ 132

Die römische und sehr gut erhaltene Siedlung am Fuße des herrlichen Zerhoungebirges gehört zu den schönsten archäologischen Stätten des Landes.

10 SOUKS (MARRAKECH) ➤ 56

Die Soukstraßen sind ein Fest für alle Sinne. Das Labyrinth aus Gassen, Läden und den unzähligen knallbunten Waren ist wahrhaft überwältigend.

DAS MAROKKO

Erleben, was Marokko ausmacht, sein einzigartiges Flair spüren. So, wie die Marokkaner selbst.

THÉ À LA MENTHE

Jeder, der durch Marokko reist, wird ihm begegnen: Dem süßen Pfefferminztee, der Lebensgeister weckt und jede Begegnung begleitet. Seine Zubereitung will gelernt sein und darf nicht von jedem vollzogen werden! Stilvoll wie in Herrschaftshäusern können Sie eine Teezeremonie im Hotel Mamounia erleben (▶ 66) – einfacher, aber dafür umso herzlicher ist es, wenn man bei Familien oder Hirten zu Gast ist.

AUF DEM RÜCKEN DES WÜSTEN-SCHIFFES

Groß, erhaben und etwas seekrank fühlt man sich, wenn man auf dem Rücken eines Dromedars durch die Wüste reitet. Ganz einfach sieht es aus, wenn die Marokkaner des Südens aufsteigen und losreiten – wir hingegen fühlen uns erst einmal sehr befremdet von der Gangart. Und dennoch: Es gibt kaum etwas Beglückenderes, als von Düne zu Düne zu reiten und dabei den Sonnenuntergang am Horizont zu erleben! Kameltouren organisieren z. B. die Hotels in Merzouga (▶ 163).

IM DAMPF BADEN

Gesellschaftliches Leben in Marokko ist ohne das Hammam, das traditionelle Badehaus, nicht denkbar. Dieser Ort ist die Nachrichtenbörse Nr. 1 im Land. Heiratspläne werden hier geschmiedet und Geschäfte gemacht. Wer's authentisch mag, sollte sich trauen, ein wirkliches Dorfhammam aufzusuchen. Ein schöner Kompromiss ist das Lalla Mira in Essaouira, das von Einheimischen wie Touristen gleichermaßen gerne aufgesucht wird (www.lallamira.com).

TAJINE ESSEN

Wo immer man durch Marokko fährt, überall wird man die traditionellen, kegelförmigen Tontöpfe sehen, die auf Holzkohlegrills stehen und Reisende zum Essen verleiten sollen. Es sind Eintöpfe, die stundenlang im eigenen Saft vor sich hingaren und dann, traditionell aus dem Topf mit einem Stück Brot gegessen werden. Logisch findet sich das beste Essen dort, wo Fernfahrer einkehren, also am Straßenrand, wie z. B. in Ijoukak am Tizi N'Test (▶ 157).

GEFÜHL

Bunte Lampen und Laternen im Souk von Marrakech

Das Marokko Gefühl

LEBEN IN LEHM

Im Süden Marokkos erheben sich Kasbahs – großartige, prächtige Bauten aus Lehm, Burgen wie aus dem Mittelalter und doch sind sie keine Relikte vergangener Tage, sondern werden bewohnt. Niemand, der durch Marokko reist, sollte es sich entgehen lassen, einmal darin zu übernachten. Authentisch und stilvoll kann man dies z. B. im Ksar (Dorf) Tinjedad an der Straße der Kasbahs (www.elkhorbat.com).

FISCHERIDYLLE

Am späten Nachmittag kommen beispielsweise in Essaouira die Fischerboote von ihren Fangzügen zurück in den herrlichen und gut erhaltenen alten Hafen und verkaufen direkt vom Schiff die frischesten Fische. Es wird gerufen und gebrüllt, Hausfrauen und Familienväter streiten um den Preis und in Windeseile wechseln Fische und Dirham ihren Besitzer.

FEILSCHEN, WAS DAS ZEUG HÄLT

Shoppen – das gehört zum Urlaub einfach dazu, oder? Vor allem, wenn man durch die Souks von Marrakech schlendert. Wenn Teppiche mit ihren Farben bestechen und Lampen aus buntem Glas einen schwindelig werden lassen, wenn Teekannen Sehnsüchte nach Pfefferminze wecken und Schmuck an Träume aus 1001 Nacht erinnert, muss man sein Talent zum Handeln beweisen, Preise diskutieren und Tee trinken – Souvenirs erwerben also nach bester marokkanischer Feilschmanier.

GEDANKEN FLIEGEN LASSEN

Auf den Hügeln von Tanger liegt das schöne Café Hafa (► 119). Auf schmalen Terrassen, die üppig bepflanzt sind, saß schon Paul Bowles, ließ den Blick über das endlose Blau des Meeres schweifen und dachte sich seine bizarren, für Marokko so typischen Geschichten aus. Die Jugend von heute träumt vom gegenüberliegenden Meeresufer, wo (ihrer Meinung nach) Milch und Honig fließen. Der ausländische Besucher jedoch identifiziert sich eher mit dem amerikanischen Autor und lässt die Gedanken über das Meer fliegen – losgelöst von Milch und Honig.

Das Café Hafa in Tanger thront über dem endlosen blauen Meer

Das Magazin

Ein kaltes Land
unter heißer Sonne

»Jzirat el-Maghreb«, Insel im Westen des Sonnenuntergangs, nannten die Araber das nordafrikanische Hochland. Diese »Insel« ist vom Atlantik, dem Mittelmeer und den weiten Sandwüsten der Sahara im Süden umgeben.

Marokko, am westlichen Rand dieser »Insel«, bietet viele Attraktionen: grüne Täler, Sanddünen und karges Gebirge, kühle Flüsse und Seen im Mittleren Atlas, aber auch sonnige Strände am Atlantik und am Mittelmeer. Immer wieder überraschen im Landesinneren imposante Bauwerke.

Die abwechslungsreiche Landschaft reicht von fruchtbaren Feldern im Mittleren Atlas bis zur kargen Wüste im Süden. Von der Schönheit und Weite der Wüste sind viele Reisende fasziniert. Marschall Lyautey, der erste französische Generalresident und Modernisierer Marokkos, beschrieb es treffend als »ein kaltes Land unter heißer Sonne«. Dass es in Marokko stets heiß ist, ist ein verbreiteter Irrglaube. Im Gebirge, das einen erheblichen Teil des Landes ausmacht, schwankt das Klima zwischen brütend heißen Sommern und eisig kaltem Winterwetter mit schneebedeckten Gipfeln. In den Sommermonaten glüht die Wüste tagsüber, aber nach Sonnenuntergang wird es richtig kühl. An der Atlantikküste und in Agadir herrschen das ganze Jahr über angenehme Temperaturen: Im Sommer ist es hier viel kühler als in Marrakech und den Wüstenstädten, im Winter ist es warm genug, um sich zu sonnen.

Eine Karawane überquert die Dünen von Erg Chebbi in Richtung Sahara

Küsten und Strände

Marokkos Atlantikküste ist über 2800 km lang und seine Mittelmeerküste über 530 km. Die Küstenregionen der fruchtbaren Flussebenen Sous und Sebou sind am dichtesten besiedelt und am wohlhabendsten. Die Atlantikküste ist zwar wesentlich rauer und windiger als die Mittelmeerküste, dafür gibt es aber herrliche Strände zum Surfen, u. a. Sidi Kaouiki, Sidi Ifni und Dar-Bouazza (➤ 100) bei Casablanca. Tanger (➤ 106) ist Marokkos größter Passagierhafen, Casablanca (➤ 86) sein größter Industriehafen.

Fantastische Berge ...

Ein Siebtel des Landes liegt mehr als 2000 m über dem Meeresspiegel. Der Atlas selbst besteht aus drei Gebirgszügen, von denen der Hohe Atlas am bekanntesten ist. Mehr als 400 seiner Gipfel sind über 3000 m hoch und zehn über 4000 m. Der Jebel Toubkal (➤ 155), ist mit 4167 m der höchste Berg Nordafrikas.

   In den Hochebenen des Mittleren Atlas leben viele Berberstämme von der traditionellen Schaf- und Ziegenzucht. Der höchste Gipfel hier ist der Jebel Bounaceur mit 3340 m.

Das Magazin

Das Saghrogebirge mit seinem immerhin 2712 m hohen Jebel Sarhro ist eine karge Gebirgskette, die an das Drâa-Tal und die Wüste grenzt. Der höchste Gipfel des Antiatlas, der zwischen Draatal und Atlantik liegt, heißt Jebel Lekst. Er ist immerhin noch 2359 m hoch. Das Atlasgebirge besteht aus Sedimentgestein mit Einschlüssen aus Granit und Quartzit. Die Nord- bzw. Mittelmeerküste ist durch das Rif-Gebirge (➤ 115), einer Verlängerung der Betischen Kordillere Südspaniens, vom restlichen Marokko getrennt.

... zum Skilaufen geeignet

Die Franzosen brachten in den 1930er-Jahren den Skisport nach Marokko, heute gibt es drei Skigebiete. Skiurlaub in Marokko ist zwar eine Glückssache, denn nicht immer liegt ausreichend Schnee. Wenn aber, dann in der Zeit von Mitte Januar bis Mitte März oberhalb von 2000 m Höhe. Das auf 2400 m Höhe gelegene Top-Skigebiet Oukaïmeden (➤ 170) ist nur eine Autostunde von Marrakech entfernt und hat den höchsten Sessellift Afrikas. Dieser führt zum Gipfel des Jebel Oukaïmeden (3273 m).

»Rechnen Sie mit grünen Tälern, Sanddünen und Wüste, Hochgebirge, Badestränden und Bergseen«

Saudische Investoren entwickeln hier ein exklusives, ganzjährig betriebenes Skiparadies mit Fünf-Sterne-Hotels, Skiliften und Kunstschnee. Erfahrene Skiläufer können eine Tour mit einem einheimischen Bergführer ins Tazaghartgebiet machen. Die kleineren Skipisten wie Mischliffen, Azrou (➤ 138) und Ifrane (➤ 144) sind beliebte Wochenendziele.

Abhängigkeit vom Regen

Regen bringt Marokko immer wieder in Not: Entweder es gibt zu viel oder zu wenig. In den vergangenen 25 Jahren häuften sich gravierende Dürreperioden, aber auch verheerende Überschwemmungen, wie im Oktober 2008. In Marokkos Wirtschaft spielt die Landwirtschaft eine große Rolle – und etwa 85 % der Felder werden mit Regenwasser bewässert. Obwohl die Regierung intensiv in Bewässerungspläne investierte, haben in den 1990er-Jahren über 450 000 Menschen die ländlichen Gebiete verlassen, viele Bauernfamilien haben ihre Höfe aufgegeben. Die Regierung hat ihre Anstrengungen zur Vorbeugung wetterbedingter Katastrophen verdoppelt.

Reiz der Wüste

Im Süden des Antiatlas und des Drâa-Tals liegt die Sahara. Das Gesicht der marokkanischen Wüste ist von *hamadas* geprägt, kargen, windigen Felsplateaus. Hier und da stoßen Sie auf *ergs*, märchenhafte Sanddünen,

Jebel Toubkal ist bei Snowboardern beliebt

die erstaunlich hoch sein können. Zahlreiche *oueds*, Flussbetten, die bei Regengüssen ebenso schnell anschwellen wie sie wieder austrocknen, durchziehen den Sand. Außerhalb des Drâa- und des Ziz-Tals (➤ 161), die aus dem Gebirge bewässert werden, gibt es wenige Oasen.

Die westliche Sahara erhält vom Atlantik her feuchtere Luft und Niederschläge und ist daher grüner und fruchtbarer. Weitere Reichtümer dieser Wüste sind ihre phosphathaltigen Bodenschätze.

Auf den Schultern eines Riesen

In der griechischen Mythologie ist Atlas einer der Titanen, die gegen die Götter rebellierten. Zur Strafe legten sie ihm die Last des Himmels auf die Schultern. Unter dieser schweren Last bat er darum, versteinert zu werden. So wurde er ins Atlasgebirge verwandelt.

MAROKKO IN ZAHLEN

- Marokko hat mit der Westsahara eine Gesamtfläche von 710 850 m², die Einwohnerzahl liegt bei 33 Mio.
- Die »Vision 2020« der Regierung, ein Plan zum Aufbau des Tourismus, stellt nicht nur die Steigerung der Besucherzahl, sondern auch die Entwicklung eines nachhaltigen Tourismus in den Vordergrund.
- Heute arbeiten weniger als 40 % der Bevölkerung auf dem Land, zu Beginn des 20. Jhs. waren es noch 90 %.
- Marokko besitzt 75 % der weltweiten Phosphatvorkommen und ist international der größte Exporteur dieses Rohstoffs.

Glaubenssache

Religion ist in Marokko ein vielschichtiges Thema. Einerseits ist die Mehrheit der Marokkaner muslimisch, andererseits sind im Volksglauben der Berber mystische Bräuche lebendig, beispielsweise die Verehrung vieler *marabouts* (Heiligengräber).

Obwohl der orthodoxe Islam keine Vermittler zwischen Mensch und Allah anerkennt, spielt der Heiligenkult in Marokko eine wichtige Rolle. Die Nachkommen des Propheten Mohammed, zu denen das marokkanische Königshaus der Alaouiten gehört, werden in Marokko wie Heilige, sogenannte *chorfa* (Mehrzahl von *cherif* oder *sherif*), verehrt.

Grundgedanken des Islam

Muslime erkennen die »fünf Säulen« des Islam an: Das Bekenntnis, wonach Allah der einzige Gott und Mohammed sein Prophet ist, heißt *shahaada*; *salaat* bezeichnet die Pflicht, täglich fünfmal zu beten; *soum* ist das Fasten im Ramadan; *zakaat* ist die Wohltätigkeit gegenüber Bedürftigen und *haddsch* die Pilgerreise nach Mekka. Der Koran (oder Qur'an) ist die heilige Schrift, die wörtliche Offenbarung Allahs an den Propheten Mohammed.

Die Hand Fatimas ist ein dekorativer marokkanischer Talisman

Die Anweisungen des Propheten, *hadith*, legen zusammen mit dem Koran die Regeln für das muslimische Zusammenleben fest. Dazu gehört, fünfmal täglich in Richtung der Kaaba in Mekka (Saudi Arabien) zu beten. Einige gehen dafür zur Moschee, andere beten in Geschäften, zu Hause, am Arbeitsplatz oder am Straßenrand – wo immer sie gerade sind. Freitags gehen die meisten

> »Allahs Wille geschieht, weil er es so will«

Männer zum Nachmittagsgebet in die Moschee, um die wöchentliche Predigt zu hören. Daher sind Geschäfte und Museen um diese Zeit in der Regel geschlossen.

Im Fastenmonat Ramadan gedenken Muslime der Offenbarung des Korans an den Propheten Mohammed und dürfen von Sonnenaufgang bis Sonnenuntergang weder essen noch trinken noch rauchen. Kinder, Reisende, Kranke, Alte und Schwangere sind vom Fastengebot befreit.

Inshallah, bismillah und el hamdu lillah

Allahs Name ist in aller Munde. Das am häufigsten zitierte Stoßgebet *inshallah* heißt wörtlich »so Gott will«, kann aber auch »hoffentlich«, »ja«, »nein«, »vielleicht«, »bestimmt« usw. bedeuten. Muslime glauben, dass nichts gegen Allahs Willen geschieht und der Mensch Allahs Willen nicht durchschauen kann. Ein Essen oder eine Reise beginnen Muslime mit einem *bismillah*, der Kurzform für *bismillah er rahman er rahim* – »im Namen Allahs, des Barmherzigen und Erbarmers«. Ein geflüstertes *allahu*

Außenmauer der Koubba Almoravide in Marrakech mit Rundbögen und Zinnen

Die im 12. Jh. wieder errichtete Karaouiyne Moschee im Viertel el-Bali in Fès

akbar (»Allah ist groß«) drückt Überraschung oder Sorge aus, *el hamdu lillah* (»Gelobt sei Allah«) Freude oder Erleichterung.

Weiße *koubbas* und *moussems*

Gläubige pilgern zu den *koubbas* oder *marabouts* (Grabkammern) ihrer Schutzpatrone, unter denen sogar einige weibliche sind, um zu beten oder um Rat und Hilfe zu bitten. Einige knoten Stoffstreifen als Zeichen ihrer Verbundenheit an die Schutzgitter der Gräber. Andere stellen Öl in die Gräber, wo es *baraka*, den Segen der Heiligen erhält, um dann zur Heilung Kranker zu dienen. Besonders Frauen suchen *marabouts* auf, um ihre Sorgen zu besprechen und bei Unfruchtbarkeit oder Geburten um Hilfe zu beten.

Heiligengräber, um die sich Sufiorden gebildet haben, heißen *zaouia*. Die einflussreichsten *zaouias* sind Aïssaoua in Meknès, Gnaoua (▶ 79) und Regraga in Essaouira sowie Taïbia in Ouezzane. Zum Geburtstag der Heiligen werden *moussems* (▶ 26) veranstaltet, Volksfeste, bei denen mehrere Tage lang gefeiert und gebetet wird.

Bismillah
Guten Appetit!

Marokkanische Festessen sind nichts für Ängstliche oder einen empfindlichen Magen. Die vielen Gänge und üppigen Speisen mögen für den westlichen Gaumen ungewohnt sein, aber mit ihren kräftigen Farben, intensiven Aromen und Geschmacksrichtungen von süß bis scharf sprechen sie alle Sinne an.

Gebot der Gastfreundschaft

Im gemeinsamen Essen, etwa beim Teilen einer großen Schüssel Couscous oder einer dampfenden *tajine* (Eintopf), drückt sich die Kultur marokkanischer Familien- und Stammesverbände aus. Gastfreundschaft ist Ehrensache.

Marokkaner erzählen gerne die vorislamische Legende von einem Prinzen, der sein gesamtes Vermögen für den würdigen Empfang durchreisender Gäste ausgab. Sogar einfache Reisende, die sich verirrt hatten, bewirtete er großzügig, bis er schließlich selbst nichts mehr hatte. Eines Tages kam der König zu Besuch, der gehört hatte, der Prinz besitze ein fantastisches Pferd. Nach dem Gastmahl kam der König auf seinen Wunsch zu sprechen, ihm das Tier abzukaufen. Da gestand der Prinz, dass er das Pferd hatte schlachten lassen, um der Pflicht der Gast-

Ein gut besuchter, familiengeführter Stand am Djemaa el-Fna Platz in Marrakech

freundschaft nachzukommen. Das Gebot der Gastfreundschaft hatte nicht nur den Gastgeber, sondern auch den Gast leer ausgehen lassen.

Bei Marokkanern zu Gast

Marokkaner sitzen beim Essen auf Kissen oder Sofas um einen niedrigen, runden Tisch. Vor dem Essen wird eine Schale mit Orangenblüten- oder Rosenwasser zum Händewaschen gereicht. Traditionsgemäß darf nur die rechte Hand benutzt werden, ein Stück Brot hilft beim Aufnehmen der Speisen. Mit dem *bismillah* eröffnet der Gastgeber das Essen und nimmt selbst den ersten Bissen. Danach wird er zuerst den Gästen die verschiedenen Speisen anbieten.

Als Gast sollten Sie jede Speise wenigstens probieren. Sie müssen nicht alles aufessen, es ist sogar höflicher, etwas übrig zu lassen. Rülpsen ist erlaubt und zeigt, dass Sie satt sind. Beim Essen sollten Sie als Gast wenig sprechen. Bei einem großen Festmahl gibt es als Vorspeise eine herzhafte Suppe, z. B. *harira* mit Kichererbsen, Fleisch und Tomaten, zu der oft Datteln serviert werden.

> »Lausche unseren Geschichten so, wie du deinen Tee schlürfst, um das volle Aroma zu schmecken«

Danach folgen verschiedene Salate und *tajine* (Eintopf), gegrilltes Fleisch oder Fisch. Der nächste Gang ist Couscous mit Gemüse und Brühe, gefolgt von frischem Obst.

Tajine ist ein traditionelles Gericht, das in ganz Marokko verbreitet ist

Als Nachtisch runden der verdauungsfördernde Minztee mit Mandeln und Honigkonfekt das Essen ab. Genießen Sie in Ruhe Ihren Tee, nach dem Motto der Bewohner des Hohen Atlas: »Lausche unseren Geschichten so, wie du deinen Tee schlürfst, um das volle Aroma zu schmecken«. Das inzwischen typisch marokkanische Getränk brachten einst die Engländer ins Land. Doch der grüne Tee der Briten war den Marokkanern zu bitter, daher fügten sie viel Minze und reichlich Zucker hinzu.

Ras el Hanout

Die marokkanische Gewürzmischung *Ras el Hanout* (»Chef des Ladens«) wird zu besonderen Anlässen und in Wintereintöpfen verwendet. Sie besteht aus bis zu 27 Gewürzen, darunter Kardamon, Muskatblüte und Muskatnuss, Galgant, Chili, Paprika, Spanische Fliege, indischer und chinesischer Zimt, Erdmandeln, Stangenpfeffer, Nelken, Kurkuma, Ingwer, Veilchenwurzel, schwarzer Pfeffer, Lavendel, Rosenknospen, Ebereschenbeeren, Belladonna, Fenchelblüten, Schwalbenwurz, Anis, Kubebenpfeffer und Mönchspfeffer.

Links oben und unten: Minztee erfrischt und fördert die Verdauung

Die Bedeutung der
Dattel

Die elegante Silhouette einer Palme ist nicht nur schön, sondern symbolisiert zugleich die Kulturen der Araber und der Berber.

Ein Sprichwort der Berber lautet: »Es ist gut, die Wahrheit zu kennen und auszusprechen, aber es ist besser, die Wahrheit zu kennen und über Palmen zu sprechen«. In Marokko gibt es zahlreiche Palmenarten, doch die Dattelpalme *(phoenix dactylifera)* ist am weitesten verbreitet. Man sagt, die Dattelpalme müsse mit den Wurzeln im Wasser und dem Wipfel im Feuer stehen. In Südmarokko hat sie ideale Bedingungen und ist dort die einzige Nutzpflanze. In der marokkanischen Landwirtschaft ist sie aus mehreren Gründen unentbehrlich:

- Sie ist äußerst ertragreich und hat eine Lebensdauer von 150 Jahren.
- Sie spendet Schatten und schützt den Boden vor Erosion durch den Wüstenwind und die glühende Sonne.
- Jeder Teil der Palme ist verwertbar: Datteln sind ein wesentlicher Bestandteil der marokkanischen Küche, ihre Blüten sind ein beliebtes Aphrodisiakum, Stamm und Blätter werden als Baustoffe genutzt, aus dem Saft wird Likör und aus den Fasern werden Seile hergestellt.

Trotzdem ist die Lage der Palmenplantagen nicht rosig. In den letzten Jahren hat sich der Palmenbestand Nordafrikas durch die nicht bekämpfbare Pilzkrankheit *bayoud* um 75 % reduziert. Hinzu kommt, dass in Südmarokko nicht nur Dürre, sondern auch Bevölkerungswachstum und die ausländische Nachfrage nach Baugrund die Plantagen bedrohen.

Datteln wachsen überall in Marokko und sind ein wahrer Leckerbissen

Dattelpalmen im üppigen Jardin de l'Agdal in Marrakech

Die Dattel in den Religionen

Dattelpalmen spielen im Islam, im Christentum und Judentum eine wichtige Rolle. Der Prophet Mohammed kam in einem Palmengarten zur Welt. Daher beginnen Muslime im Ramadan die allabendliche Fastenpause mit einer Dattel und einem Löffel Wasser. Nach nordafrikanischer Überlieferung soll die erste, mit reifen Früchten beladene Dattelpalme an einer Stelle im Garten Eden aus dem Boden gesprossen sein, an der Adam sich soeben die Haare und Nägel geschnitten hatte. Der Erzengel Gabriel soll hinter dem Baum aufgetaucht sein und Adam erklärt haben, dass er sich von nun an davon ernähren solle. Bei seiner Vertreibung aus dem Paradies nahm Adam die Palme mit. Als Moses das jüdische Volk aus Ägypten führte, hungerten und dursteten sie, bis sie den Palmenhain von Elim erreichten. Auch die Bibel beschreibt die Schönheit, Mythologie und die Nützlichkeit der Dattelpalme.

KLEINE DATTELKUNDE

- Die süßesten Datteln wachsen in Zagora (▶ 161).
- Die Sorte *boussekri* hat festes Fleisch und ist mit Minztee oder Milch eine typische Mahlzeit der Hirten.
- Viele Plantagen bauen zu 90 % die groß wachsende und süße Sorte *deglet nour* an, die im Export gute Preise erzielt, aber von Einheimischen weniger geschätzt wird.
- Getrocknete Datteln, wie die rechteckigen *boutoub*, halten sich gut, die weichen *boufggous* werden mit Kuminwasser haltbar gemacht.
- Auf dem Land gräbt man Datteln in Tonkrügen in die Erde ein – diese fermentierten *akbourn* riechen streng und schmecken bitter.
- Minderwertige Datteln werden an Ziegen und Schafe verfüttert.

Eroberungen und Herrscherfamilien

Marokko blickt auf eine lange und bewegte Geschichte zurück. Die ersten überlieferten Siedler waren Berber, obgleich über ihre Herkunft nicht viel bekannt ist. Sicher ist, dass sie aus Zentralasien stammten.

Ein schmuckvolles Mosaik in einer der vielen römischen Villen von Volubilis

Die folgenreichste Invasion kam mit den arabischen Eroberern gegen Ende des 7. Jhs., die in Marokko die Macht übernahmen und die Berber weitgehend islamisierten. Die späteren europäischen Kolonialmächte kamen wegen der Bodenschätze und der strategischen Lage des Landes.

Die Anfänge
Im 12. Jh. v. Chr. gründeten die Phönizier aus Syrien Handelsposten entlang der marokkanischen Küste, die später die Karthager übernahmen. Nach der Zerstörung Karthagos Mitte des 2. Jhs. v. Chr. durch die Römer wurde der Norden Marokkos zur römischen Provinz Mauretania Tingitane (von Tingis, heute Tanger). Es folgte eine Epoche großer wirtschaftlicher und kultureller Blüte, besonders unter der Herrschaft von König Juba II., der am Hof Kaiser Augustus' aufgewachsen und mit der Tochter von Antonius und Kleopatra verheiratet war. Volubilis (➤ 132) war zu dieser Zeit das Zentrum von Kultur und Wohlstand.

Arabische Eroberung

Um 640 n. Chr. begannen die Araber, das Land westwärts zu erobern und die Bevölkerung zu islamisieren. Trotz heftiger Widerstände der Berber war Marokko bis 705 n. Chr. vollständig erobert. Der arabische Feldherr Uqba ibn Nafi soll beim Erreichen der Atlantikküste mit seinem Pferd in die Brandung geritten sein und ausgerufen haben, Gott könne bezeugen, dass nur das Meer seine Eroberung gebremst habe. Von Marokko aus drangen die Araber nach Spanien vor.

Große Berberdynastien

789 n. Chr. gründete der arabische Flüchtling Moulay Idriss I. (➤ 137) den ersten islamischen Staat in Marokko und die Stadt Fès. Die Idrisiden herrschten bis 974 n. Chr. Das Berbervolk der Almoraviden aus der Sahara übernahm im 11. Jh. unter Ibn Yaasin die Herrschaft. Seine Nachfolger Abu Bekr und der Gründer Marrakechs, Youssef ben Tachfine, dehnten ihr muslimisches Königreich bis nach Spanien aus. Ein Höhepunkt der marokkanischen Geschichte ist der Machtwechsel von 1147: Unter der Führung des religiösen Reformators Ibn Toumert übernahmen die Berber des Hohen Atlas, die Almohaden, die Macht. Die Almohaden regierten Nordafrika und das maurische Spanien, ihr Führer Yacoub el-Mansour ernannte sich zum Sultan von Sevilla.

Weitere arabische Herrscher

Im 16. und 17. Jh. erlebte Marokko unter den Saâditen eine kulturelle Blüte. Abu el-Abbas Ahmed el-Mansour, der bekannteste König der Saâditen (er regierte 1578–1603), wurde »el-Mansour«, der Siegreiche, genannt, nachdem er die Portugiesen in der Dreikönigsschlacht von 1578 besiegt hatte.

Die Alaouiten

1666 übernahm Moulay Rachid die Macht in Marokko, ihm folgte der berüchtigte Moulay Ismail (➤ 134), Begründer der Alaouitendynastie, die bis heute an der Macht ist. Mit der Unabhängigkeit von Frankreich bestieg 1956 Mohammed V. den Thron. Sein ältester Sohn Hassan II. (1929–99) regierte seit 1961 mehr als 38 Jahre lang. Sein Bild ist heute noch überall zu sehen. Er ordnete 1975 den Grünen Marsch an, bei dem 350 000 Marokkaner Richtung Süden marschierten, um die Westsahara vom spanischen Protektorat zu befreien.

Sein Sohn, der derzeitige König Mohammed VI., ist sehr beliebt und gilt als Modernisierer. Die offizielle Hauptstadt ist zwar Rabat, doch da sich der König häufig in Marrakech aufhält, fördert er die Stadt als Ziel für Touristen und Filmemacher.

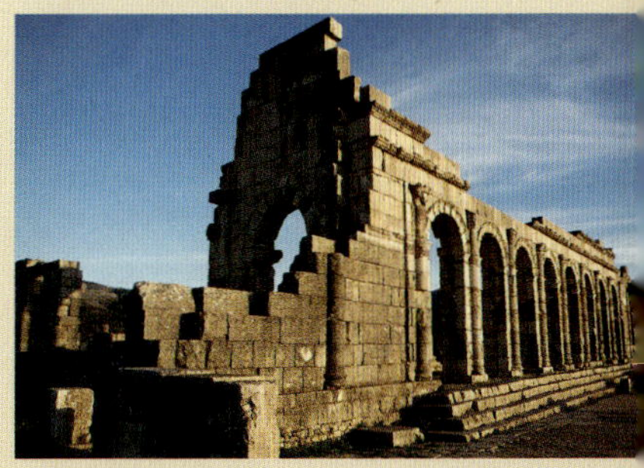

Die römischen Ruinen in Volubilis

Berber sind stolz

und nur ein bisschen Marokkaner

Rund die Hälfte der Bevölkerung sind Berber, die ursprünglichen Einwohner Marokkos. Die Römer nannten diese unbezähmbaren und stolzen Stämme »Barbarus«, wovon sich »Berber« ableitete. Sie selbst nannten sich »Imazighen«.

Berber sind stolz auf ihre Abstammung und sehen sich nur in zweiter Linie als Marokkaner. Sie haben eine eigene Sprache, die nach Arabisch die am meisten gesprochene der Landessprachen ist. König Mohammed VI. unterstützt die kulturelle Identität der Berber, indem er die Berbersprache fördert. Sie wird für die älteste Sprache Nordafrikas gehalten und ist seit 3000 Jahren überliefert. Doch an den Schulen wurde lange nur auf Arabisch oder Französisch unterrichtet.

Die Sprache erhalten

Seit 2008 ist Berberisch als Unterrichtssprache erlaubt, aber es gibt nicht genügend ausgebildete Lehrer. In Marokko sind drei Hauptdialekte verbreitet: *Riffan* wird im Norden bis nach Fuguig gesprochen, *Tamazight* im Hohen und Mittleren Atlas und *Soussi* oder *Chleuh* im Süden.

Eine Frau vom Berberstamm der Gheghaia webt Teppiche im Örtchen Imlil

Die Musik der Berber

Die traditionelle Musik der Berber unterscheidet sich sehr von der arabischen Musik. Männer und Frauen singen und tanzen bei Dorffesten zusammen. Die rituellen rhythmischen Stücke mit Trommel und Flöte werden nur bei *moussems* oder mystischen Ritualen gespielt. Reisende Musiker ziehen im Hohen Atlas von Ort zu Ort, um ihre Lieder und Reime vorzutragen.

Unter westlichem Einfluss, insbesondere Synthesizern und Rhythmusgitarren, entwickelte sich aus der Berbermusik der *raï*. Das Wort *raï* bedeutet »Meinung«, die Lieder erzählen von der Zerrissenheit der Jugend zwischen Nordafrika und Europa.

Die Lebensweise der Berber

In den felsigen Hängen der Berge leben die Berber in Steinhäusern, von denen sie ihre Terrassenfelder überschauen können. Einige Berberstämme, beispielsweise die Aït Atta bei Jebel Sahro und im Drâa-Tal, leben weiterhin als Nomaden in Zelten aus Ziegenleder und Kamelfellen.

Berberinnen tragen keinen Schleier und bewegen sich in der Öffentlichkeit der Städte genauso selbstbewusst wie in den Steppen des Nordens. Sie treiben Ziegen- und Viehherden und tragen riesige Bündel mit Brennholz oder Vorräten auf dem Kopf. Ihr Metier sind die Wochenmärkte, auf denen sie nicht nur Waren und Produkte der verschiedenen Stämme austauschen, sondern auch Neuigkeiten und Meinungen. Berber der Steppen erbauten die *ksar* (➤ 33), befestigte Wehrdörfer, zum Schutz gegen Eindringlinge. In den Bergen lebende Berber konnten sich leichter verteidigen, ihre Getreidevorräte schützten sie im *agadir* oder *irherm*.

Moussems und
Festivals

Moussems gehören seit dem 16. Jh. zum festen Brauchtum, und so werden jedes Jahr rund 750 gefeiert. Seit einigen Jahren zieht das musikalische Programm der größeren *moussems* immer mehr ausländische Gäste an.

Ein echtes *moussem*

Überall im Land sehen Sie die weißen Kuppeln der *marabouts* der *chorfa*, Gräber von Nachfahren des Propheten Mohammed, Sufimeistern oder lokalen Heiligen. Jedes Jahr wird der Geburtstag des jeweiligen Toten mit einem großen Fest um dessen Grab gefeiert. Dieser Brauch ist den Nordafrikanern eigen und bei orthodoxen Sunniten, die jegliche Heiligenverehrung ablehnen, verboten. Oft fallen diese Feste in die Erntezeit und sind eine Gelegenheit für die verstreut im Atlas lebenden Bewohner, gemeinsam zu feiern, ihre Erzeugnisse anzubieten, Heiraten anzubahnen und Vorräte aufzustocken, bevor ihre Dörfer in den Wintermonaten von der Außenwelt abgeschnitten sind. Die Feiern beginnen mit dem Freitagsgebet

Zum *moussem* geschmückte Berberin

und dauern eine Woche. Der Besuch eines Heiligengrabs kann die Pilger-
reise nach Mekka ersetzen und wird gern »*haddsch* der Armen« genannt.
Neben den religiösen Ritualen ist es ein Volksfest mit einem großen Markt,
Volkstänzen, Gesang, Akrobatik und einer *fantasia* mit Pferden und Musik.

Das berühmteste *moussem*

Am bekanntesten ist das *moussem* von Imlichil im Hohen Atlas. Bevor sie
durch den Schnee von der Außenwelt abgeschnitten werden, treffen sich
die Berberstämme der Region im September zu Ehren des Heiligen Sidi Ahmed Oulmaghni. Hier können sich Männer und Frauen kennenlernen und
Ehen arrangieren. Wenn sie keinen Erfolg haben, versuchen sie es im
nächsten Jahr wieder. Zum *moussem* in El-Jadida kommen rund 300 000
Menschen zu Ehren des Moulay Abdellah Amghar, der im 12. Jh. lebte. Fast
1000 Reiter präsentieren bei den gleichzeitigen *fantasia*-Reiterspielen ihre
Stämme. Am Vorabend des Geburtstags des Propheten Mohammed findet
in Salé eine Prozession zum Grab des Schutzheiligen Sidi Abdellah ben
Hassoun statt, bei der die Einheimischen riesige bunte Kerzen tragen.

Die Festivals

Seit einigen Jahren tritt der religiöse Teil der *moussems* besonders in den
Städten zugunsten der Musik in den Hintergrund. Essaouira veranstaltet
jeden Sommer ein großes Musikfestival der Gnaoua mit zahlreichen internationalen Künstlern. Anfang Juni findet in Fès das etwas kleinere Heilige-
Musik-Festival mit internationalen Künstlern geistlicher Musik statt. Casablanca feiert im Juni ein Straßenfest, Ouazarzate im September das
Ahouache, ein Festival der Berbertänze und der Berbermusik. Im Süden
und Dakhla finden weitere Festivals im Zeichen des Friedens und der
Musik der Touareg statt.

Fantasia in Ain el-Aouda mit Musik- und Reitperformances

Piraten
und Korsaren

Als der streng katholische König Philipp III. um 1610 Muslime und Juden aus Spanien verbannte, wanderten viele nach Marokko aus. Unter ihnen waren versierte Handwerker, die in ihren Berufen weiter arbeiteten, andere sannen nach Rache und wurden Piraten bzw. Korsaren.

Die gefürchteten Korsaren aus Tetouan und Bou Regreg drangen bis nach England und Island vor. Die Piraterie in Marokko wurde erst 1829 mit der Bombardierung Rabats und anderer Küstenorte beendet, mit der Österreich sich für ein verlorenes Schiff rächte.

Die Räuber von Salé

Der reichste Korsarenstaat war die Republik Bou Regreg. Hier ließen sich über 300 000 aus Spanien vertriebene Morisken (zum Katholizismus konvertierte Muslime) in Rabat und Salé am Fluss Bou Regreg nieder. Um es der spanischen Krone heimzuzahlen, griffen sie zunächst vor allem spanische Schiffe an. Die Piraten von Salé waren so berühmt, dass sich ihnen Abenteurer und Deserteure aus ganz Europa anschlossen. Sie sprachen die Lingua franca, eine Mischung aus Spanisch, Italienisch, Französisch und Portugiesisch und plünderten Schiffe, die von Westafrika und der Karibik nach Europa zurückkehrten. Einer der erfolgreichsten Piraten war der Deutsche Jan Janz, der zum Islam konvertierte und dann Mourad Reis hieß. Er raubte hunderte Menschen aus Dörfern im englischen Cornwall, Irland und Island, die er als Sklaven in Nordafrika verkaufte.

Die Piratenkönigin von Tetouan

Salé, Rabat und Tetouan kamen mit Hilfe der Morisken und den Gewinnen aus der Piraterie zu Reichtum. Nach dem Tod El-Mandaris, des Stadtgründers Tetouans, wurde seine energische 20-jährige Ehefrau Fatima die Königin der Korsaren. Ihr Gefolge war gefürchtet, sie knüpfte sogar Allianzen mit den grausamen Piraten des osmanischen Korsaren Khair ad-Din Barbarossa. Fatima regierte über 30 Jahre und förderte in dieser Zeit Künstler und Intellektuelle an ihrem Hof.

Sir Henry Mainwaring

Im 16. Jh. unterstützte der Engländer Henry Mainwaring alle Piratenanführer, auch den Sultan von Marokko, den Bei von Tunis und den Grafen der Toskana. Von seiner Burg in Mehdiya (▶ 90) aus griff er Schiffe an und verkaufte die Gefangenen als Sklaven in Frankreich und Nordafrika. Später stellte er sein berufliches Können in den Dienst der Krone und wurde in England Marineoffizier und Politiker.

Von Korsaren finanziert

Der Alouitensultan Moulay Rashid und sein Nachfolger Moulay Ismail (▶ 134) verstärkten die unerbittlichen Überfälle der Korsaren Tetouans und Salés auf christliche Schiffe. Denn die Gefangenen mussten die neue Hauptstadt Meknès aufbauen. Doch da der Sultan schließlich über 60 % der Einkünfte für sein Privatleben verbrauchte, ruinierte er sein Reich.

Der nordamerikanische Schriftsteller und Komponist Paul Bowles beeinflusste nicht nur die künstlerische und intellektuelle Szene Tangers nach dem Zweiten Weltkrieg, sondern fesselte auch eine große westliche Leserschaft mit seinen Übersetzungen, Kurzgeschichten und Romanen über Tanger und Marokko. Er schrieb die historischen Erzählungen auf und begründete damit ein Genre, das die zeitgenössischen marokkanischen Autoren weiterführen.

Literatur
Marokkos

Die Kunst, überlieferte Geschichten zu erzählen, hat in Marokko eine starke Tradition, die Sie auf dem Nachtmarkt am Djemaa el-Fna oder in einem Dorfsouk beobachten können. Paul Bowles hat in den 1950er-Jahren viele der mündlichen Überlieferungen auf Tonband aufgenommen und niedergeschrieben.

Das erste Reisetagebuch

Der Forschungsreisende und Erdkundler Abu Abdallah Mohammed (1304–77) war im 14. Jh. auch als »Islamreisender«, Ibn Battuta (oder Battutah) bekannt. Von seiner Geburtsstadt Tanger aus trat er 1325 seine Pilgerreise nach Mekka an, die über 30 Jahre dauerte und ihn nach Vorderasien, Nordafrika, Kleinasien und China führte. In seinem Buch *Rihla* (Reisen) beschreibt er sehr anschaulich die verschiedenen Städte, Landschaften und Menschen, denen er begegnete. Das schlichte *marabout* Battutas liegt in der Altstadt Tangers an einer nach ihm benannten Straße. Der britische Autor Tim Mackintosh-Smith gibt diese Abenteuer brillant und präzise in seiner Reihe T*ravels with a Tangerine* (Reisen mit einem Tangerino) wieder.

Paul Bowles

Der nordamerikanische Schriftsteller und Komponist Paul Bowles beeinflusste nicht nur die künstlerische und intellektuelle Szene Tangers nach dem Zweiten Weltkrieg, sondern fesselte auch eine große westliche Leserschaft mit seinen Übersetzungen, Kurzgeschichten und Romanen über Tanger und Marokko. Nach seinem Musikstudium in Paris reiste Bowles 1931 nach Tanger, das ihn sofort begeisterte. Jedoch zog er erst Jahre später hierher. Obwohl er zum Kern des Kreises ausländischer Künstler gehörte, interessierte er sich mehr für seine neue exotische Umgebung und die marok-

Paul Bowles in Tanger

Tahar Ben Jelloun erhält 2008 von Nicolas Sarkozy den französischen Orden der Ehrenlegion

kanische Alltagskultur. Viele Einheimische zählten zu seinen Freunden. Bowles war mit der Schriftstellerin Jane Auer verheiratet, lebte in Tanger jedoch zunächst mit dem Maler Ahmed Yacoubi zusammen. Später befreundete er sich mit dem Autor Mohammed Mrabet und übersetzte sein Werk.

Sein erfolgreicher Roman *Himmel über der Wüste* hat viele Neugierige nach Marokko gezogen, wie den Autor William Burroughs und Scharen von Hippies. Der Verfilmung des Buchs durch Bernardo Bertolucci mit Debra Winger und John Malkovich in den Hauptrollen und Bowles als Erzähler folgte eine neue Reisewelle.

In den 1930er- und 1940er-Jahren arbeitete Bowles als Komponist und nahm traditionelle marokkanische Musik auf. Er starb 1999; sein Werk hat die zeitgenössischen Dichter Marokkos nachhaltig beeinflusst.

Marokkanische Autoren

Tahar Ben Jelloun ist der bekannteste Autor Marokkos. Er stammt aus Tanger, lebt aber heute in Paris. Er schreibt auf Französisch, doch seine poetischen Erzählungen spielen im harten Alltag Marokkos. Sein meistgelobtes Buch *Sohn ihres Vaters* (1985) erzählt von einem Mädchen, das als Junge ausgegeben und erzogen wird, um das islamische Erbrecht zu umgehen. Mohammed Mrabet (geboren 1940) erzählt die alten Überlieferungen Marokkos, viele seiner zahlreichen Romane und Kurzgeschichten sind von Paul Bowles übersetzt. Auf Deutsch erschienen sind u. a. *M'Hashish* (1987) und *Dollars und Schokolade* (1993).

ABC der Baukunst

Viele Merkmale der traditionellen Architektur stammen aus dem Osten der islamischen Welt. Einige Bauformen, die Sie anhand der folgenden Begriffe leicht unterscheiden können, sind in ganz Marokko verbreitet.

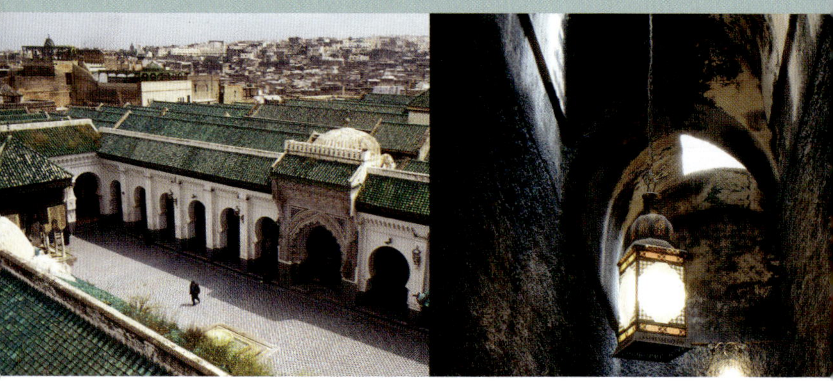

Karaouiyne Moschee in Fès (links); Hammam im Dar Mnebbi, Marrakech (rechts)

Agadir

Agadir oder *irherm*, wie in *Irherm n'Agoudal* (➤ 180), bezeichnet einen Gemeinschaftsspeicher für Getreide und erinnert an eine Kasbah in kunstvoller Pisee-Bauweise aus getrocknetem Stampflehm.

Djamaa (Moschee)

Mit wenigen Ausnahmen sind diese wichtigsten islamischen Bauwerke nur für Muslime zugänglich. Nach dem Vorbild der maurischen Mezquita im spanischen Córdoba aus dem 8. Jh. sind die meisten marokkanischen Moscheen von außen sehr schlicht, nur das Minarett und das verzierte Eingangstor fallen auf. Eine Moschee besitzt immer einen Innenhof, *sahn*, mit einem Brunnen zur rituellen Reinigung, einen Gebetsraum mit einer Nische, *mihrab* oder *qibla*, die nach Mekka ausgerichtet ist. Der Muezzin ruft die Gläubigen oben vom Minarett aus zum Gebet. Die meisten Moscheen sind nach dem Vorbild des Almohadenturms der Koutoubia Moschee in Marrakech (➤ 63) gebaut.

Fondouk

Der *fondouk* oder Karawanenhof ist eine Herberge für Handelsreisende, ein Ort zum Schlafen und Essen mit Lagerräumen für Waren und Ställen für Tiere. Einer der prächtigsten ist der im 18. Jh. restaurierte Fondouk Nejjarine in Fès (➤ 129).

Hammam (Dampfbad)

Körperliche Reinheit ist ein islamisches Gebot. Vor dem Gebet sind rituelle Waschungen vorgeschrieben, daher sind Hammams stets in der Nähe der Moscheen zu finden. Sie dienten auch als Treffpunkt und Badehaus, da es früher kaum Badezimmer in Privathäusern gab. Männer und Frauen haben getrennte Bereiche. Im Hammam trägt man nur ein Handtuch und wandert vom kühlen über den lauwarmen zum heißen Raum. Das renovierte Hammam Mounia in Essaouira (➤ 78) ist eine gute Adresse, um sich verwöhnen zu lassen.

Schmiedeeiserne Waren (links); der geflieste Innenhof der Karaouiyne Moschee (rechts)

Kasbah

Ksar oder *Kasbah* ist ein umfriedetes Wehrdorf, das traditionell einer einflussreichen Sippe gehörte. Trotz der massiven Bauweise weichten die Piseemauern bei Regen auf, die Bewohner zogen dann einfach weiter. An der Straße der Kasbahs (➤ 150) liegen etliche solcher Ruinen.

Medersa (Koranschule)

Medersas, wie z. B. die Medersa Bou Inania in Fès (➤ 128), spielten im alten Marokko eine wichtige Rolle, denn eine Ausbildung in islamischer Theologie, Recht und Rhetorik war für höhere Ämter unentbehrlich.

Marabout

Marabouts oder *koubbas* sind Grabkammern von Heiligen und oft weiß gekalkt. Sie haben einen quadratischen Grundriss und eine Kuppel. Die Tombeaux Saadiens in Marrakech (➤ 64) sind sehr aufwendig, das Sidi Chamarouche im Hohen Atlas (➤ 177) ist dagegen schlicht.

Das Magazin

Medina

Medina bezeichnet die Altstadt, ein von dicken Befestigungsmauern umfriedetes Gassengewirr. An den belebten Hauptstraßen drängen sich unzählige Geschäfte, Werkstätten und religiöse Bauten. Die dahinter liegenden Wohnstraßen vermitteln Ruhe und Geborgenheit. Die Medina von Fès el-Bali (➤ 128) ist eine klassische Altstadt: Jedes Viertel besitzt eine Hauptmoschee, einen Hammam, eine Bäckerei, einen Brunnen und eine Schule. Das Wort *medina* kommt von dem arabischen Wort für »Stadt« – Medina.

Riad

Riad-Hotels sind in Marokko sehr angesagt. Wörtlich bedeutet *riad* umfriedeter Garten, gemeint ist aber ein Haus mit Garten im Innenhof. Die meisten Räume haben Fenster zum Innenhof, nach außen gibt es nur kleine Fenster. Früher lebten ganze Clans in *riads*, jede Familie hatte eine eigene Wohnung. In Marrakech haben Sie die Wahl unter mehr als 1000 *riad*-Hotels (➤ 66) und -Restaurants (➤ 68). Zurzeit erleben in ganz Marokko die *riads* eine Renaissance.

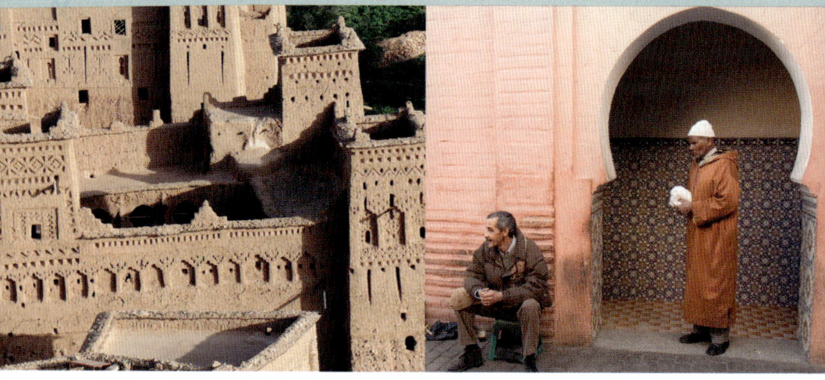

Türme der Kasbah, Aït Benhaddou (links); Eingang zu einem Hammam, Marrakech (rechts)

Souk

Die Markt- und Einkaufsstraßen der Souks gehören zu den Hauptsehenswürdigkeiten marokkanischer Städte. Meist verkehrsberuhigt und manchmal überdacht, sind sie nach Waren bzw. Handwerk getrennt, es gibt Souks für Teppiche, Gewürze, Gemüse, Wolle bzw. Färber, Lederhandwerker usw. – eine exotische Mischung aus Farben, Gerüchen und Geräuschen. Machen Sie Platz für Eselskarren oder Lastenträger, sobald der Ruf *baalak!* ertönt. In Marrakech finden Sie die größten Souks (➤ 56) des Landes, in Fès (➤ 128) die erlesensten, in Eassaouira (➤ 78) oder Rabat (➤ 81) ist das Handeln am einfachsten.

Zellij

Marokkanische Innenhöfe sind meistens mit *zellij*, geometrischen Kachelmosaiken, verziert

Erster Überblick

Ankunft

Marokko verfügt über zwölf internationale Flughäfen, die wichtigsten sind Casablanca, Marrakech, Agadir, Fès und Tanger. Die Straße von Gibraltar (14 km breit) trennt Marokko von Europa. Fähren verkehren regelmäßig von Algeciras und Tarifa (Spanien) nach Tanger oder Ceuta, von Sète (Frankreich) nach Tanger und von Almeria und Málaga (Spanien) nach Melilla.

Flughafen Menara, Marrakech

- Der Flughafen liegt nur **6 km außerhalb der Stadt**. Die Buslinie 19 fährt unregelmäßig zum Djemaa el-Fna. **Alsa City Bus** fährt stündlich zwischen 7 und 24 Uhr vom Flughafen zum Djemaa el-Fna und nach Guéliz (20 DH).
- **Taxis** bis zur Medina kosten etwa 80 DH, bis Guéliz (Neustadt) 100 DH. Taxameter müssen am Flughafen nicht angestellt werden. Handeln Sie also den Preis vorher aus.
- Am Flughafen gibt es eine **Wechselstube** (*bureau de change*) und mehrere **Autovermietungen**.

Flughafen Mohammed V., Casablanca

- Marokkos größter internationaler Flughafen liegt **30 km außerhalb der Stadt**.
- **Züge** vom Flughafen zu den Stationen Casao-Port und Casa-Voyageurs fahren stündlich zwischen 6.50 und 22.45 Uhr (40–60 DH).
- Ein *grand taxi* zum Zentrum kostet rund 250–500 DH.

Flughafen Agadir al-Massira

- Agadirs Flughafen liegt **25 km südlich der Stadt**.
- Es gibt keine öffentlichen Transportmittel, *grands taxis* berechnen für sechs Personen einen Einheitspreis (150 DH) von der Hauptstraße vor dem Flughafen zur Innenstadt.
- Banken haben rund um die Uhr geöffnet; es gibt mehrere **Autoverleiher**.

Flughafen Saïss, Fès

- Der kleine Flughafen in Saïs, **15 km südlich der Stadt**, wird international von verschiedenen Fluglinien und Ländern (u. a. Deutschland) aus angeflogen.
- Ein *grand taxi* dorthin kostet etwa 150 DH. Es gibt keinen Bankomaten, nur eine Wechselstube.

Flughafen Ibn Battouta, Tanger

- Der Flughafen liegt **15 km vom Stadtzentrum** entfernt.
- Es gibt zwei Buslinien, die stündlich fahren. Bus Nr. 9a fährt vom Flughafen zum Hafen, Bus Nr. 9b zum Supermarkt Marjane/Mc Donalds. Kosten: 16 DH. Versuchen Sie, einen günstigen Preis für ein *taxi* auszuhandeln; der offizielle Tarif liegt bei 150 DH (200 DH von 21–6 Uhr) pro Wagen für sechs Personen, doch versuchen die Fahrer oft, pro Person abzurechnen, und verlangen einen Gepäckzuschlag.
- In der Ankunftshalle gibt es **Autovermietungen** und eine Wechselstube.

Hafen Tanger

- Die Passkontrolle im Hafen von Tanger verläuft oft sehr schleppend, rechnen Sie also mit längeren Wartezeiten. Achten Sie darauf, dass Sie auf dem Schiff eine Einreisekarte bekommen, und lassen Sie Ihren Pass vor dem Aussteigen abstempeln, sonst verlängern sich die Wartezeiten.

- Innerhalb und außerhalb des Hafens gibt es **Wechselstuben**.
- Das Zentrum von Tanger ist zu Fuß erreichbar. Wenn Sie viel Gepäck haben, nehmen Sie ein *petit taxi* (10 DH/Person).
- Die Hafengegend ist bekannt für ihre **Kleinkriminellen** *(faux guides)*.

Tourismusbüros

Obgleich die Tourismusbüros in Marokko nicht immer sehr hilfreich sind, erhält man hier zumindest einige (oft uralte und wenig detaillierte) Broschüren, mitunter auch Karten und Stadtpläne. Auch die Termine und Adressen von Festivals sind hier zu erfahren; ebenso werden offizielle Stadtführer vermittelt. Das Personal spricht arabisch, französisch und sehr oft auch englisch. Informationen gibt es auch unter www.visitmorocco.org.

Agadir
✚ 192 B2 ✉ Immeuble A, place Prince-Héritier-Sidi-Mohamed ☎ 0548 84 63 77

Casablanca
✚ 193 D5 ✉ 55 Rue Omar Slaoui ☎ 0522 27 95 33 (Syndicat d'Initiative) ✉ 98, boulevard Mohammed V ☎ 0522 22 15 24

Essaouira
✚ 192 B3 ✉ 10, rue du Caire ☎ 0524 78 35 32; www.essaouira.com

Fès
✚ 190 C4 ✉ place Mohammed V ☎ 0535 62 34 60

Marrakech
✚ 193 D3 ✉ place Abdelmounen ben Ali, Guéliz ☎ 0524 43 60 57

Meknes
✚ 190 C3 ✉ place Batha L´Istiglal, Ville Nouvelle ☎ 0525 52 44 26; dtmeknes@menara.ma

Ouarzazate
✚ 193 E3 ✉ avenue Mohammed V. ☎ 0524 88 24 85

Rabat
✚ 190 A4 ✉ Ecke rue Zeallagra und rue Oued al Makhazine ☎ 0537 67 39 18/67 40 13

Safi
✚ 192 C4 ✉ 26, rue Imam Malik ☎ 0524 62 24 36; www.safi-ville.com

Tanger
✚ 190 B5 ✉ 29, boulevard Pasteur, ☎ 0539 94 86 61

Faux Guides (»Falsche Führer«)

- Kleine Betrüger und *faux guides* können Besuchern, die das erste Mal da sind, lästig sein, besonders in den Medinas der Touristenstädte, aber auch auf Flughäfen und im Hafen von Tanger. Versuchen Sie, ihnen aus dem Weg zu gehen und sie einfach zu ignorieren.
- So versuchen die *faux guides,* Sie zu überzeugen: Manche behaupten, es gäbe keine öffentlichen Verkehrsverbindungen in die Stadt, und bieten die Fahrt mit dem eigenen Auto an. Eine andere Geschichte lautet, Ihr Hotel habe kürzlich schließen müssen, Sie könnten aber im Hotel eines »Cousins« absteigen (wo der Vermittler dann Prozente kassiert). Oder es wird (fälschlich) behauptet, dass die Medinas gefährlich seien, weil man sich dort leicht verlaufen könne. Die Führer bieten ihre Begleitung an und bringen Sie zu Geschäften, wo sie eine Provision erhalten, wenn Sie dort etwas kaufen.
- Wenn Sie Unterstützung brauchen, halten Sie sich an einen der offiziell zugelassenen Führer (vom Hotel oder Tourismusbüro empfohlen).

Erster Überblick

- Die Behörden gehen scharf gegen diese Kleinkriminellen vor. Daher ist es schwieriger geworden, mit einem marokkanischen Freund durch die Stadt zu gehen, weil dies leicht die Polizei auf den Plan ruft.

Drogen

- Im Rif-Gebirge herrschen eigene Gesetze, denn die dortige wichtigste Nutzpflanze ist *kif* (Cannabis). Obwohl der Anbau legal ist, sind Kauf, Verkauf oder Besitz von Cannabis oder Haschisch streng verboten.
- Viele Ausländer sitzen in marokkanischen Gefängnissen, weil sie in das Geschäft eingestiegen sind. Seien Sie vorsichtig! Vor allem in der Gegend von Ketama nehmen Gangster oft durchfahrende Fahrzeuge ins Visier, besonders ausländische oder Mietwagen.
- Besucher Nordmarokkos stoßen wohl auf **Marihuana**, z. B. in einer traditionellen Beimischung in *majoun* und Honig. Doch sie bekommen viel schneller Schwierigkeiten als die Einheimischen, wenn Sie etwas kaufen.

Unterwegs in Marokko

Das öffentliche Transportwesen funktioniert in Marokko gut. Zuverlässige Zugverbindungen gibt's zwischen den großen Städten im Norden und Casablanca, Rabat und Marrakech; sonst fahren Bus oder *grand taxi* (Sammeltaxi).

Stadtverkehr

- Am besten erkundet man die **Medina zu Fuß**.
- *Petits taxis* fahren innerhalb der Stadt und nehmen nur drei Personen mit. Sie sind relativ billig und haben Taxameter. Bestehen Sie darauf, dass der Fahrer es bei der Abfahrt einschaltet. Der Normaltarif verdoppelt sich nach 20 Uhr. Wenn nur ein Fahrgast im Auto sitzt, nimmt der Fahrer üblicherweise unterwegs noch weitere Passagiere auf.
- *Grands taxis* (➤ 39) fahren in den Städten wie normale Taxis, haben aber kein Taxameter, sodass man den Preis vor der Abfahrt aushandeln muss. Sie dürfen auch außerhalb der Stadtgrenzen fahren.
- Touristen benutzen selten die örtlichen Busse, denn **Taxis sind billig**, und man kann das meiste zu Fuß erreichen. Wenn es sinnvoll ist, den Bus zu benutzen, wird im Text darauf hingewiesen.

Züge

- Das Bahnnetz deckt nur einen kleinen Teil des Landes ab, aber es ist die **beste Art zu reisen**. Die Züge sind bequem, verlässlich und effizient.
- **Zwei Hauptstrecken** führen von Tanger nach Marrakech (über Fès, Meknes und Casablanca) und von Oujda nach Marrakech. Letztere trifft bei Sidi Kacem auf die Tangerstrecke.
- **Fahrpläne** gibt's in Hauptbahnhöfen oder online unter www.oncf.ma.
- Am besten **bucht man Sitzplätze im Voraus**, doch auch ohne Reservierung findet man in der Regel einen Platz.
- **Fahrkarten 2. Klasse** kosten gewöhnlich etwas mehr (knapp über 3 DH für 10 km) als eine vergleichbare Busfahrt. In der **1. Klasse** (Klimaanlage) ist es deutlich teurer, aber die Preise sind immer noch akzeptabel.

Busse

- Die **Busverbindungen sind sehr gut** und etwas billiger als *grands taxis*; der Preis liegt bei etwa 2–3 DH für 10 km.

- Die staatliche Busgesellschaft **CTM** sowie die Buslinie der Eisenbahngesellschaft **Supratours** unterhalten die schnellsten und zuverlässigsten Verbindungen mit festen Abfahrtszeiten, nummerierten Sitzplätzen und (lauten) Videos auf längeren Strecken.
- Alle größeren Städte haben eine *gare routière* (Busbahnhof), die **CTM-und Supratours-Busse fahren jedoch an den eigenen Büros ab**, die nicht in der Nähe liegen. Für längere Fahrten sollte man vorab Karten kaufen.
- Im Sommer kann man für längere Fahrten auf **Nachtbusse** ausweichen.
- Busse **kleinerer Unternehmen** fahren mitunter erst ab, wenn sie voll sind, und halten unterwegs auf Winkzeichen.

Grands Taxis

- *Grands taxis* (Sammeltaxis) fahren fast überall in Marokko, sie stellen die **schnellste Reisemöglichkeit** dar. Große Peugeot- oder Mercedesmodelle nehmen bis zu sechs Passagiere auf und fahren ab, sobald sie voll sind. Auf viel genutzten Strecken fahren sie oft den ganzen Tag.
- Gehen Sie einfach zum Terminal für *grands taxis*, und nennen Sie Ihr **Ziel**, man wird Sie an den entsprechenden Wagen verweisen.
- Die **Preise** werden **pro Platz** festgesetzt; fragen Sie andere Passagiere. Sie können aber auch den Preis für alle sechs Plätze bezahlen.

Durchschnittliche Fahrtzeiten

Marrakech – Casablanca:	3 Std. (Zug)
	3½ Std. (CTM-Bus)
	2½ Std. (*grand taxi*)
Tanger – Casablanca:	6 Std. (Zug/Bus)
Fès – Casablanca:	4¼ Std. (Zug)
	5½ Std. (Bus)
	3 Std. (*grand taxi*)
Agadir – Casablanca:	9 Std. (Bus)
Essaouira – Casablanca:	5 Std. (Bus)
Essaouira – Marrakech:	3½ Std. (Bus)

Inlandsflüge

- **Royal Air Maroc** (RAM) verbindet Casablanca mit den größeren Städten Marokkos; Tel. 0211 13 23 36 (Düsseldorf); oder in Marokko 0522 51 91 00/31 11 22; www.royalairmaroc.com. Auf den meisten Routen muss man in Casablanca umsteigen.
- **Alle Inlandsflüge sollte man im Voraus buchen** und sie 72 Stunden vor Abflug unter der 24-Stunden-Hotline, Tel. 089000 oder online auf www.royalairmaroc.com, bestätigen, da es öfters Flugplanwechsel bzw. Stornierungen von Flügen gibt.

Autofahren

- Autofahren ist in Marokko recht einfach, **doch passieren häufig Unfälle**, da die Menschen oft auf die Straße treten, ohne auf den Verkehr zu achten. Rechnen Sie stets mit unaufmerksamen Fußgängern und Radfahrern, besonders in Dörfern und Städten.
- **Die Straßen sind allgemein in gutem Zustand** und werden in Stand gehalten, außerhalb der Ballungsräume ist der Verkehr gering.
- **Polizeikontrollen sind sehr häufig**, halten Sie stets am Schild »Gendarmerie Royale« und warten, bis Sie durchgewunken werden.
- **Im Dunkeln kann das Fahren gefährlich sein**, weil Menschen auf der Straße gehen, mit dem Rad fahren oder im Auto ohne Licht unterwegs sind.

Erster Überblick

- Um in abgelegenen Gebieten oder in der Wüste auf **Pisten oder nicht asphaltierten Straßen** zu fahren, benötigt man ein geeignetes Fahrzeug (vorzugsweise mit Vierradantrieb) und etwas Erfahrung. Mit Mietwagen ohne 4x4 (Vierradantrieb) dürfen Pisten nicht befahren werden.

Verkehrsregeln

- Das **Mindestalter** für Autofahrer liegt bei 21 Jahren.
- **Höchstgeschwindigkeit:** auf Autobahnen 120 km/h, auf Hauptstraßen 100 km/h, innerstädtisch 30–40 km/h.
- In Marokko herrscht **Rechtsverkehr**.
- **Sicherheitsgurte** sind für Fahrer und Passagiere vorgeschrieben.
- **Tankstellen** findet man reichlich in Städten und deren Umgebung, in ländlichen Gebieten und im Süden sind sie seltener.
- **Superbenzin** ist der Standardkraftstoff für Autos; an den meisten Tankstellen bekommt man bleifreies Benzin. Die Preise entsprechen dem europäischen Niveau, der zollfreie Kraftstoff in Melilla und Ceuta ist billiger.

Autovermietung

- Besonders für Reisen in den **Süden von Marokko** lohnt sich ein Auto, da es wenig öffentliche Verkehrsmittel gibt.
- In Marokko gibt es viele Anbieter, allerdings sind die **Preise** relativ **hoch**. Internationale Anbieter sind meist teurer als die Vermieter vor Ort, es empfiehlt sich die oft günstigere Kombination Flug/Mietauto. Mit den örtlichen Anbietern kann man über den Preis verhandeln, doch vergewissern Sie sich vor der Abfahrt von der Qualität des gemieteten Fahrzeugs.
- Zum Mieten eines Autos muss man **mindestens 21 Jahre** alt sein, außerdem braucht man **Pass** und **Führerschein**. Ein internationaler Führerschein kann nützlich sein.

Pannen

- Die **marokkanischen Automechaniker verstehen normalerweise ihr Handwerk** und sind sehr findig. In den meisten kleineren Städten gibt es eine Werkstatt, doch weil oft nur Ersatzteile für französische Marken wie Peugeot oder Renault vorrätig sind, kann die Bestellung anderer Teile eine Weile dauern.
- Wenn es keine Werkstatt in der Nähe gibt, versuchen Sie, einen **Lastwagenfahrer zu finden, der Sie gegen Bezahlung abschleppt**.

Parken

- In fast allen Stadtzentren und an sämtlichen Sehenswürdigkeiten bieten *gardiens de voitures* an, auf Ihren Wagen aufzupassen – manchmal offiziell, oft aber auf eigene Rechnung. Geben Sie vor der Weiterfahrt der Person für die Parkwächterdienste 5–10 DH.

Polizeikontrollen

- Wegen der hohen Zahl der Verkehrstoten ist die Polizei viel wachsamer geworden; es gibt häufig **Kontrollen**. Ausländer werden normalerweise durchgewunken, manchmal aber auch gebeten, die Papiere vorzuzeigen. Halten Sie stets am aufgestellten Schild »Gendarmerie Royale«.
- Wenn Sie z. B. wegen **zu hoher Geschwindigkeit** angehalten werden, bleiben Sie stets ruhig und höflich. Vielleicht bewahrt Sie eine rasche Entschuldigung vor einer Strafe, die bis zu 450 DH betragen kann.
- An Hauptstraßen stehen **Radaranlagen** zur Geschwindigkeitskontrolle – die entgegenkommenden Fahrer warnen gewöhnlich durch Lichtzeichen.

Übernachten

Dieser Reiseführer bietet eine sorgfältige Auswahl von Unterkünften, von einfachen, aber hübschen Pensionen bis zu aufwendigen Königspalästen. In den Küstenregionen ist im Sommer viel los, in Marrakech herrscht fast das ganze Jahr über Hochbetrieb, besonders während der Schulferien.

Hotels

- Marokkanische Hotels sind nicht alle **klassifiziert**, das heißt mit Sternen der Tourismusbehörde ausgezeichnet. Gerade bei preiswerteren Unterkünften oder *riad*-Hotels fehlt eine Bewertung.
- Marokko geriet in die Kritik, weil die Hotels nicht nach internationalen Kategorien bewertet werden. Inzwischen haben sich Service und Komfort verbessert. Viele neue Hotels wurden gebaut. In den Medinas des Landes finden sich einige **ausgezeichnete *riad*-Hotels**, z. B. in Marrakech.
- Über das Land verteilt, finden sich eine Reihe luxuriöser Palasthotels, außerdem zahlreiche gut geführte Niedrigpreishotels, nur Hotels der mittleren Kategorie sind relativ dünn gesät.

Riads

- Wer authentisches marokkanisches Flair erleben will, steigt am besten in einem ***riad*** (➤ 34) ab, das oft versteckt in der Medina liegt. Viele große alte Häuser oder Paläste werden zunehmend in Restaurants, Pensionen oder luxuriöse Hotels umgewandelt.
- Riads sind kleiner und intimer als normale Hotels, es gibt nur wenige Zimmer, die meist um einen ruhigen Innenhof liegen – oft nahe den Märkten und Gassen der Medina. Hier lässt sich das Land richtig erleben, manchmal kann man dort auch speisen. Mit kleinen Kindern können die Sicherheit und der Lärmpegel zum Problem werden.
- Die Preise reichen von preiswert bis sehr teuer, entsprechend variabel sind Ausstattung und Komfort.

Jugendherbergen (Auberges de Jeunesse)

- Marokko besitzt elf recht gut geführte und **saubere Jugendherbergen** in den größeren Städten.
- Eine Mitgliedschaft ist nicht erforderlich, allerdings erhalten Mitglieder Ermäßigung. Die Preise sind etwa 30–50 DH pro Nacht und Person.
- Informationen sind erhältlich bei der Fédération Royale Marocaine des Auberges de Jeunesse, Parc de la Ligue Arabe, Postfach 15998, Casablanca 2100, Tel. 0522 47 09 52; www.iyhf.org.

Camping *(muhayyem)*

- Es gibt sehr einfache und preiswerte **Campingplätze** (arabisch *muhayyem*) in allen größeren Städten und entlang der Küste (für 15–30 DH/Person). Viele haben nur rudimentäre Waschgelegenheiten/Toiletten, einige sind aber gut geführt, manche haben sogar einen Pool.
- Wildes Campen ist nicht verboten, aber auch nicht zu empfehlen!

Berghütten

- Wanderer können in den Berghütten *refuges* für 35–60 DH/Person übernachten. Eine Liste gibt's beim marokkanischen Touristenbüro oder beim Club Alpin Français, 50, boulevard Moulay Abdekkaham, Quartier Beauséjour, 20200 Casablanca, Tel. 0522 98 75 19; www.caf-maroc.com.

Erster Überblick

Übernachtung buchen
Nützliche Websites zur Information und Buchung (Auswahl):
www.ilove-marrakech.com (*riads* und Hotels in Marrakech)
www.ilove-essaouira.com (*riads* und Boutiquehotels in Essaouira)
www.boutiquesouk.com (Ausgewählte *riads*, Paläste und Boutiquehotels)
www.marrakech-riads.com (*riads* in Marrakech und Fès)
www.fesmedina.com (Historische Objekte in der Medina von Fès)

Übernachtungspreise

In vielen Hotels kann man die Zimmerpreise herunterhandeln (z. B. außerhalb der Saison). Die hier angegebenen Preiskategorien gelten für ein Doppelzimmer pro Nacht, einschließlich Frühstück und Steuern:

€ unter 600 DH   €€ 600–1600 DH   €€€ über 1600 DH

Essen und Trinken

In Marokko kann man gut essen. Vor allem in den Städten gibt es eine große Auswahl an Restaurants für jeden Geschmack und Geldbeutel. Wenn Sie nicht das Glück haben, in einen marokkanischen Haushalt eingeladen zu werden, dann kommen Sie in einem der hervorragenden Riad-Restaurants der marokkanischen Hausmacherkost am nächsten. Die Mahlzeiten bestehen meist aus einem mehrgängigen Menü mit einer Auswahl an Salaten, *Pastilla* (Taubenpastete), *Couscous* oder *Tajine*, Nachtisch und Obst.

Auswärts essen
- Während des **Ramadan** bleiben viele Touristenrestaurants geöffnet, verhalten Sie sich jedoch rücksichtsvoll, wenn Sie tagsüber essen.
- **Frühstück** gibt es gewöhnlich von 7.30–10 Uhr, **Mittagessen** von 12–14.30 Uhr und **Abendessen** von 20–23 Uhr (Zeiten variieren evt.).
- Eine **Mahlzeit** beginnt normalerweise mit Salat (Rohkost und gekocht), gefolgt von einer *Tajine* (Eintopf aus Gemüse oder Früchten mit Fleisch, Huhn oder Fisch) oder *Couscous*. Das Dessert besteht meist aus frischem Obst oder marokkanischem Gebäck und *thé à la menthe*.
- **Einige marokkanische Gerichte erfordern eine lange Zubereitungszeit** und müssen deshalb 24 Stunden im Voraus bestellt werden.
- In vielen Restaurants gilt **keine strenge Kleiderordnung**, doch in den hochklassigen Lokalen empfiehlt sich eine angemessene Garderobe.
- **Speisekarten** sind allgemein auf Französisch und Arabisch, in Touristenorten auch auf Englisch gehalten.
- Traditionell wird eine marokkanische Mahlzeit mit zwei Fingern und dem Daumen der **rechten Hand** gegessen. Brot wird in großen Mengen serviert; man benutzt es anstelle von Besteck, um Essen aufzulöffeln.

Marokkanische Restaurants
- Die meisten **hochklassigen Hotels** verfügen über ein internationales und ein marokkanisches Restaurant (Letzteres ist oft das bessere).
- In **hochpreisigen, marokkanischen Restaurants** finden sich meist nur Touristen, in einfachen marokkanischen Restaurants nur Marokkaner.
- Einige riad-Restaurants in Marrakech nehmen einen **Festpreis für einen marokkanischen Abend**. Dazu gehören ein gutes Essen, Wein, exotisches Dekor und traditionelle Musik mit Tanzvorführungen.

- Wenn Sie in einem Riad wohnen, können Sie Ihr Abendessen in der Regel vorbestellen. Es wird in einem gemütlichen Speisezimmer serviert und häufig von der marokkanischen Dame des Hauses gekocht.

Internationale Küche

Das französische Vermächtnis ist noch immer sehr präsent. Die französischen Esslokale reichen von altmodischen Kolonialkneipen bis zu hochklassigen Restaurants. In den größeren Städten wie Marrakech und Casablanca gibt es auch asiatische Küche sowie Fusion Food.

Vegetarische Küche

- Die vielen **Salatvariationen** sind vegetarisch. **Tajines** können ohne Fleisch serviert werden, sind aber oft mit Fleischbrühe o. ä. zubereitet.
- In einem Privathaus **wird der Gastgeber normalerweise Fleisch servieren**, selbst wenn Sie ihm gesagt haben, dass Sie Vegetarier sind. Er wird annehmen, dass Sie kein Fleisch essen, weil Sie es sich nicht leisten können. Lassen Sie das Fleisch liegen, wenn es sein muss. Etwas sollten Sie aber essen, um den Gastgeber nicht zu beleidigen.
- Auf **Märkten** gibt es reichlich frische Früchte, Gemüse und **Joghurt**.

Essen zwischendurch

- Marokkaner essen gern in *gargottes*, Straßenständen und Cafés, die preiswerte Snacks wie Harira-Suppe, Salate und *brochettes* (Fleischspieße), *merguez* (würzige Würstchen) und *Tajines* (➤ 18) anbieten.
- Viele Möglichkeiten gibt es an der **Djemaa el-Fna** in Marrakech (➤ 52) oder an den Ständen außerhalb des **Hafens von Essaouira** (➤ 78).

Getränke, Wein und Bier

- **Grüner Tee** mit Pfefferminze ist das Nationalgetränk, doch wird auch Kaffee serviert. In Marokko wachsen wunderbare Apfelsinen, sodass in der Saison vielerorts **frischer Orangensaft** angeboten wird. **Mandelmilch** und **Bananenmilch** werden ebenfalls gern getrunken.
- **Alkoholfreie Getränke** und **Mineralwasser** in Flaschen bekommt man überall.
- Marokko ist ein muslimisches Land. Dennoch ist **Alkohol** im Allgemeinen in Touristenhotels, Restaurants und Bars erhältlich; in Medinas oder ländlichen Gegenden bekommt man ihn schwerer.
- Marokkaner, die Alkohol trinken, greifen meist zu einem kühlen **einheimischen Bier** der Marken Casablanca oder Flag. Hotels haben normalerweise **Importbiere** vorrätig, allerdings kosten sie das Doppelte der heimischen Sorten.
- Marokkanische **Weine**, überwiegend aus der Region um Meknès oder aus Ounara nahe Essaouira, sind in der Regel sehr gut. Die bekanntesten Weine sind roter Cabernet, Président, Guerrouane, Ksar, Siraoua, der Rosé Gris de Boulaouane und der trockene Weißwein Special Coquillages. Beauvallon und CB Initials sind von besserer Qualität und schmecken köstlich.

Restaurantpreise

Die Preisangaben beziehen sich auf ein Drei-Gänge-Menü ohne Getränke, aber einschließlich Steuern und Bedienung:

€ unter 200 DH   €€ 200–400 DH   €€€ über 400 DH

Einkaufen

Marokko ist ein Einkaufsparadies mit einer breiten Auswahl an qualitativ hochwertigen Handwerksarbeiten zu vernünftigen Preisen. In den Souks gilt nur eine Regel: handeln! Fast in jeder kleineren oder größeren Stadt gibt es ein *ensemble artisanal* (staatliche Läden), in denen regionales Kunsthandwerk zu festen Preisen verkauft wird. Die Preise liegen meist etwas höher als in den Souks, doch bekommt man hier eine Vorstellung von den Preisen.

Öffnungszeiten

- **Läden in der Ville Nouvelle** (Neustadt) sind normalerweise Montag bis Samstag (8.30–12, 14–18.30 Uhr) geöffnet; im Sommer können sie über Mittag länger geschlossen, dafür aber abends länger geöffnet bleiben; während des Ramadan machen sie mittags nicht zu, schließen aber früher am Nachmittag.
- **Geschäfte in der Medina sowie der Souk** sind meist von 8 oder 9 Uhr bis gegen 20 Uhr, in Touristengebieten auch noch länger geöffnet. Wenn freitags überhaupt Läden öffnen, dann erst gegen 15 Uhr.

Handeln

Handeln gehört in Marokko zum Alltag; gehandelt wird überall, wo man einkauft. Es gibt keine verbindlichen Regeln dafür, welchen Prozentsatz des Einstiegspreises man bezahlen sollte, denn einige Händler beginnen mit lächerlich hohen Beträgen, während andere in der Nähe ihrer untersten Preisgrenze bleiben. Meist ist es nützlich, sich über Preise zu informieren, bevor man auf Einkaufstour geht. Die Hauptregel lautet: Nehmen Sie sich Zeit, und lassen Sie sich nicht einschüchtern. Dann macht es Spaß! Nennen Sie aber nie einen Preis, den Sie nicht auch zu zahlen bereit sind. Wenn Sie mit einem Führer einkaufen gehen, wird er Sie zu Geschäften bringen, wo er auf Ihre Erwerbungen Prozente erhält; diese werden dann auf Ihre Rechnung aufgeschlagen.

Souk-Tage

- Viele Dörfer sind nach ihrem wöchentlichen Markttag benannt.
- Freitags gibt es keine Märkte, es ist der Tag der Ruhe und der Gebete.
- Kommen Sie gleich morgens, wenn der Markt in vollem Gange ist.

Souk el Had	Sonntagsmarkt
Souk el Tnine	Montagsmarkt
Souk el Tleta	Dienstagsmarkt
Souk el Arba	Mittwochsmarkt
Souk el Khamees	Donnerstagsmarkt
Souk es Sebt	Samstagsmarkt

Gewürze und Kosmetikartikel

- Gewürze und Naturkosmetik sind **preiswerte Mitbringsel**.
- **Standardgewürze** sind Zimt (Stangen oder Pulver), Muskatnuss, geriebener Ingwer, Paprika, Kurkuma (Gelbwurz), Kreuzkümmel, *ras el hanout* (➤ 19) und Safran. Die besten Safranfäden stammen aus Taliouine.
- Zu den **Kosmetikartikeln**, auf dem Gewürzmarkt erhältlich, zählen u.a. Antimonpulver (schwarzes Augen-Make-up, das die Augen auch schützen soll), *ghassoul* (Tonerde zur Reinigung von Haar und Haut), Henna (Haarfärbemittel), kleine Tontöpfchen, die mit Mohn (Lippenstift), Amber und Moschus (Parfüm) gefüllt sind sowie Seifen aus Mandeln oder

Oliven. In gehobeneren Läden finden Sie aromatisierte Öle, natürliche Badezusätze sowie Parfüm.
- **Honig** wird vielerorts produziert. Man findet ihn oft auf Dorf-Souks, aber auch in Spezialgeschäften in Essaouira und Agadir.
- Essaouira ist berühmt für das reichhaltige süße **Arganöl** der Argan-Nuss (➤99), das in Gerichten und in Kosmetika Verwendung findet.

Mineralien und Fossilien
- Überall im Atlas stößt man auf Stände, an denen Mineralien und Fossilien zu sehr verlockenden Preisen verkauft werden; **hüten Sie sich aber vor Fälschungen**, besonders bei farbenfrohen Stücken.
- Oft sind diese Fossilien einfach in der Wüste, in Flussbetten oder Bergen gefunden worden. Der Handel ist **umweltverträglich**.

Schmuck
- Als die jüdische Bevölkerung Marokkos das Land verließ, nahm sie sehr viel Silberschmuck mit ins Ausland. Heutzutage stammt deshalb der meiste im Land verkaufte Schmuck aus **Indien**, **Indonesien** und **Niger**.
- Die **besten Schmuck-Souks** gibt es in Essaouira, Tiznit und Marrakech. Silberschmuck wird nach Gewicht verkauft, außer bei sehr wertvollen alten Stücken. Viele Handwerker arbeiten antike Designs nach, besonders in der Region Tiznit – Bezahlen Sie keine Antiquitätenpreise!
- Traditioneller **Berberschmuck** ist sehr schwer und klobig.

Handwerk
- Die **Handwerkstradition** in Marokko sorgt dafür, dass selbst viele der Touristenartikel sehr geschmackvoll und gut gemacht sind.
- Ein besonders beliebtes Souvenir sind *babouches* (Pantoffeln), die traditionelle marokkanische Fußbekleidung.
- Marokkaner sind für **Holzarbeiten** bekannt; in Essaouira werden besonders schöne Thuja- oder Zeder-Intarsien hergestellt.
- Fès ist berühmt für seine **Töpferwaren** mit blau-weißem Muster; Safi, das wichtigste Keramikzentrum des Landes, produziert ebenso wie Salé bunte Töpferwaren für den Hausgebrauch.
- **Leder** wird typischerweise zu *babouches* verarbeitet. In Marrakech finden Sie z. B. auch hochwertige Lederbekleidung und Handtaschen.
- **Teppiche** sind in Marokko recht teuer, doch Brücken und Kelims (flach gewebte Teppiche und Brücken) von guter Qualität sind erschwinglicher. Die besten Kelims werden von den Berbern im Mittleren und Hohen Atlas hergestellt. Man bekommt sie auf den Souks z.B. in Midelt, Azrou oder Asni bei Marrakech. Berber (besonders im Rif-Gebirge) weben außerdem schöne *fouta*, naturfarbene oder bunte Wolldecken.

10 Einkaufstipps für Marrakech
- **Gewürze** (Rahba Qedima)
- **Pantoffeln** (Souk des Babouches)
- Maßgefertigte **Kaftans**, La maison du Kaftan (➤70)
- **Einkaufskörbe** (zwischen Djemaa el-Fna und Souk Smarrine)
- **Handtaschen** aus dickem Filz, gefärbt mit Safran (Souk des Teinturiers)
- **Stoffmännchen mit Fès** als Topflappen für die Teekanne (Maison d'Été)
- **Nike Turnschuhe** halb so teuer wie in Europa (Nähe rue Bab Agnaou)
- **Liebestrank** (Rahba Qedima)
- **Marokkanische Musikkassetten** (nahe Djemaa el-Fna, Marrakech)
- **Mejdoul-Datteln** (zwischen Djemaa el-Fna und Souk Smarrine)

Ausgehen

Die wichtigste Abendunterhaltung ist ein gutes Essen und eine gute Show in einem schönen marokkanischen Restaurant. Ansonsten gibt es einige, meist von Männern besuchte Bars in den Städten und Diskos in Touristenhotels. Das Land bietet außerdem viele Aktivitäten unter freiem Himmel.

Sport

- **Golf** wurde durch König Hassan II. populär. Inzwischen hat Marokko eine Reihe schöner Plätze in der Nähe jeder größeren Stadt. Informationen: http://www.1golf.eu/golfclubs/marokko/.
- **Surfen:** An der Atlantikküste kann man gut surfen, besonders beliebt sind z. B. die Strände Sidi Kaouki bei Essaouira in Taghazout bei Agadir und Dar-Bouazza bei Casablanca. Informationen http://www.fedesurf maroc.com/)
- **Skifahren:** Im Winter kann man in der Nähe von Oukaïmeden im Hohen Atlas oder bei Fès und Meknès im Mittleren Atlas Ski fahren. Im Hohen und Mittleren Atlas ist auch Langlauf möglich, ebenso im Rif-Gebirge. Informationen: **Fédération Royale Marocaine de Ski et de Montagne**, http://www.frmsm.ma/; www.frmsm.ma (auf französisch).
- **Reiten:** Marokkanische Pferde sind ausgezeichnet. In der wunderbaren Landschaft kann das Reiten zu einem wirklichen Erlebnis werden. Besonders der Atlas bietet eindrucksvolle Reitpfade (➤ 170).
- **Wandern** ist ebenfalls im ganzen Land beliebt. Informationen: **Club Alpin Français**, http://cafmaroc2011.ffcam.fr/; oder **Fédération Royale Marocaine de Ski et de Montagne** (s. oben).
- Im härtesten **Langstreckenlauf** der Welt bewältigen die Teilnehmer beim jährlichen **Marathon des Sables** in sechs Tagen 243 km durch Sanddünen und felsiges Wüstengebiet. Informationen gibt es auf der Website http://www.darbaroud.com/.
- **Jagen** ist besonders bei Marokkanern und Franzosen beliebt, vor allem im Mittleren Atlas. Die Saison für Keiler und Vögel dauert vom ersten Sonntag im Oktober bis zum Beginn des Frühjahrs (Sonn- und Feiertage), die Lizenzierung wird streng überwacht. Informationen: **Fédération Royale Marocaine de Chasse**, http://www.frmc.org.ma/.
- **Fischen:** Am Atlantik ist das Hochseefischen populär, Bootsfahrten werden ab Essaouira, Safi und Assilah oder zu wilderen Fanggründen ab Dakhla und Laayoune angeboten. Forellen und andere Süßwasserfische angelt man in den Seen des Mittleren Atlas bei Azrou, Ifrane, Beni Mellal und Ouirgane. Informationen: **bei der Jagdbehörde** (s. oben).

Traditionelle Musik und Tanz

In den größeren Hotels und Restaurants werden immer wieder traditionelle Musik und Bauchtanz vorgeführt. Verpassen Sie nicht die Aufsehen erregenden Feste namens *fantasias*, die traditionell bei Berber-*moussems* abgehalten, aber für Touristen auch in Marrakech aufgeführt werden.

Feste (➤ 26)

Religiöse Feste sind beweglich und richten sich nach dem islamischen Mondkalender. Beliebte jährlich Ereignisse sind u.a. der Moulay-Idriss-*moussem* (➤ 137), der Heiratsmarkt in Imilchil (➤ 139), das Dattelfest in Erfoud (➤ 163) und das Festival der geistlichen Musik in Fès (➤ 144).

Marrakech

0,9 Mio Einw.

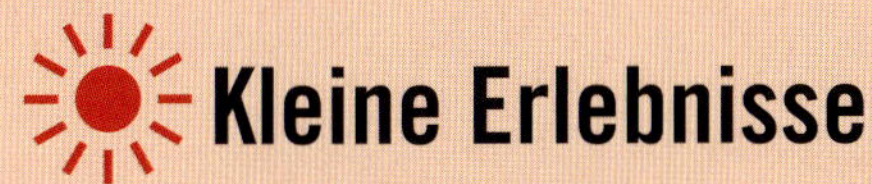

Kleine Erlebnisse

Oase im Großstadttrubel

Wer eine Auszeit braucht, kann sich in den kleinen **Dachterrassencafés** der Stadt (➤ 68) entspannt zurücklehnen.

WLAN im Park

In **Guéliz** (➤ 65), nahe der Hauptpost auf dem Weg in die Medina, gibt's kostenloses **WLAN** im Park unter Bäumen.

Buddha Bar in Marrakech

Tolle Musik zum abendlichen Loungen und Speisen läuft bei Claude Challe – Buddha Bar DJ – in seiner **Djellabar** (➤ 72).

Erste Orientierung

Die rote Stadt Marrakech hat sich zu einem der beliebtesten Reiseziele der Welt entwickelt. Ein unendlich exotischer Ort, der traumhafte islamische Architektur und alte Traditionen, aber auch ein pulsierendes Nachtleben bietet. Außerdem eignet sich Marrakech mit üppigen Gärten, wunderschönen *Riad*-Restaurants und hervorragenden Hotels erstklassig als Rückzugs- und Erholungsort.

Rote Pisé-Mauern umgeben Marrakech

Marrakech liegt spektakulär vor der Kulisse des Hohen Atlas. Im Herzen der Stadt befindet sich der Djemaa el Fna, der abends zu einer riesigen Unterhaltungsstätte wird. Dahinter liegt die von einer mächtigen Stadtmauer umgebene Medina.

Der almoravidische Eroberer Youssouf ben Tachfine gründete Marrakech um 1070. Der Legende nach aß er so viele Datteln, dass aus den weggeworfenen Kernen ein großer Palmenhain, die Palmeraie, entstand. Bis heute rühmt sich Marrakech seiner vielen schönen Gartenanlagen. Ein Aufenthalt in einem *riad* in der Medina, das Umherstreifen in den Straßen und ein Schwätzchen mit den Einheimischen geben dem Aufenthalt in Marrakech eine ganz individuelle Note.

TOP 10

★ 1 Djemaa el Fna ➤ 52
★ 7 Medersa Ben Youssef ➤ 54
★ 10 Souks ➤ 56

Nicht verpassen!

11 Muraille & Portes ➤ 58
12 Les jardins de Marrakech ➤ 60

Nach Lust und Laune!

13 Mosquée de la Koutoubia ➤ 63
14 Koubba Ba'adiyin ➤ 63
15 Musée de Marrakech ➤ 63
16 Tombeaux Saadiens ➤ 64
17 Palais El Badi ➤ 64
18 Palais de la Bahia & Musée ➤ 64
19 Maison Tiskiwin ➤ 65
20 Museé Dar Si Saïd ➤ 65
21 Guéliz ➤ 65

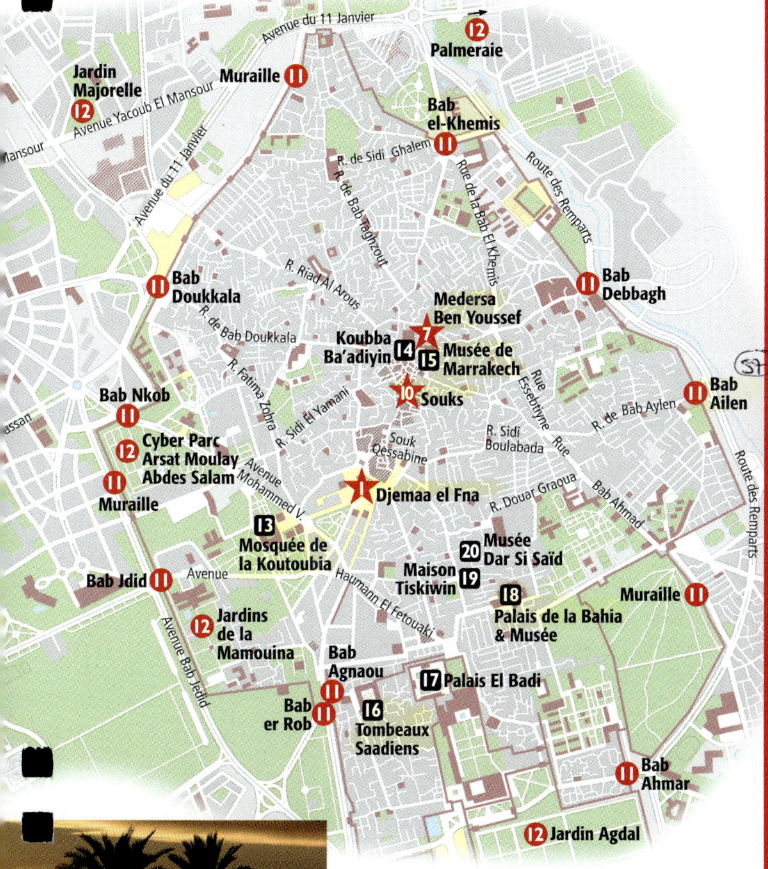

Sonnenuntergang über den Jardins de la Ménara im Stadtteil L'Hivernage von Marrakech

In drei Tagen

Mindestens drei Tage benötigen Sie, um die geheimnisvolle Stadt Marrakech zu erkunden. Folgen Sie unseren Tagesplanungen, damit Sie kein Highlight verpassen. Weitere Informationen finden Sie unter den Haupteinträgen (►52ff).

Erster Tag

Vormittags

Startpunkt ist die **13 Mosquée de la Koutoubia** (►63). Schlendern Sie dann für einen Imbiss hinüber zum **1 Djemaa el Fna** (►52). Durch den **10 Souk Smarine** (►56), der in den **Souk Chaaria** übergeht, gelangt man in die nördliche Medina, vorbei am **15 Musée de Marrakech** (►63) und weiter zur **Medersa Ben Youssef** (►54) auf der rechten Seite. Folgt man weiter der Straße, kommt man zum **Dar Belarj**. Auf der Terrasse des Restaurants Le Foundouk können Sie zu Mittag essen (►69). In der Nähe liegt auch die **14 Koubba Ba'adiyin** (►63).

Nachmittags und abends

Für den Einkaufsbummel gehen Sie zurück zur Koubba Ba'adiyin und dann südlich in die **10 Souks** (►56, unten), z.B. in den **Souk des Babouches** und den **Souk des Teinturiers**, anschließend westlich in die **rue Mouassine,** eine Gegend mit schicken Läden, und auf die **Place de Bab Ftouh**. Dann gehen Sie wieder zurück zum **Souk Smarine** bis Sie schließlich zur **Rahba Qedima** (►56) kommen. Schauen Sie von der Dachterrasse des Café des Épices (►68) am Eingang der Souks zu, wie die Sonne über der Stadt und hinter den Bergen untergeht. Verbringen Sie den Abend auf dem Djemaa el Fna oder in einem der *riad*-Restaurants in der Medina, z. B. im Kosybar (►69). Es wird empfohlen, rechtzeitig zu reservieren.

Zweiter Tag

Vormittags
Gehen Sie vom **Bab Agnaou** (➤ 59) zu den **16** **Tombeaux Saadiens** (Saaditengräbern, links, ➤ 64), dann weiter zum **17** **Palais El Badi** (➤ 64). Sehen Sie sich die belebte Place des Ferblantiers an, den Hauptplatz des Judenviertels *(mellah)*. Nördlich des Platzes folgen Sie Riad Zitoun Djedid, einer Straße mit großen Villen, darunter der **18** **Palais de la Bahia & Musée** (➤ 64). Kehren Sie mittags in das prächtige Riad Tamsna ein, nahe der rue Riad Zitoun el Djedid.

Nachmittags
Machen Sie es wie die Einheimischen und schlendern Sie durch den reizvollen **12** **Cyber Parc** (➤ 61) oder machen Sie eine Fahrt mit dem Taxi zum **Jardin Majorelle** (➤ 61).

Abends
Nehmen Sie einen Drink im beliebten Grand Café de la Poste (➤ 69), um anschließend im Villa Rosa (64, avenue Hasssan II, Gueliz; Tel: 0524 44 96 35) zu essen. Nach einem Spaziergang hinunter ins **Oliveri** (9, boulevard Mansour Eddahbi, Tel. 0524 44 89 13) können Sie das beste Eis der Stadt genießen. Später gehen Sie zum Tanzen ins Pacha Marrakech (➤ 72) in der Ville Nouvelle.

Dritter Tag

Vormittags
Frühstücken Sie im **Café du Livre** (➤ 68) und gehen Sie in **21** **Guéliz** auf Shopping-Tour (➤ 71).

Nachmittags
Nehmen Sie ein Taxi zum Beldi Country Club, wo Sie nach dem Essen durch die Gärten spazieren oder im Spa das Hammam genießen können (➤ 72). Alternativ können Sie sich auch ein Dampfbad in den **Bains de Marrakech** oder im **Hammam el Bacha** in der Medina (➤ 72) gönnen.

Abends
Machen Sie sich schick für ein Dinner mit Bauchtanzvorführung im **Comptoir** (➤ 68).

⭐ Djemaa el Fna

Auf dem Djemaa el Fna tobt das Leben. Der Platz ist das pulsierende Herz der Stadt und einer der ungewöhnlichsten Treffpunkte Afrikas. Tagsüber ist der Platz ein ziemlich verschlafener Durchgang zu den Souks; erst wenn es dämmert, beginnt das Schauspiel: Einheimische und Besucher kommen hier zusammen, um gut zu essen, um den Geschichtenerzählern zu lauschen, sich das Schicksal vorhersagen zu lassen oder von den Kräuterhändlern einen Zaubertrank zu kaufen.

»Ohne den Djemaa el Fna wäre Marrakech eine Stadt wie jede andere.« In den Worten des Schriftstellers Paul Bowles (► 30) liegt vielleicht ein Stückchen Wahrheit.

Das »Freilufttheater und -restaurant« Djemaa el Fna ist so einzigartig, dass die Unesco eigens eine neue Kategorie schaffen musste – er wurde als erstes »immaterielles Erbe der Menschheit« anerkannt. Niemand weiß, wie alles angefangen hat oder woher der Name stammt. Aber mit der Lage am Eingang zur Medina scheint der Platz schon immer das Zentrum der Stadt gewesen zu sein, ein Platz für Theater, Handel, Begegnungen und sogar Hinrichtungen.

Der Platz ist erfüllt von dem Lärm der Schlangenbeschwörer, Wasserträger, Tänzer, Sänger, Akrobaten und der begeisterten Reaktion ihres Publikums. 👫 Vor allem Kinder sind begeistert von diesem Schauspiel. Abends hüllt der Dampf der vielen Essensstände des Nachtmarkts den Platz ein. Die Stände verlocken die Passanten dazu, frisch zubereitete Schneckensuppe, Schafshirn, gebratene Seezunge oder gegrillte Würstchen zu kosten.

Gegenüber: Tanzvorführung vor der Menge am belebten Treffpunkt Djemaa el Fna

Unten: Bei Nacht ist Djemaa el Fna Restaurant, Theater, Zirkus und Krankenhaus unter freiem Himmel

ALTE GESCHICHTEN

So beginnt die Geschichte eines Erzählers auf dem Djemaa el Fna über die Abenteuer des arabischen Helden Antar:

»Von der Geschichte des schwarzen Ritters, des Verteidigers des Bani Abs Adnana, des furchtlosen Ritters mit dem rücksichtslosen Herzen, mutiger Bezwinger des größten Kriegers und des Noujeir, Sohn der Riesen, Meister von Mouzrad und Zaid, Antara ibn Chaddad ...«

KLEINE PAUSE

Das Essen hier auf dem Platz ist frisch zubereitet und empfehlenswert. Die **Saftstände** öffnen schon früh am Morgen. Im **Les Terrasses de l'Alhambra** (➤ 69) kann man gut zu Mittag essen. Die Dachterrasse des **Café de France** empfiehlt sich sehr für ein Glas *thé à la menthe* bei Sonnenuntergang mit großartigem Blick über die Medina und die Berge des Hohen Atlas.

✚ 193 D3 🌐 tägl.

BAEDEKER TIPP

- Halten Sie **Kleingeld** für die Straßenkünstler bereit, besonders wenn Sie das bunte Treiben fotografieren wollen. Die Schlangenbeschwörer können recht aggressiv werden und exorbitante Summen fordern, wenn man sie fotografiert – wie viel Sie bezahlen, liegt aber letztlich an Ihnen.
- Wenn Sie Ärger mit **Kleinkriminellen** haben, wenden Sie sich an die Touristenpolizei.

Mit etwas mehr Zeit: Lesen Sie die Geschichte vom Djemaa el Fna in *Cinema Eden: Essays von der muslimischen Mittelmeerküste* von Juan Goytisolo, der seit langem in Marrakech lebt.

⭐ **Medersa Ben Youssef**

Die größte *medersa* (Koranschule) in Marokko konkurriert in Bezug auf ihre Pracht mit der *medersa* in Fès. Ihr perfekt proportionierter Innenhof ist ein Juwel maurischer Architektur, die eine faszinierende Balance zwischen glatten Oberflächen und kunstvollem Dekor hält.

Die Schule erhielt ihren Namen von der nahe gelegenen Moschee Ben Youssef, die im 12. Jh. errichtet, im 19. Jh. aber – nur noch halb so groß wie das Original – fast gänzlich neu gebaut wurde. Die *medersa* war Teil eines umfassenden Bildungsplans des Merinidensultans Abou Hassan, der auch die Koranschulen in Fès (➤ 128) einschloss. 1564 wurde sie jedoch vom saudischen Sultan Abdullah el Ghalib komplett umgestaltet und vergrößert. Sie folgt dem traditionellen Grundriss mit zentralem Innenhof und einem Betsaal, doch im Unterschied zu anderen *medersas* betritt man die Ali ben Youssef durch ein unauffälliges Portal und einen langen dunklen Gang. Der Eindruck ist überwältigend, wenn man am Ende des Ganges den großen, in Sonnenlicht getauchten Innenhof betritt. Die Anlage mit einem großen Brunnenbecken in der Mitte, flankiert von zwei Säulenreihen, ist eine Oase der Ruhe inmitten der quirligen Me-

Zarte Zedernholzblenden vor den Fenstern um den Innenhof

NICHT TOT, SONDERN NUR SCHLAFEND
Alle historischen Städte in Marokko haben einen oder mehrere Schutzheilige, die oft mit der Entstehung der Stadt in Verbindung stehen. Der Heilige wird *moul lablad* genannt, »Herr des Hauses«; sein Grab ist eine Pilgerstätte. Marrakech hat sieben Schutzheilige, *es sebti*. Nach dem Volksglauben schlafen sie im Moment, werden aber eines Tages erwachen und ihre guten Taten fortsetzen. Viele Marokkaner unternehmen immer noch Pilgerreisen (*a ziara*) in die Stadt, um die sieben Schreine um die Medina zu besuchen. Der Besuch endet immer beim wichtigsten Schrein, dem von Sidi Bel Abbès (➤ 59). In der Vergangenheit galt diese Reise auch als Arme-Leute-Ersatz für die Pilgerfahrt nach Mekka.

Zentraler Innenhof und Brunnen der Medersa Ben Youssef

dina. Die kunstvollen Dekorationen mit farbigen *zellij*-Mosaiken, Stuck und Zedernholzschnitzereien stören den Frieden in keiner Weise.

Auf der gegenüberliegenden Seite geht es durch ein schön geschmücktes Portal in den Betsaal. Der Raum, durch Marmorsäulen in drei Abschnitte unterteilt, wird von einer Zedernholzkuppel gekrönt, in der rundum 24 kleine Fenster mit fein ausgearbeitetem Stuck eingelassen sind. Der *mihrab* ist mit filigranen Gipsornamenten verziert.

Die *medersa* bot im ersten Stock in rund 150 spartanisch eingerichteten Zellen über 900 Schülern Unterkunft. Die meisten Zellen waren um kleinere Innenhöfe gruppiert und wurden nur durch Oberlichter beleuchtet, die privilegierten Schüler jedoch wurden in den besten Räumen mit Blick auf den Zentralhof untergebracht.

KLEINE PAUSE
Trinken Sie frischen Saft oder *thé à la menthe* in der Cafeteria im Hof des nahe gelegenen **Musée de Marrakech** (➤ 63).

✚ 193 D3 ✉ Place Ben Youssef, am Ende des Souk el-Kebir links
🕓 tägl. 9–18 Uhr ✋ 50 DH

BAEDEKER TIPP

- Sie können während der Besichtigung die Schuhe anbehalten, achten Sie aber, um Ihren Respekt zu zeigen, auf **korrekte Kleidung**. Bedecken Sie Schultern und Arme und tragen Sie keine kurzen Hosen bzw. Röcke.
- Die Tickets sind gültig für Ben Youssef Medersa, Musée de Marrakech und Koubba Ba'adiyin (➤ 63)
- Werfen Sie einen Blick in die **Toiletten** am Ende des Ganges gegenüber dem Eingang: Selbst hier waren ausgezeichnete Handwerker am Werk.

⭐ 10 Souks

Die Souks von Marrakech sind ein Fest für die Sinne: Das Labyrinth der Gassen, die Vielfalt der Waren, die Farben, Gerüche und das Spiel von Licht und Schatten unter der Überdachung können überwältigend sein. Lassen Sie sich beim ersten Besuch langsam durch die Hauptgassen treiben. Bei einem zweiten Besuch können Sie dann die Seitengassen erkunden, wo Handwerker ihre traditionellen Waren in kleinen Werkstätten herstellen und verkaufen.

Der einfachste Zugang zu den Souks führt durch die Gasse gegenüber dem Café de France am **Djemaa el Fna** (➤ 52). Stände im ersten überdachten Teil des Souk verkaufen Nüsse, Trockenfrüchte und handgeflochtene Körbe. Am Ende liegt der bogenförmige Eingang zur **Rue Souk Smarine**, der Hauptallee des Souks. Der breite Souk Smarine wird von Händlern dominiert, die Stoffe, Kaftane und Kleidung für Beschneidungsfeiern feilbieten. Doch findet man hier auch gute, hochpreisige Antiquitäten und wertvolle Teppiche. Etwa 200 m weiter auf der rechten Seite münden zwei Gassen in die **Rahba Qedima**, einen offenen Platz, der von Gewürz- und Apothekerständen gesäumt ist. Am Ende führt ein Durchgang in die **Criée Berbère**, den Berbermarkt, auf dem bis 1912 Sklaven verkauft wurden.

Handwerker-Souks

Hinter dem Markt gabelt sich der Souk Smarine: Rechts führt der **Souk el Kebir** durch den Leder-Souk zur **Medersa Bon Youssef** (➤ 54). Der linke Abzweig, **Souk el Attarin,**

Geschäftiges Treiben im Souk des Teinturiers in Marrakech

Einige der herrlichen Schmiedeeisenarbeiten, die im Souk el Haddadine von Marrakech angeboten werden

führt durch den **Souk des Babouches** (Lederpantoffeln) zum **Souk des Teinturiers**, wo Färber bunte Wolle zum Trocknen aufhängen, weiter zum **Souk Chouari** (Zimmerleute) und zum verqualmten **Souk el Haddadine**, wo die Schmiede arbeiten. Das Areal zwischen den beiden Straßen wird **Kissaria** genannt.

In **Mouassine** gibt es einige gute Antiquitätenhändler und ausgefallene Boutiquen, während in den Parallelstraßen Riad Zitoun el Qedim und el Jedid interessante Souvenirs aus Marokko und den Ländern südlich der Sahara angeboten werden.

KLEINE PAUSE

Für einen Imbiss zwischendurch bietet sich das **Café des Épices** (➤ 68) an der Rahba Oedima an. Oder Sie trinken in einem der schönen *riads* wie dem **Dar Cherifa** (Derb Chorfa Lakbir, Mouassine, Tel. 0524 42 64 63) oder auf dem Dach des **Terrasse des Èpices** (➤ 69) eine Tasse Tee.

➕ 193 D3 ✪ Läden/Stände: tägl. 9–19 bzw. 20 Uhr; Fr 11–16 Uhr und an Feiertagen geschl.

BAEDEKER TIPP

- Am lebhaftesten geht es in den Souks gegen **16–17 Uhr** zu, wenn die Temperaturen sinken, die Touristen ihr Besichtigungsprogramm beendet haben und die Einheimischen zu einem frühen Abendspaziergang aufbrechen.
- Um eine Vorstellung von den Höchstpreisen zu bekommen, besuchen Sie das **Ensemble Artisanal** (avenue Mohammed V., tägl. 9–13, 15–19 Uhr), anschließend können Sie in den Souks zu handeln beginnen.
- Die Souks kann man sehr gut auch auf eigene Faust erkunden. Die wichtigsten Orte sind angeschrieben, Wegweiser sind aufgestellt. Denken Sie daran: Wenn Sie mit einem Führer oder einem *faux guide* in die Souks gehen, werden Sie wegen der Provision höhere Preise bezahlen. Der Souk el Khemis außerhalb von Bab el Khemis ist ein riesiger Flohmarkt, wo die Besitzer der *riads* viele ihrer Möbel kaufen.

Außerdem: Der **Bab Ailen** ist ein authentischer Souk, in dem die Einheimischen einkaufen (mit dem *petit taxi* zu erreichen). Niemand wird dort versuchen, Ihnen etwas aufzudrängen, schlendern Sie entspannt zwischen den Ständen der Händler.

 Muraille & Portes

Eine Tour entlang der 16 km langen Stadtmauer zeigt gut erhaltene Tore (*babs*) und Pisé-Mauern und bietet Einblicke in das authentischere, weniger bekannte Marrakech. Einige Abschnitte der Mauer verlaufen durch einen Friedhof, andere durchschneiden einen lebhaften Souk oder einen überfüllten Platz. Die Farbe der Lehmziegel verändert sich mit dem Licht des Tages von Hellrosa über Ocker und Rot bis zu tiefem Purpur.

1126 begann der Almoravidensultan Ali ben Youssef mit dem Bau der prächtigen Mauern. Diese waren 10 km lang und 9 m hoch. Sie besaßen 200 Verteidigungstürme sowie 20 Zugangstore. Die Mauer wurde laufend in Stand

gehalten und von den Almohaden und Saaditen ausgebaut, doch folgen sie im Wesentlichen weiterhin dem Aufriss aus dem 12. Jahrhundert.

Die massiven quadratischen Türme des **Bab Doukkala** werden nicht mehr als Zugang zur Medina genutzt. Diese Tore bewachten einst die Straße nach Doukkala, der Berberregion zwischen el Jadida und Dafi; heutzutage bestimmt eine stark frequentierte Bushaltestelle das Geschehen. In der Nähe liegt der **Friedhof el Hara** mit der **Koubba (Grab) des Sidi Bennour**. Hinter dem Tor erhebt sich das anmutige Minarett der **Moschee Bab Doukkala**, das im 16. Jh. von Lalla Messouada, der Mutter von Ahmed el Mansour (► 32), erbaut wurde.

Die Elemente von Marrakech: Das Rot der Mauern, die Palmen und Gärten und die stets wunderbare Kulisse des Hohen Atlas

Hinter dem kleinen Tor **Bab Moussoufa** liegt der **Palmenhain des Sidi Bel Abbès**. Auf der anderen Seite der Mauer befindet sich die **Zaouia des Sidi Bel Abbès** mit dem Grab des Schutzpatrons der Stadt (12. Jh.), der besonders von Kaufleuten, Bauern und Blinden verehrt wird.

Am **Bab el-Khemis** findet täglich ein Markt statt. Besonders lebhaft geht es am Donnerstagmorgen zu, wenn hier Vieh verkauft wird. Gleich vor dem Tor befindet sich die **Koubba des Sidi el Babouchis**, dem Schutzpatron der Lederpantoffel-Hersteller. Unter den Almoraviden-Türmen des **Bab Debbagh** liegt der Eingang zum **Gerberviertel**, aber Vorsicht: Besonders nachmittags kann der Geruch einen förmlich umhauen. Im **Bab Ailen** befinden sich der Schrein und die **Moschee** des **Qadi Ayad**, eines der sieben Stadtheiligen. Wenn man weitergeht, stößt man auf den riesigen **Friedhof Bab Rhemat und Bab Ahmar** mit den Aguedal-Gärten (Jardins Agdal) im Süden (➤60).

Durch das **Bab Ahmar** geht es zum **Bab Irhli**, vorbei an mehreren großen *méchouars* (Prozessionsplätzen). Am **Bab er Rob** gibt es gutes Essen und einen Töpfer-Souk, dahinter liegt **Bab Agnaou**, das Tor zur Königsstadt. Auf dem Friedhof hinter dem Bab er Rob befindet sich das Grab des **Sidi es Soheili**, ebenfalls einer der sieben Stadtheiligen. Die Tour endet am **Bab Jdid**, wo die Mauer das Hotel La Mamounia einrahmt.

KLEINE PAUSE

Beenden Sie die Tour mit einem Picknick in den **Menara-Gärten** (Jardins de la Menara, ➤ 61) oder mit einem Drink auf der Terrasse des **Hotel Saadi**.

✚ 193 D3, ✉ Start am Djemaa el Fna
🚌 Leihfahrrad, Kutsche oder Taxi

BAEDEKER TIPP

- Man kann die Stadtmauer in vier bis fünf Stunden zu Fuß ablaufen, doch ist dies **wegen der Hitze und des Verkehrs nicht empfehlenswert.**
- Am angenehmsten ist die Fahrt mit einer **Pferdekutsche**, die man am Stand beim Djemaa el Fna mieten kann (➤ 172).
- Fahrräder verleiht die Agentur Maroc Nature (www.vtt-maroc.com, Tel. 0524 44 70 19) in Gueliz ab 30 € pro Tag. Achten Sie auf den starken Verkehr!
- Machen Sie die Tour am kühleren **Spätnachmittag**, wenn es weniger Verkehr gibt.
- Die **am besten erhaltenen Abschnitte** liegen zwischen Bab Ailen und Bab Rhemat sowie in der Nähe des Stadtteils L'Hivernage.

⑫ Les jardins de Marrakech

Genießen Sie den Frieden und das sanfte Nachmittagslicht in einem der Gärten Marrakechs, die ebenso viel über die Geschichte der Stadt aussagen wie ihre Monumente. Seit seiner Gründung im 11. Jh. und bis in die 1920er-Jahre war Marrakech eine Gartenstadt – zwei Drittel der Medina waren Gärten und Obstplantagen. Jetzt setzt sich die Stadtverwaltung wieder verstärkt für die Restaurierung bestehender Gärten und die Schaffung neuer Grünflächen ein.

Die Sultane der Almohaden-Dynastie legten im 12. Jh. herrliche **Rosengärten** um die Koutoubia-Moschee (➤ 63) an. Diese wurden wieder hergerichtet und erstrahlen jetzt in altem Glanz. Außerhalb der Stadtmauern legten die Sultane weitere wunderschöne Gärten an. Der Größte davon ist der **Jardin de l'Agdal** (Aguedal-Garten), der von Sultan Abdel Moumen gegründet und von den Saadiern erweitert wurde. Der Königshof feierte verschwenderische Feste im Schatten dieser Olivenhaine und bei den großen Wasserreservoiren. Das Hauptreservoir ist das Sahraj el Hana (Becken der Gesundheit) gleich neben dem schönen Pavillon Dar el Hana aus dem 19. Jahrhundert. Von der Terrasse

Das volle Blau von Majorelles Haus erinnert an die Farbe der Overalls der französischen Arbeiter

haben Sie hier eine herrliche Aussicht auf den Hohen Atlas. Man geht davon aus, dass Sultan Mohammed IV. hier 1873 ertrank, als sein Boot kenterte. Der andere Pavillon, Dar el Beida, ist geschlossen, wenn der König hier residiert.

Jardin Ménara

Der **Jardin Ménara** wurde ebenfalls von den Almohaden angelegt, dann aber im 19. Jh. von den Alouiten erneuert. Mohammed IV. errichtete einen eleganten, grün gekachelten Pavillon mit Blick auf das große Wasserbecken und pflanzte einen Zypressengarten, der von Olivenhainen umgeben ist. Gehen Sie um das Becken herum, um das große Spiegelbild des Pavillons im Wasser zu sehen.

Palmeraie

Die Almoraviden legten den Grundstein für die **Palmeraie**, die ursprünglich 13 000 Hektar bedeckte, und pflanzten hier über 150 000 Bäume. Der Rundgang durch den Palmenhain war einst sehr beliebt, doch ist der Hain bedenklich geschrumpft – teils weil die Bäume erkrankten, hauptsächlich aber weil viel neu gebaut wurde. Der Ethnobotaniker Gary Martin schuf den prächtigen ökologischen Garten **Jnane Tamsna** (▶ 66) bei seinem Gästehaus in der Palmeraie.

Blühender Kaktus im Jardin Majorelle beim Museum für islamische Kunst

Jardin Majorelle

Nicht weniger eindrucksvoll ist der **Jardin Majorelle**, den der französische Maler Jacques Majorelle (1886–1962) in den Jahren zwischen 1922 und 1962 anlegte. Mit leuchtend blauen Mauern als Kulisse schuf er einen fantastischen, außergewöhnlichen Garten mit Kakteen, Riesenbambus und schlanken Palmen. Nach seinem Tod verfiel der Garten, bis ihn der französische Modedesigner Yves Saint Laurent, der nebenan begraben ist, aufkaufte und wiederherstellen ließ.

Moderne Gärten

Die restaurierten Gärten des alevitischen Prinzen und Dichters Moulay Abdel Salam, bekannt als **Cyber Parc Arsat Moulay Abdelsalam**, sind teils Olivenhain, teils moderner Garten mit Internetcafé und perfekt für eine Abkühlung am frühen Abend. Einer der neueren Gärten liegt im Beldi Country Club, die Anlage ist über 7 ha groß und umfasst auch eine *Roseraie* mit über 12 000 Rosenbüschen, einen Bio-Gemüsegarten, der das Restaurant beliefert, sowie mehrere Swimmingpools und ein Spa (▶ 72).

KLEINE PAUSE

In den Gärten des Beldi Country Clubs können Sie gut essen und anschließend schwimmen. Das kleine Café im Garten **Majorelle** serviert bis 11.30 Uhr ein gutes Frühstück und zum Mittagessen Salate und Snacks.

Jardin de l'Agdal

✚ 193 D3
✉ Bab Irhli und Bab Ahmar
🕐 Fr, Sa; bei Anwesenheit des Königs geschl. 🚌 Mietfahrrad, Kutsche oder Taxi ✋ frei

Jardin Majorelle & Musée berbère

✚ 193 D3
✉ avenue Yacoub al-Mansour
☎ 0524 30 18 52;
www.jardinmajorelle.com
🕐 Juni–Sept. tägl. 8–18 Uhr; Okt.–Mai 8–17 Uhr ✋ 50 DH Garten und 25 DH Museum

Jardin Ménara

✚ 193 D3 ✉ 2 km vom Bab Jdid
🕐 tägl. 8–18.30 Uhr ✋ frei

Beldi Country Club

✚ 193 D3 ✉ 6 km südlich von Marrakech, Route du Barrage, Cherifia ☎ 0524 38 39 50;
www.beldicountryclub.com
✋ frei, Festpreise für Mittagessen bzw. Mittagessen inkl. Pool

La Palmeraie

✚ 193 D3 ✉ 8 km außerhalb der Stadt, Straße nach Fès
🕐 durchgehend ✋ frei

Blick über die ruhigen Wasser zum Pavillon im Jardin Ménara und zu den schneebedeckten Gipfeln des Atlasgebirges in der Ferne

- Die beste Zeit für einen Besuch ist der **Spätnachmittag**, dann ist die Luft kühler und das Licht wärmer.
- Per **Kutsche oder Mietfahrrad** (Informationen, ➤ 60) gelangt man entspannt zu den Gärten und kann sich auch innerhalb der Anlagen bewegen.
- **Jacques Majorelles** Haus ist heute ein ansprechend gestaltetes Museum, das einige seiner farbenfrohen Bilder und Yves Saint Laurents Sammlung zeigt: traditionelles marokkanisches Handwerk.

Nach Lust und Laune!

⓭ Mosquée de la Koutoubia (Koutoubia-Moschee)

Hoch über die Medina und die Neustadt ragt Marrakechs bekanntestes Wahrzeichen auf. Das 70 m hohe Minarett wurde von Sultan Yacoub el Mansour im späten 12. Jh. vollendet. Das Minarett ist der älteste und am besten erhaltene Almohadenturm und diente als Vorbild für das klassische marokkanische Minarett. Der Legende nach wurden die drei goldenen Kugeln an der Spitze aus dem Schmuck einer der Frauen el Mansours gefertigt, den diese als Buße opferte und einschmelzen ließ: Sie hatte während des Ramadan tagsüber drei Weintrauben gegessen und damit das Fasten gebrochen.

Ursprünglich war das ganze Minarett verputzt, aber bei der Restaurierung im Jahr 2000 wurde entschieden, es unverputzt zu lassen. Nachts ist es schön angestrahlt. In der Nähe liegt das Grab von Lalla Zohra, der Tochter einer religiösen Figur aus dem 17. Jahrhundert. Die Frauen der Gegend glauben, dass sie ihre Kinder beschützt. Südlich von Koutoubia liegen die ruhigen gleichnamigen Gärten mit Rosen, Palmen und Olivenbäumen.

✚ 193 D3 ✉ place Youssouf ben Tachfine ⊛ Zugang nur für Muslime

⓮ Koubba Ba'adiyin

Der kleine zweistöckige Pavillon, der einzig erhaltene Almoravidenbau der Stadt, ist eines der herausragenden Beispiele islamischer Kunst. Der aus dem 12. Jh. stammende Saal für rituelle Waschungen ist das früheste bekannte Zeugnis des typisch maurischen Stils, so wie er später in Andalusien und Nordafrika weite Verbreitung fand.

✚ 193 D3 ✉ nahe der place Ben Youssef ⊛ tägl. 9–19 Uhr ✋ 50 DH, im Kombiticket ist auch der Eintritt für das Musée de Marrakech und die Ben Youssef Medersa enthalten (➤ 54)

⓯ Musée de Marrakech

Der große Palast (Ende 19. Jh.) wurde von Menebhi, dem Verteidigungsminister des Sultans Moulay Abdelaziz, erbaut und ist ein perfektes Beispiel für den arabisch-maurischen Stil. Viele Jahre lang diente er als Schule, bis er vor wenigen Jahren durch den Sammler Omar Benjelloun restauriert wurde. Heute birgt er eine Galerie für zeitgenössische Kunst und einen Ausstellungsraum für private Sammlungen islamischer und ma-

Von jedem Platz in Marrakech sieht man das Minarett der Koutoubia-Moschee

rokkanischer Kunst. Angesichts des Erfolgs unterstützt die Omar-Benjelloun-Stiftung nun auch andere Restaurationsprojekte in der Medina.

193 D3 ✉ place Ben Youssef ☎ 0524 39 09 11; www.museedemarrakech.ma ⏱ tägl. 9–18.30 Uhr 💶 50 DH, im Kombiticket ist auch der Eintritt für die Ben Youssef Medersa (► 54) und Koubba Ba'adiym enthalten

16 Tombeaux Saadiens (Saaditengräber)

In diesen prächtigen, im späten 16. Jh. erbauten Mausoleen wurden die saaditischen Könige beigesetzt. Moulay Ismail ließ sie ein Jahrhundert später von einer hohen Mauer umschließen. Lange Zeit waren sie »verschwunden«, bis die Franzosen sie 1917 zufällig wieder entdeckten. Auf dem blumenüberwachsenen Friedhof stehen mehrere *koubbas*, doch die erste, die das Grab Ahmed el Mansours enthält, ist die sehenswerteste. Der Herrscher wurde im zentralen Saal, umgeben von seinen Söhnen, bestattet. Diffuses Licht fällt auf die Gräber unter der wunderbaren Zedernholzdecke, die von zwölf Marmorsäulen gestützt wird. El Mansour ließ auch ein Mausoleum für seine Mutter Lalla Messaouda erbauen.

193 D3 ✉ Bab Agnaou, ⏱ tägl. 9–16.45 Uhr 💶 10 DH

17 Palais El Badi

Als dieser Palast – der »Unvergleichliche« – im 16. Jh. durch den Saaditensultan Ahmed el Mansour erbaut wurde, war er

Nur die weiten Räume lassen erahnen, wie groß das Palais El Badi einst war

die Perle der muslimischen Welt. Arbeiter aus dem ganzen Land waren am Bau beteiligt; der Marmor kam aus Italien, die Wände und Decken wurden mit Mosaiken, Stuck und Blattgold geschmückt. 100 Jahre später benötigte Moulay Ismail (► 134) lediglich zehn Jahre, um den Palast seiner Pracht zu entledigen. Mit den wertvollen Baustoffen erbaute er Meknès. Dennoch, die Pisé-Wände, die riesigen Becken, versunkenen Gärten und Sommerpavillons, die heute den Besuchern offen stehen, bleiben eindrucksvoll. Im September erwacht der Palast zum Leben. Dann ist er Hauptaustragungsort des internationalen Filmfestivals. Dieses Ereignis lockt große Stars aus Hollywood genauso an wie Fans der arabischen Filmindustrie.

193 D3 ✉ Bab Berrima, nahe place des Ferblantiers ⏱ tägl. 9–16.45 Uhr 💶 10 DH

18 Palais de la Bahia & Musée

Dieser königliche Palast, dessen Name »der Glitzernde« bedeutet, wurde im späten 19. Jh. durch Wesir Bou Ahmed erbaut – einen ehemaligen Sklaven, der es in der Welt weit gebracht hatte. Es heißt, er habe dort mit vier Ehefrauen und 24 Konkubinen gelebt.

Auf einer Fläche von über 8 ha sind die reich geschmückten Wohnungen um blumenbewachsene Innenhöfe gebaut, doch verglichen mit dem exquisiten Stil der nahe gelegenen Saaditengräber (► 64)

und des Palais El Badi (➤ 64), wirken einige der Dekorationen eher vulgär und übertrieben. Bei der Führung sieht man riesige Empfangsräume mit geschnitzten und bemalten Decken, den Harem und einen Garten, der mit Orangen- und Zitronenbäumen, Bananenstauden, Jasmin und Dattelpalmen bepflanzt ist.

✚ 193 D3 ✉ rue Bab Rhemat, nahe rue Riad Zitoun el Djedid ⏱ tägl. 9–16.30 Uhr ✋ 10 DH, plus Trinkgeld für den obligatorischen Führer

19 Maison Tiskiwin

Der holländische Kunsthistoriker Bert Flint öffnete sein wunderschönes Stadthaus, um die hervorragende Sammlung marokkanischen Kunsthandwerks und marokkanischer Textilien zu präsentieren, die er seit den 1950er-Jahren liebevoll gesammelt hat. Die Dauerausstellung nimmt die Besucher mit auf eine Reise von Marrakech nach Timbuktu und zurück. Flint ist davon überzeugt, dass dies der einzige Weg ist, die Kultur und das Erbe Marrakechs zu verstehen. Die feinen Korbarbeiten, Textilien, aufwendigen Holzarbeiten, Teppiche und exotischen Schmuckstücke sind nach Region oder Stamm sortiert.

✚ 193 D3 ✉ 8, rue de la Bahia, nahe Riad Zitoun el Djedid ☎ 0524 38 91 92

Blick vom *riad* auf die Räume des Musée Dar Si Saïd

⏱ tägl. 9.30–12.30, 14.30–17.30 Uhr (am Eingang klopfen) ✋ 20 DH

20 Musée Dar Si Saïd

Der hübsche Palast des Dar Si Saïd, eine kleinere Version des Palais de la Bahia, (➤ 64), wurde von Wesir Bou Ahmed für seinen Bruder erbaut. Heute ist das Haus ein ausgezeichnetes Volkskundemuseum mit einer besonders guten Sammlung: Berberschmuck, wertvolle Teppichen, kunstvoll geschnitzte Holzarbeiten aus den Kasbahs und ein schönes Marmorbecken aus der Medersa Ben Youssef (➤ 54).

✚ 193 D3 ✉ nahe Riad Zitoun Djedid beim Maison Tiskiwin ⏱ Mi–Mo 9–12.30, 14.30–17.30 Uhr ✋ 10 DH

21 Guéliz

Guéliz ist ein anderer Name für die Ville Nouvelle (Neustadt), die während des französischen Protektorats entstand. Die Hauptstraße Avenue Mohammed V. verbindet Guéliz mit der Medina und ist gesäumt von den Büros verschiedener Fluggesellschaften, Cafés, Restaurants und trendigen Geschäften. Hier gibt es auch einige Gebäude im Stil des Art Nouveau. Der Wohnbezirk L'Hivernage, in dem viele Hotels und teure Villen liegen, eignet sich ausgezeichnet für einen ruhigen Spaziergang.

✚ 193 D3 ✉ Tourismusbüro: Ecke avenue Mohammed V/place Abd el Moumen ben Ali

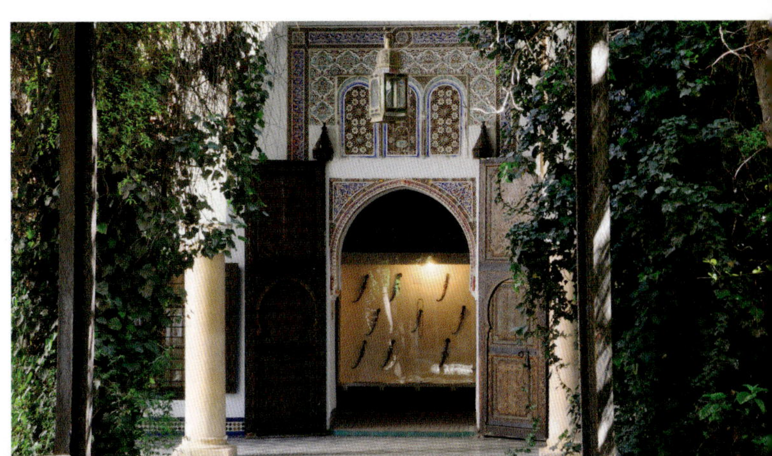

Wohin zum ... Übernachten?

Preise
für ein Doppelzimmer pro Nacht (inkl. Frühstück und Steuern):
€ unter 600 DH   €€ 600–1600 DH   €€€ über 1600 DH

In Marrakech gibt es zahlreiche Hotels, von luxuriös bis einfach. Guéliz bietet Mittelklassehotels, Hivernage All-Inclusive-Hotels. Der ideale Urlaubsort wäre ein *riad* in der Medina oder ein Hotel in der Palmeraie.

Dar Sara + Dar Sara Srira €

Die *riads* Dar Sara und Dar Sara Srira gehören zusammen und haben zusammen zwölf Zimmer, die sich um zwei Innenhöfe gruppieren. Die Zimmer sind einfach mit hiesigen Möbeln und bunten Teppichen ausgestattet. Es gibt viele gemütliche Ecken, auf der Dachterrasse können Kinder sicher spielen.
✚ 193 D3 ✉ 120, derb Arset Aouzal, Bab Doukkala ☎ 0524 38 58 58; http://ryadsara.blogspot.de

Gallia €

Dieses wunderbare, einfache kleine Hotel in zwei *riad*-Häusern wird seit 1929 von einer französischen Familie geführt. Es liegt in einer ruhigen Gasse in der Nähe der Place Djemaa el Fna und hat eine Dachterrasse mit schöner Aussicht. Die Zimmer sind einfach, aber tadellos. Man sollte frühzeitig buchen!
✚ 193 D3 ✉ 30, rue de la Recette ☎ 0524 44 59 13; www.ilove-marrakech.com/hotelgallia

Hivernage Hotel & Spa €€€

In bester Lage nahe an der Stadtmauer und dennoch im ruhigen, grünen Viertel findet sich das Fünf-Sterne-Hotel. Toller Spa-Bereich, bester Service und doch recht klein.
✚ 193 D3 ✉ Zankat Harun ar Rachid ☎ 0524 42 41 00; www.hivernage-hotel.com

Hotel La Mamounia €€€

Ein großartiges Hotel – eine Reise in eine andere Welt! Es gehört zu Recht zu den Leading Hotels of the World und ist das beste und teuerste, was Marrakech zu bieten hat.
✚ 193 D3 ✉ avenue Bab Jdid, gleich beim Stadttor ☎ 0524 38 86 00; www.mamounia.com

Jnane Tamsna €€€

Diese Kreation der senegalesisch-stämmigen Pariser Designerin Meryanne Loum-Martin besteht aus vier Häusern mit eigenem Pool, die über 20 stilvolle und luxuriöse Zimmer verfügen und in einem duftenden Garten und Palmenhain liegen. Bei der Abgeschiedenheit, der entspannten Atmosphäre und dem freundlichen Service fühlt sich hier jeder zu Hause! Das Hotel mit seinen großen von Ehemann Gary Martin gestalteten Gärten, den Pools, Speiserestaurants, gesundem biologischem Essen und Sandtennisplätzen ist der perfekte Gegenpol zur hektischen Medina.
✚ 193 D3 ✉ Douar Abiad, La Palmeraie ☎ 0524 32 84 84; www.jnanetamsna.com

Riad Ana Yela €€€

Die Legende um das Haus beginnt mit einem kleinen Mädchen, das hier einst lebte, und seine Geschichte beginnt mit den Worten: »Ich bin Yela – Ana Yela«. Fünf luxuriöse Suiten befinden sich in diesem weißen Palast. Feinste Kalligrafien und Metallarbeiten finden sich im ganzen Haus, ebenso wie traditionelle Palastarchitektur und feinste Stoffarbeiten. Die Besitzer, Andrea und Bernd Kolb, sind auch die Gründer des »Club of Marrakech« (in Anlehnung an den »Club of Rome«), einer Plattform für Persönlichkeiten aus Wissenschaft, Kultur, Wirtschaft und Politik. Ihr *riad* bietet entsprechend auch Räume für kleinere Konferenzen und Vorträge.

✚ 193 D3 ✉ Derb Zerwal ☎ 0524 38 69 69; www.anayela.com

Riad Bamaga €€

Das zauberhafte Riad Bamaga liegt ruhig in der nördlichen Medina und besticht neben dem herrlichen Innenhof mit großen Pflanzen und den schönen, nicht überladenen Zimmern, vor allem durch die Freundlichkeit seiner französischen Besitzer Colette und Jean-Jacques. Sie lesen ihren Gästen die Wünsche von den Augen ab und stehen mit Rat und Tat beiseite. Mit nur fünf Zimmern ist das *riad* persönlich und familiär.

✚ 193 D3 ✉ Derb Sidi Bouamar, Riad Laarouss ☎ 0524 37 56 11; www.riadbamaga.com

Riad Farnatchi €€€

Dieses exotische und prächtige Boutique-Hotel hat nur neun riesige Suiten. Die Managerin Lynn liebt diesen Ort und sagt, es sei ihr Job, die schönsten Träume ihrer Gäste wahr zu machen. Im Gästebuch kann man sehen, dass ihr das häufig gelingt. Hier wurde aus ursprünglich drei *riads* ein einziges geschaffen, es gibt also reichlich Plätze zum Entspannen sowie einen kleinen Pool – und all das im Herzen der Medina.

✚ 193 D3 ✉ 2, derb el Farnatchi, Kaat Benahid, medina ☎ 0524 38 49 10; www.riadfarnatchi.com

Riad Helen €

Das Preis-Leistungs-Verhältnis in diesem *riad* ist unübertrefflich gut. Obschon es etwas einfacher als die meisten (oftmals mehr als doppelt so teuren) *riads* ist, ist es sehr geschmackvoll und schön eingerichtet. Die fünf Zimmer sind alle individuell gestaltet. Im *riad* werden individuelle Kochkurse und Marktbesuche angeboten, die empfehlenswert sind.

✚ 193 D3 ✉ Derb Aousan, Bab Doukkala ☎ 0524 37 86 11; http://riadhelen.com

Sherazade €

Das hübsche, preiswerte Hotel in einem renovierten *riad* nahe des Djemaa el Fna, muss man rechtzeitig buchen. Die bequemen Zimmer (z. T. mit eigenem Bad) öffnen sich zu zwei Innenhöfen. Die Dachterrasse bietet einen herrlichen Blick über die Medina. Die Zimmer im ersten Stock sind heller und ruhiger.

✚ 193 D3 ✉ 3, derb Jemaa, riad Zitoun el-Kedim ☎ 0524 42 93 05; www.hotelsherazade.com

Tchaïkana €€

Großartiges *riad* hinter dem Musée de Marrakech. Fünf Zimmer um einen schönen, stimmungsvollen Innenhof. Die belgischen Besitzer sorgen dafür, dass sich ihre Gäste wirklich zu Hause fühlen. Die Zimmer sind großzügig und geschmackvoll mit typischen Möbeln der Region und auf Reisen gesammelten Objekten eingerichtet.

✚ 193 D3 ✉ 25, derb el Ferrane, Azbest ☎ 0524 38 51 50; www.tchaikana.com

Villa des Orangers €€€

Das kleine Hotel, das der Relais & Chateaux Kette angehört, ist außergewöhnlich! 27 prachtvolle Zimmer und Suiten verteilen sich auf einen großen Palast mit mehreren Terrassen und Pools (einer davon auf der Dachterrasse mit grandiosem Blick). Herrliche Gärten (ja, Plural!) und ein ausgezeichnetes Restaurant runden den Luxus, der sich hier bietet, ab. Das Hotel liegt in nur fünf Minuten Entfernung vom Djemaa el Fna und ist dennoch eine Oase der Ruhe.

✚ 193 D3 ✉ Rue Sidi Mimoun, Place Ben Tachfine ☎ 0524 38 46 38; www.villadesorangers.com

Wohin zum ...
Essen und Trinken?

Preise
für ein Drei-Gänge-Menü (inkl. Steuern und Service) ohne Getränke:
€ unter 200 DH   €€ 200–400 DH   €€€ über 400 DH

In Toprestaurants müssen Sie auf jeden Fall reservieren. Ab 18 Uhr verwandelt sich der Djemaa el Fna in ein riesiges Open-Air-Restaurant.

Al-Fassia €€
Das beliebte marokkanische Restaurant bietet ein typisches Mittagsgericht. Abends speist man à la carte, z. B. tolle Couscous, großartige *tajines*, unvergessliche mit Taube gefüllte *pastilla*. Al-Fassia hat zwei sehr gute Restaurants – das Haupthaus in Gueliz und eine Dependance in Agdal, vor der Stadt.
✉ Hauptrestaurant: blvd. Zerkouni, Gueliz
☎ 0524 43 40 60; www.alfassia.com
🌐 tägl. 12–14.30, 19.30–23 Uhr

Café des Épices €
Genießen Sie in diesem entspannten Café mit Blick auf den Gewürzmarkt einen frischen Obstsaft, einen Pfefferminztee oder das Tagesgericht. Die Preise sind vergleichsweise günstig. Hier können Sie einheimische Musik hören oder von den Terrassen den Blick auf die Stadt genießen. Kein Alkohol.
✉ Place Rahba Qedima, medina
☎ 0524 39 17 70; www.cafedesepices.net
🌐 tägl. 8–22 Uhr

Café du Livre €
Entzückende englische Bücherei mit Second-Hand und neuen Büchern über Marokko. Außerdem können Sie eine kleine, köstliche Auswahl von Suppen, Salaten, Säften und Tagesgerichten genießen.
✉ 44, rue Tareq ibn Ziad, Guéliz
☎ 0524 44 69 21; https://www.facebook.com/Cafodulivre 🌐 tägl. 9.30–21 Uhr

Catanzaro €€
Das beliebte und stets gut besuchte italienische Restaurant ist auf gegrilltes Fleisch und Holzofenpizza spezialisiert, doch auch die Pasta ist ausgezeichnet.
✉ 66, rue Tarik ibn Ziyad ☎ 0524 43 37 31
🌐 Mo–Sa 12–14.30, 19.15–23 Uhr

Chez Chegrouni €
Chez Chegrouni ist eine Institution mit günstigen, aber guten marokkanischen Gerichten wie Salaten, *tajines* und Couscous. Kein Alkohol.
✉ Djemaa el-Fna ☎ 0665 47 46 15
🌐 tägl. 7–23 Uhr

Le Comptoir €€€
Diese dunkle, schicke orientalische Höhle ist ein Hotspot der Stadt. Die Kellnerinnen balancieren leckere marokkanische und mediterrane Gerichte durch die Menge, Bauchtänzerinnen führen ihre Kunst vor. Im ersten Stock gibt es eine coole Bar, im Garten eine Lounge-Bar.
✉ Avenue Ech Chouhada, Hivernage
☎ 0524 43 77 02; www.comptoirmarrakech.com 🌐 tägl. 16–1 Uhr, Wochenende ab 14 Uhr

Dar Marjana (House of Coral) €€€
Eines der Original-*riad*-Restaurants, das Ihnen ein komplettes Abendprogramm in besonderer Atmosphäre bietet: Drinks im rosenumrankten Innenhof, ein köstliches mehrgängiges Abendessen in einem der prächtigen Salons aus dem 19. Jh. und Livemusik.
✉ 15 derb Sidi Ali Taïr, Bab Doukkala
☎ 0524 38 51 10; www.darmarjanamarrakech.com 🌐 Mi–Mo abends; nur mit Reservierung

Grand Café de la Poste €€

Mit zahlreichen Ventilatoren, poliertem Holz, einer riesigen Terrasse und hohen Decken ist es ein Überbleibsel aus der Protektoratszeit. Es wurde vor einigen Jahren aufwendig renoviert und ist heute ein beliebter Treffpunkt auf einen Drink oder Mittagessen. Es ist auch ideal für ein eleganteres Abendessen mit guter mediterraner Küche und marokkanischen Klassikern.

✉ nahe avenue Mohammed V, hinter der Post
☎ 0524 43 30 38; http://www.bestrestaurants maroc.com/en/restaurant-maroc/grand-cafe-de-la-poste-le.html ◷ tägl. 8–1 Uhr

Le Foundouk €€–€€€

Dieses trendige Restaurant in hellen Farben hat eine großartige Terrasse mit einer schönen Aussicht. Mittags stehen leichte Gerichte wie Salat, Quiches, Pasta und köstliche Desserts auf der Speisekarte, abends werden auch *Tajines*, Grillgerichte und Couscous angeboten.

✉ Souk Hal Fassi, Kaat Bennahid, Medina
☎ 0524 37 81 90; www.foundouk.com
◷ Di–So 12–16, 19–24 Uhr

Kechmara €€

Sehr populäres und trendiges Restaurant im Herzen von Guéliz mit modernem Dekor und einer wunderschönen Dachterrasse. Hier kann man hervorragende marokkanisch-mediterrane Gerichte essen und das Geschehen beobachten.

✉ 3, rue de la Liberté, Guéliz ☎ 0524 42 25 32; www.kechmara.ma ◷ Mo–Sa 9–1 Uhr

Le Kosybar €€–€€€

Diese Restaurant-Bar liegt in der eher traditionelleren Umgebung von Mellah (Jüdisches Viertel) und lädt ein zu einem Sundowner oder einem Drink am späten Abend. Es bietet importierte und einheimische alkoholische Getränke, Weine sowie einen Zigarren-Humidor, eine Piano-Bar (Erdgeschoss), einen marokkanischen Salon (erster Stock) und eine Dachterrasse. Es gibt diverse Speisen, von Couscous bis Sushi.

✉ 47, place des Ferblantiers, Medina
☎ 0524 38 03 24; www.kosybar.com
◷ tägl. 11.30–1 Uhr

Le Marrakchi €€

Von hier haben Sie einen großartigen Blick über den Platz. Geboten wird eine schillernde Atmosphäre und eine gute Einführung in die marokkanische Küche mit Couscous und *tajines*.

✉ Ecke Djemaa el Fna und rue des Banques, medina ☎ 0524 44 33 77; www.lemarrakchi.com ◷ tägl. 11.30–23 Uhr

Les Terrasses de l'Alhambra €–€€

In diesem von einem Franzosen betriebenen Restaurant-Café werden auf der kleinen Terrasse oder im kühlen Innenraum leckere frische Säfte, hausgemachte Eiscreme, frische Salate, Pasta und Pizzavariationen serviert.

✉ place Djemaa el-Fna, Medina
☎ 0524 42 75 70 ◷ tägl. 8–23 Uhr

Terrasse des Épices €–€€

Ein cooles neues Lounge-Restaurant mit Bar auf einem Dach in der Medina. Den marokkanischen/französischen Eigentümern gehört auch das Café des Épices. Angeboten wird tolle Musik, eine Kunstgalerie sowie eine gute Speisekarte mit leckeren marokkanisch-mediterranen Gerichten und herrlichen Desserts. Empfehlenswert.

✉ 15, Souk Cherifia, Dar El Bacha
☎ 0524 37 59 04; www.terrassedesepices.com
◷ tägl. mittags und abends

Tobsil (le Tobsil) €€€

In diesem herrlichen alten *riad* ist das Menu zwar nicht gerade günstig, aber ausgezeichnet. Hier lernt man die vielfältige marokkanische Küche kennen. Die französischen Besitzer sorgen für einen rundum gelungenen Abend.

✚ 193 D3 ✉ Derb Abdellah Ben Hessaien
☎ 0524 44 40 52; www. http://www. bestrestaurantsmaroc.com/en/restaurant-maroc/tobsil-le.html ◷ Mi–Mo abends

Wohin zum ... Einkaufen?

Da so viele Ausländer *riads* in der Medina kaufen, werden die Geschäfte in Marrakech immer exklusiver. Wenn Sie spezielle Wünsche haben, können Sie Ihren persönlichen Shopper buchen; Laetitia Trouillet (Tel. 0661 47 72 28; www.lalla.fr) ist Designerin und spricht Englisch und Französisch. Ihr ausgefallener Shop heißt **From Marrakech with Love** und liegt im Souk Cherifia, Dar el Bacha, unter dem Terrasse de Épices (➤ 69).

Am Eingang zur Hauptattraktion der Medina, dem **Souk Smarine** gibt es Antiquitätenhändler, aber die meisten Geschäfte sind sehr touristisch. Der **Rahba Qedima**, ein offener Platz mit Gewürz- und Heilkräuterverkäufern, ist der Ort für Liebestränke und traditionelle Kosmetika. Außerdem verkaufen hier Frauen ihre Handarbeiten. Direkt hinter dem Platz liegt **La Criée Berbère** (wo bis 1912 Sklaven verkauft wurden). Heute befindet sich dort ein Teppichmarkt, auf dem am späten Nachmittag Auktionen stattfinden. Trauen Sie sich in die überdachten Gassen und genießen Sie das Schauspiel! Wer einen Teppich mit nach Europa nehmen will, sollte ihn hier kaufen und nicht in den Basaren der Hauptsouk-Straßen, wo Sie leicht das drei- oder fünffache bezahlen. Auf der Hauptstraße liegt der **Souk des Babouches**. Hier gibt es Hausschuhe in allen Farben und Formen. In einer Gasse liegt der **Souk el Haddadine**, wo Schmiede kreative Arbeiten herstellen. Der malerische **Souk des Teinturiers** (Wollfärber) bietet grob gesponnene Wolle in faszinierenden Farben sowie Kupfer- und Trödelhändler.

Der Mouassine-Brunnen ist das Zentrum des Viertels **Mouassine**. **La Maison du Kaftan** (65, rue Sidi el Yamani; Tel. 0524 44 10 51) verkauft traditionelle und moderne Kaftans und Djellabas. Um die Ecke liegt der unkonventionelle **Kulchi** (1, rue Ksour, Bab el-Ksour, Mouassine; Tel. 0524 42 91 77) mit einer eigenartigen Sammlung von Boho-Chic. Bei der **Darkoum Gallery** (8, Leksour Derb Sania, Mouassine; Tel. 0524 44 09 31) gibt es alles, womit Sie Ihrem Zuhause das »*Riad*-Feeling« verleihen können – eine unglaubliche Auswahl von Antiquitäten. Zurück auf dem Platz Bab Ftouh liegt auf der rechten Seite ein Funduq (Merchants' Inn). Dort befindet sich im 1. Stock das **Belhadj** (22-33 Fundup Ourzazi; Tel. 0524 44 12 58) ein kleines Geschäft, vollgestopft mit hochwertigen Berber-Schmuckstücken und Halbedelsteinen zu vernünftigen Preisen. Im Hinterhof ist ein kleiner Souk mit alten Metallarbeiten. Auf der anderen Seite des Platzes liegt die prächtige Boutique **Akbar Delights** (45, place Bab Fteuh). Hier gibt es marokkanische Hemden und Kleider. Einige der Fünf-Sterne-*riads* haben auch schöne kleine Geschäfte, im Shop des **Riad Noir d'Ivoire** werden modernste Kleidungsstücke und Accessoires angeboten (33, Derb Djedid, Bab Doukkala; Tel. 0524 38 09 75). Auch im Riad Ana Yela (➤ 66) ist die Boutique ausgezeichnet. Dort findet man Designertaschen des Labels Abury, die nach traditionellen Mustern und Schnitten hergestellt werden. Wer hier kauft, hat nicht nur ganz besondere Einzelstücke, sondern unterstützt Dörfer und Projekte in Marokko.

Der südliche Teil der Medina, in der Nähe der **Mellah** ist weniger touristisch. In ihrem Zentrum liegt der **Place des Ferblantiers** mit dem Gold- und Silbersouk. In dem kleinen, charmanten Shop **Aya's** (11 his, Derb Jdid Bab Mellah, Medina;

Tel. 0524 38 34 28) verkauft die freundliche Nawal ihre Kollektion handgemachter und auf Bestellung gefertigter Kaftans, Hemden, Djellabas sowie Schmuck.

VILLE NOUVELLE (GUÉLIZ)

Vielleicht findet man die besten Antiquitäten in Guéliz, z. B. im **Al Badii** (54, boulevard Moulay Rachid; Tel. 0524 43 16 93).

Im **L'Orientaliste** (11 und 15, rue de la Liberté; Tel. 0524 43 40 74) verkauft Madame Amzallag eine große Auswahl an alten Stickereien, Stoffen, feinen Handwerksarbeiten und eigenartigen Antiquitäten, außerdem Bilder und alte Bücher.

Darkoum (5, rue de la Liberté; Tel. 0524 44 67 39; www.darkoum marrakech.com) ist eine Kunstgalerie, wo die Eigentümer privater *riads* Ihre kostspieligen Möbel kaufen.

Im **Intensité Nomade** (139, ave Mohammed V; Tel. 0524 43 13 33) findet man Lederwaren sowie kunstvoll bestickte Kaftane und Dschellabas, dazu Kreationen des marokkanischen Modedesigners Noureddine Amir – marokkanisch anmutende Kleider aus Leinen, Baumwolle, Wolle und Seide.

Atika (35, rue de la Liberté; Tel. 0524 43 64 09) hat eine großartige Schuhauswahl (westlicher Stil). In der Kinderabteilung **Tesorucio**, an der Ecke Rue de la Liberté und Boulevard Mohammed V, gibt es tolle Kinderschuhe. Das **Scènes de Lin** (70, rue de la Liberté; Tel. 0524 43 61 08) bietet vor Ort hergestelltes, besticktes Leinen sowie exklusive Haushaltsgegenstände, dazu Kerzen von Amira.

LEBENSMITTEL

Den Picknickkorb füllen Sie am besten auf dem **Marché Municipale** in der Rue Ibn Toumert, ganz in der Nähe der Ave Mohammed V in Guéliz – oder der Markt auf der Ostseite von Djemaa el Fna. Im Supermarkt

Aswak Assalam (ave du 11 Janvier in Bab Doukkala) gibt es alles Nötige; die größte Auswahl an importierten Lebensmitteln finden Sie im Megastore **Marjane** (Casablanca Road, 4 km außerhalb der Stadt).

Die **Patisserie Belkabir** auf der 25, Rue el-Houria (an der Ecke zur Rue Tarik Ibn Ziad) verkauft angeblich die besten marokkanischen Süßigkeiten in der Stadt. Hakima Alami im **Al-Jawda** (11, rue de la Liberté) backt seit 15 Jahren traditionelle Kuchen. **Amandine** (177, rue Mohammed el Beqal, Guéliz; Tel. 0524 44 96 12) verkauft französische Backwaren und macht Frühstück. Super Eis gibt's bei **Oliveri** (9, boulevard el Mansour Eddahbi; Tel. 0524 44 89 13).

BÜCHER/ZEITUNGEN

Das **Café du Livre** (44, rue Tareq ibn Ziad, Guéliz (➤ 68) ist eine exzellente englische Bücherei (auch Second-Hand-Bücher und Bücher über Marokko und Nordafrika) mit einem Restaurant-Café.

Der Buchladen mit angeschlossenem Café **Marra Book** in der südlichen Medina (ave des princes) führt englische und französische Literatur sowie Karten zu Marokko. In der ACR **Librairie d'Art** in der Résidence Tayeb (55, boulevard Mohammed Zerktouni; Tel. 0524 44 67 92) gibt's Hochglanzbücher über Marokko.

Die meisten ausländischen Zeitungen haben die Zeitungsstände vor dem **Tourismusbüro** an der Ave Mohammed V in Guéliz.

ENSEMBLE ARTISANAL

Der staatliche Kunstgewerbeladen an der Ave Mohammed V (Tel. 0524 38 67 58; geöffnet tägl. 8.30 bis 19.30 Uhr) vereint mehrere Werkstätten unter einem Dach, die traditionelle Handwerksarbeiten herstellen und verkaufen. Die Festpreise sind vernünftig.

Wohin zum ... Ausgehen?

NACHTLEBEN

Die Abendvergnügungen in der Medina liegen um den **Djemaa el Fna** (➤ 52). Nachts wird Marrakech noch lebendiger als am Tag. Die Zahl der Lounge-Clubs und Discos wächst stetig und zieht reiche Marokkaner sowie den europäischen Jet-Set an.

Der coolste Platz zum Chillen in der Medina ist das **Terrace des Épices** (Souk Cherifia, rue Dar el-Bacha). Der beliebteste Spot in der Stadt ist sicherlich das **Pacha** (Complexe Pacha Marrakech, Boulevard Mohammed VI; Tel. 0524 38 84 05; www.pachamarrakech.com) mit zwei Restaurants, mehreren Bars und einem gigantischen Club. Das **L'Abyssin** (Palais Rhoul, Dar Tounsi, Palmeraie, Route de Fès; Tel. 0524 32 85 84; www.palais-rhoul. com) im hinteren Teil des Hotelgartens mit seiner ultra-coolen Club-Lounge ist ein weiterer Magnet. Im beliebten **Le Comptoir** (rue ech-Chouhada, Hivernage; Tel. 0524 43 77 02; http://comptoir marrakech.com) kann man den Tag gut mit einer abendlichen Bauchtanzvorführung beenden. Das alte Theater im Hotel Saadi wurde in den modernen Nachtclub **Teatro** (Hotel Saadi, Avenue el Quadissia, Hivernage; www.teatro marrakech.com) umgewandelt. Die **Djellabar** (rue Abou Hanifa, Tel. 0524 42 12 42; www.djellabar marrakech.com) ist derzeit wegen der tollen Musik und dem sehr guten Essen bei Einheimischen und Touristen sehr beliebt. Wer hier einen Tisch ergattern will, muss lange vorher reservieren. Etwas bodenständiger ist das **Montecristo** (20, rue Ibn Aicha, Guéliz; Tel. 0524 43 90 31; www.montecristo. com), hier gibt es *Mojitos* und Salsa.

Marrakech hat zwei **Kasinos** (angemessene Kleidung wird erwartet!). Das prunkvollere befindet sich im **Hotel La Mamounia** (➤ 66), das **Casino de Marrakech** ist im Hotel Saadi (Tel. 0524 44 88 11).

KINO, THEATER UND MUSIK

Gute, neue Filme, meist unzensiert zeigt **Le Colisée** (boulevard Mohammed Zerktouni, Guéliz; Tel. 0524 44 88 93). Andere Kinos haben arabische oder indische Filme. Das **Cinéma Rif** (Cité Mohamedi, Daoudiate; Tel. 0524 30 31 46) ist ein Kino im alten Stil. Das **Institut Français de Marrakech** (route de la Targa, Jebel Guéliz; Tel. 0524 44 69 30; http://if-maroc.org/ marrakech/) zeigt internationale, vorwiegend französische Filme und hat ein sehr gutes Kulturprogramm.

SPORT

Die beste Entspannung bietet ein Hammam. **Les Bains de Marrakech** (2, derb Sedra, Bab Agnaou, Medina; Tel. 0524 38 14 28; www.les bainsdemarrakech.com) bietet ein Hammam, Bäder mit schwarzer Seife und Massagen mit Arganöl.

In der Medina gibt es zahlreiche traditionelle Hammams, die auch für Ausländer geöffnet sind.

Für eine Verwöhnmassage im Hammam ist das Spa im **Riad Farnatchi** (0524 38 49 10; www.riad farnatchi.com) oder das **Palais Rhoul & Spa** in der Palmeraie (Tel. 0524 32 94 94/95; www.palais rhoul.com) zu empfehlen. Hier arbeitet der beste Hammam-Masseur der Stadt. Mit Kindern ist der Wasserpark **Oasiria** zu empfehlen (www.oasiria.com) oder auch der **Beldi Country Club** (http://www. beldicountryclub.com/).

Marrakech hat viele hervorragende **Golfplätze.** Weitere Informationen finden sich auf ➤ 46.

Die Atlantikküste

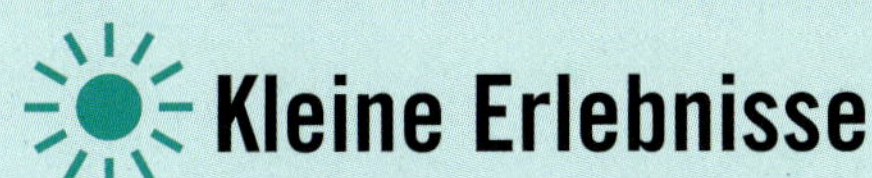

Kleine Erlebnisse

Vogelgesang im Morgenlicht

Die **Chellah** (➤ 82) ist wunderschön. Früh-
morgens, wenn Vögel zwitschern, könnte
man weinen vor Glück!

Betörende Musik

In **Essaouira** (➤ 78), zur Zeit des Gnaoua-
festivals im Juni, verwandelt sich die ganze
Stadt in eine einzige Open-Air-Bühne.

Beste Patissier-Kunst

Das mit Abstand leckerste Gebäck bekommt
man in **Agadir** (➤ 93) am Boulevard Hassan II, in der Pâtisserie La Veranda.

Erste Orientierung

Die Atlantikküste ist in wirtschaftlicher und politischer Hinsicht das Zentrum Marokkos. Allein im 500 km langen Streifen zwischen Kenitra und Essaouira mit den Großstädten Rabat und Casablanca leben fast 7 Mio. Menschen, also ein Fünftel der Landesbevölkerung. Auf den ersten Blick wirkt das Gebiet unspektakulär und kaum als Urlaubsregion geeignet, doch die Küste hat mehr zu bieten als ihre Strände: eindrucksvolle portugiesische Festungen, eine schöne Kolonialarchitektur, gute Surfreviere – und reichlich Fisch und Meeresfrüchte.

Rabat, die bezaubernde Hauptstadt des Landes, verströmt eine entspannte, kleinstädtische Atmosphäre und hat neben anderen Sehenswürdigkeiten eine prachtvolle Kasbah. Ihre Nachbarin und frühere Rivalin, Salé, ist mit Ausnahme der sehenswerten Medina weniger gut erhalten. Casablanca, die Wirtschaftsmetropole des Landes, rühmt sich des größten nordafrikanischen Hafens und hat große Industrieanlagen; sie bietet aber auch eine eindrucksvolle Kolonialarchitektur, belebte Cafés, Souks, stadtnahe Strände und ausgezeichnete Restaurants. Auch die kleineren Städte wie Essaouira lohnen einen Besuch. Agadir, der beliebteste Urlaubsort, hat das ganze Jahr über ein angenehmes Klima, doch ist er der am wenigsten typische unter den Küstenstädten. Für einen echten Badeurlaub sollte man ins nahe gelegene Tarhazoute, in die Lagunenstadt Oualidia oder, wenn man Surfwellen sucht, nach Sidi Kaouki oder Essaouria fahren.

TOP 10

⭐ 4 Essaouira ➤ 78
⭐ 8 Rabat ➤ 81

Nicht verpassen!

🔴 22 Casablanca ➤ 86

Nach Lust und Laune!

23 Mehdiya ➤ 90
24 Mohammédia ➤ 90
25 Azemmour ➤ 91
26 El Jadida ➤ 91
27 Oualidia ➤ 92
28 Safi ➤ 92
29 Imouzzer des Ida-
    Outanane ➤ 92
30 Agadir ➤ 93

**Die Haustüren in Essaouira sind
aufwendig gestaltet**

In fünf Tagen

Wenn Sie unseren Empfehlungen folgen und fünf Tage Zeit investieren, haben Sie die Hauptsehenswürdigkeiten von Marokkos Atlantikküste kennengelernt. Weitere Informationen finden Sie unter den Haupteinträgen (➤ 78ff).

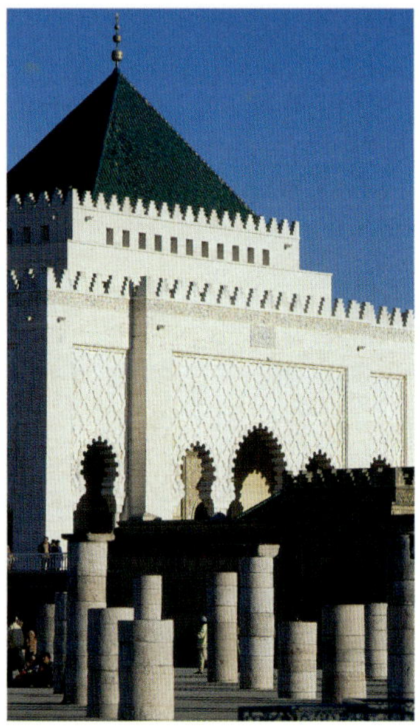

Erster Tag

Vormittags
Beginnen Sie in **8 Rabat** (➤ 81) mit einem Bummel durch die Medina, und vergessen Sie dabei nicht die **Rue des Consuls**, die **Kasbah des Oudaïas** und das **Musée Oudaïa**. Kehren Sie zum Mittagessen im Restaurant Le Dhow (➤ 98) ein.

Nachmittags
Mit dem Taxi geht es zum **Bab er Rouah** und von dort zu Fuß zum **Archäologischen Museum**. Sie gehen dann Richtung Innenstadt zur **Tour Hassan**, dem **Mausoleum von König Mohammed V.** (Abb. links; ➤ 84) und der **Mosquée Hassan**, um beim täglichen Wachwechsel um 17 Uhr dabeizusein.

Abends
Genießen Sie einen Aperitif im Hotel Balima an der Avenue Mohammed V, und essen Sie dann in einem Restaurant in der Innenstadt, beispielsweise im Le Petit Beur (➤ 98).

Zweiter Tag

Vormittags
Fahren Sie mit dem Taxi oder Bus nach **Salé** (➤ 83), und besichtigen Sie die Hauptsehenswürdigkeiten, darunter den **Souk el Ghezel** und die **Madrasa**. Mit dem *grand taxi* geht es zurück zum Essen ins Le Grand Comptoir (➤ 98).

Nachmittags
Besichtigen Sie die malerischen römischen Ruinen und die muslimische Begräbnisstätte von **Chellah**. Mit dem Auto können Sie einen Abstecher zum Témara-Strand machen. Mit dem Zug fahren Sie direkt nach Casablanca. Zum Abendessen empfiehlt sich das Restaurant Le Port de Pêche (➤ 96).

Dritter Tag

Vormittags

Der Besuch in **22 Casablanca** (➤86) beginnt mit einer Tour zur **Grande Mosquée Hassan II.** Kehren Sie dann ins Zentrum zurück und genießen Sie die schöne Kolonialarchitektur. Für das Mittagessen wählen Sie ein Restaurant am Marché Central.

Nachmittags

Fahren Sie mit dem Taxi zum **Quartier Habous**, um dort einzukaufen und ein Gebäck von Bennis (➤99) im Café am Platz zu genießen. Die alte Medina lädt zu einem weiteren Einkaufsbummel ein, bevor es zum Essen ins Sqala (➤97) zurückgeht.

Vierter Tag

Vormittags

Brechen Sie früh zur Fahrt nach Essaouira auf; nach einer guten Stunde erreicht man die von Portugiesen gegründete Stadt **26 El Jadida** (➤91). Nach einer Pause auf der Place Mohammed ben Allah geht es weiter in das 80 km entfernte **27 Oualidia** (➤92); kehren Sie dort in einem der Fischrestaurants am Strand ein.

Nachmittags

Bei Flut nehmen Sie ein Bad in der Lagune, bevor es weitergeht zur 65 km entfernten Töpferstadt **28 Safi** (➤92). Folgen Sie der Küstenstraße durch schöne Dörfer bis **4 Essaouira** (➤78) und schlendern Sie über den Hauptplatz zum Essen ins Le Chalet de la Plage (➤97).

Fünfter Tag

Vormittags

Nach dem Frühstück an der Place Moulay Hassan laufen Sie entlang der alten Stadtmauer zur **Skala de la Ville**, besuchen Sie den **Kunstschreiner-Souk**, das kleine **Musée Sidi Mohammed ben Allah** und die *mellah*.

Nachmittags

Besuchen Sie die Galerien an der Avenue Mohammed Zerktouni und machen Sie dann einen langen Strandspaziergang. Bei Sonnenuntergang können Sie den Fischern bei der Arbeit zusehen. Der Tag endet mit einem Essen im Elizir (➤97).

⭐4 Essaouira

In dieser bezaubernden blau-weißen Stadt vermischen sich arabische, berberische, afrikanische und europäische Einflüsse auf gelungene Art und Weise. Die Stadt ist ein Ort außerhalb der Zeit, die offenbar ihren ganz eigenen Rhythmus lebt. Es ist aber immer noch ruhig, die einzige Unruhe entsteht durch das wilde Treiben am Fischerhafen. Essaouira zieht seit langem Schriftsteller und Künstler an, die sich von der Schönheit der Stadt inspirieren lassen. Ein kräftiger Wind, der *alizé*, bläst vom Atlantik, die Sawiris (wie die Bewohner der Stadt genannt werden) behaupten, dass er sowohl schlechte Stimmungen als auch Touristenmassen fortbläst.

Essaouira, früher Mogador genannt, sieht älter aus, als es ist. Obgleich hier ursprünglich die Phönizier siedelten, wurde die heutige Stadt erst 1764 von Sultan Mohammed ben Abdallah gegründet und nach Plänen des französischen Architekten Théodore Cornut erbaut. Sie erhielt den Namen »es Saouira«, »die gut Gezeichnete«.

Hinaus aufs Meer

Der geschäftigste Teil der Stadt ist der **Fischereihafen**, insbesondere am späten Nachmittag, wenn die Boote einlaufen, ist hier viel los. Die Frauen der Fischer wählen als Erste die besten Stücke aus dem Fang. Der Rest wird per Auktion

Blick auf die Skala de la Ville von einem runden Guckloch im Hafen

verkauft – ein lebhaftes Spektakel. Auf der Südseite des Hafens liegt eine Werft, auf der in traditioneller Weise Boote gebaut werden.

Eine dramatische Kulisse

Den Hafen erreicht man von der Stadt aus durch die **Porte de la Marine** (18. Jh.), deren Treppen auf die Mauern der **Skala du Port** hinaufführen, von wo aus man einen großartigen Blick über die Stadt hat. Der amerikanische Autor und Regisseur Orson Welles drehte hier mehrere Szenen seines gefeierten Films *Othello* (1952). Die **Skala de la Ville** ist eine eindrucksvolle Festung, auf der europäische Bronzegeschütze stehen. Von hier blickt man weit hinaus auf den Ozean, dessen Wellen gegen die Felsen schlagen. Darunter befinden sich die Werkstätten der Tischler, die vorwiegend mit Thujaholz arbeiten. In der Nähe zeigt das kleine **Musée Sidi Mohammed ben Abdallah** Bilder des alten Essaouira sowie Einlegearbeiten und Trachten.

DIE GNAOUA

Traditionell waren die Gnaoua – Nachkommen von Sklaven aus Mali und Senegal – Heiler und Musiker. Ihre Musik stand im Ruf, böse Geister auszutreiben. Bei religiösen Festen zelebrierten sie eine *lila*, bei der Trommeln, Kastagnetten und Flöten die Teilnehmer in Trance versetzten. Heutzutage spielen sie ihre Musik in Cafés, zu erkennen sind sie an ihren Hüten, an deren Bändern Kaurimuscheln befestigt sind. Das jährlich stattfindende Festival der Gnaouamusik (www.festival-gnaoua.net/en/) Mitte Juni hat ihre Musik bekannt gemacht. In Essaouira thematisieren Gnaoua ihre Traditionen auch in farbenfrohen, fast naiven Bildern.

Liebevoll gestaltet

Die Souks mit ausgezeichneten Handwerksarbeiten (▶ 99) erstrecken sich von hier bis zur *mellah* (Judenviertel). In der Stadt lebte stets eine große jüdische Gemeinde, die als Vermittler zwischen dem muslimischen Sultan und fremden Mächten fungierte. Heute residieren hier nur noch etwa ein Dutzend Gemeindemitglieder, im 19. Jh. waren es 8000 bis 9000.

Die Atlantikküste

Auf der anderen Seite der Avenue Mohammed Zerktouni befindet sich der neue **Souk Djedid** mit einem Fisch- und Gewürzmarkt auf der einen sowie dem Getreide- und Schmuckmarkt auf der anderen Seite. Am Ende der Straße Richtung Hafen verkaufen mehrere Galerien die Arbeiten von Künstlern aus Essaouira. Die beste unter ihnen ist die **Galerie Fréderic Damgaard**, die Gnaoua-Maler (▶Kasten ▶79 und 99) fördert.

Stadt des Windes

Der prachtvolle Strand der Stadt erstreckt sich mehrere Kilometer weit. Gegenüber der Stadt liegen die **Îles Purpuaires**, benannt nach dem Purpurfarbstoff, der aus den Gehäusen der einheimischen Murexschnecke gewonnen wird. Die größte Insel, Île de Mogador, hat einen kleinen Hafen, eine Festung und eine Moschee. Die Inseln stehen unter Naturschutz, da sie zu den wenigen Nistplätze des Eleonorenfalken *(Falco eleonorae)* zählen.

KLEINE PAUSE

Trinken Sie Tee an der **Place Moulay el Hassan** und beobachten Sie das Treiben. Kosten Sie das Essen im **Taros** (▶98), von dessen Terrasse aus man einen schönen Blick auf den Hafen hat, oder testen Sie das **Le Chalet de la Plage** (▶97). Alternativ können Sie auch **gegrillten Fisch** an einem der Stände außerhalb des Hafens probieren.

Essaouira
✚ 192 B3 ✉ Tourismusbüro: Syndicat d'Initiative, 10, rue du Caire ☎ 0524 78 35 32;
www.essaouira.com
🚌 von Marrakech, Casablanca, Agadir und Tiznit

Musée Sidi Mohammed ben Abdallah
✉ rue Laalouj ☎ 0524 47 53 00 🕐 Mi–Mo 8.30–18 Uhr
✋ 10 DH

Galerie Frederic Damgaard
✉ avenue Oqba ibn Nafii
☎ 0524 78 44 46; www.galeriedamgaard.com
🕐 tägl. 10–13, 15–19 Uhr ✋ frei

Die Lotar, eine dreisaitige Violine, ist ein traditionelles marokkanisches Instrument

BAEDEKER TIPP

- Am besten lernt man Essaouira bei einem **Stadtbummel** kennen. Halten Sie Ausschau nach geheimen Durchgängen, wunderschönen Torbögen, malerischen Gassen und faszinierenden *riads* und Häusern.
- Verweilen Sie auf der **Place Moulay el Hassan** und beobachten Sie den unaufhörlichen Strom von Sawiris und Besuchern.
- Spazieren Sie am Spätnachmittag am **windigen Strand** entlang.
- Der **beste Surfstrand** ist Sidi Kaouki, 25 km südlich der Stadt.

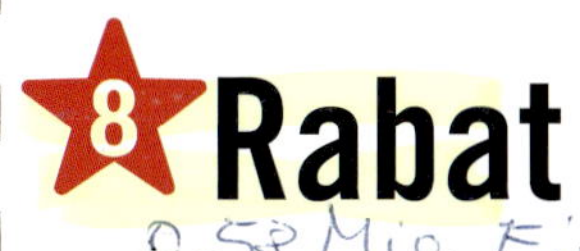 Rabat

Rabat ist die zweitgrößte Stadt des Landes. Mit ihren baumbestandenen Alleen, kolonialer Architektur, öffentlichen Parks und den ruhigen Wohnvierteln verströmt die Stadt eine Atmosphäre der Eleganz und des Wohlstands. Weniger aufregend als Fès, weniger exotisch als Marrakech und weniger turbulent als Casablanca, ist Rabat eher ruhig und hat einen provinziellen Touch.

Die Phönizier nutzten ebenso wie die Römer und ihre Nachfolger den sicheren Hafen an der Mündung des Bou Regreg. Almohadensultan Yacoub el Mansour machte die Stadt 1184 zu seiner Hauptstadt. Er ließ sie durch eine 6 km lange Stadtmauer mit insgesamt fünf monumentalen Toren einfassen, erweiterte die Kasbah und errichtete die gewaltige Mosquée Hassan, deren Minarett noch höher ist als das der großen Giralda im spanischen Sevilla.

Nach seinem Tod begann die Stadt, die er »Rabt el Fath« (Klosterburg des Sieges) genannt hatte, zu verfallen. Dies änderte sich erst mit der Ankunft der Moriscos, der aus Spanien ausgewiesenen Mauren: Rabat und auch das benachbarte Salé blühten dank der Freibeuterei (▶ 28) auf.

Ville Nouvelle (Neustadt)

1912 machten die Franzosen Rabat zu ihrer Kolonialhauptstadt. Sie ließen die Medina unberührt, bauten aber eine **Neustadt** mit breiten Alleen und Wohnvierteln. Die mit Palmen bestandene, von Geschäften, einem Theater und Kinos gesäumte **Avenue Mohammed V** zwischen Königspalast und Medina ist die Hauptverkehrsader.

Eine der Hauptsehenswürdigkeiten ist die noch erhaltene Almohadenmauer mit ihren Toren. In der Nähe des prachtvollen Almohadentores **Bab el Rouah** (Tor der Winde) präsentiert das **Musée Arquéologique** (Archäologisches Museum) römische Bronzeplastiken aus Volubilis (▶ 132)

Der Tour Hassan sollte so hoch wie das Koutoubia-Minarett in Marrakech werden, doch wurde der Turm nie vollendet

und Chellah. Darunter sind die Figur des sprungbereiten Hundes von Volubilis und vorzügliche Büsten von Cato dem Jüngeren aus Utica sowie von Berberkönig Juba II.

Die Hauptdurchgangsstraße wird im weiteren Verlauf zur Avenue Yacoub el Mansour, die zu den Ruinen von **Chellah** führt. Die seit langem aufgegebene römische Siedlung wurde im 13. Jh. unter den Mereniden eine Begräbnisstätte. Den Eingang zu der von einer Mauer umschlossenen Nekropole bildet ein wuchtiges, von zwei Türmen flankiertes Merenidentor. Die römischen Ruinen befinden sich auf der linken Seite, rechts führt ein Pfad zu den muslimischen Gräbern und Moscheen in einem überwucherten Garten mit Wildblumen, Feigen- und Olivenbäumen.

Die spanischen Einwanderer des 17. Jhs., die die **Medina** errichteten, bauten auch die **Andalusiermauer**, die an der Avenue Hassan II verläuft. Die zentrale Straße der Medina ist die **Rue des Consuls**, an der man gute Geschäfte mit Kunsthandwerk findet und die in den **Souk el Ghezel**, den Woll-Souk und ehemaligen Sklavenmarkt, führt. Die **Kasbah des Oudaïas**, nach dem Stamm benannt, den die Alouiten hier ansiedelten, wurde im 10. Jh. erbaut.

Die Medina und die Kasbah

Der Eingang zur Kasbah führt durch die prächtige, wohlproportionierte **Porte des Oudaïas**, die im späten 12. Jh. von Yacoub el Mansour erbaut wurde. In der Mitte der Kasbah befindet sich im von Moulay Ismail (➤ 134) erbauten Palast (17. Jh.) das **Musée Oudaïa** mit einer wunderbaren Sammlung marokkanischer Schmuckkunst. Ebenso hübsch ist der **Andalusische Garten** des Palastes, in dem Zitronenbäume und Zypressen, Dattelpalmen und Blumen wachsen.

Ein Säulenfeld und ein unvollendetes Minarett sind die einzigen Überreste von Yacoub el Mansours gewaltiger **Mosquée Hassan**, die nie vollendet wurde. Spätere Herrscher benutzten die Steine der Baustelle zur Restaurierung der Kasbah. Das 44 m hohe Minarett, der **Tour Hassan**, zeigt auf jeder Seite unterschiedliche Verzierungen. Mohammed V. wählte diesen spektakulären Hintergrund für sein **Mausoleum** (➤ 84), in dem er mit seinen beiden Söhnen bestattet ist, ebenso wie der letzte König Hassan II.

Salé

[handschriftlich: 390 Tsd. Einw.]

An der Mündung des Flusses Bou Regreg finden massive Sanierungsarbeiten statt. Es entsteht eine neue Marina. Auf der anderen Seite des Flusses liegt Salé, die Schwesterstadt von Rabat. In dieser aufstrebenden Großstadt ist von der ehrwürdigen Vergangenheit des Ortes wenig erhalten geblieben. Die Medina ist jedoch weit malerischer als Rabat. Vom **Bab Mrissa** geht man zum **Souk el Ghezel** (Woll-Souk) und dann in Richtung **Grande Mosquée**. Ganz in der Nähe liegen eine schöne merenidische *medersa* (14. Jh.) und der *marabout* (Grab) von Sidi Abdallah ben Hassoun, dem Schutzpatron der Stadt und der Reisenden. Ein Stück weiter im Nordwestturm ist ein Keramikmuseum zu finden.

KLEINE PAUSE

Das ruhige **Café Maure** (➤ 97) im Andalusischen Garten der Kasbah des Oudaïas ist ein zauberhafter Platz in herrlicher Umgebung.

Rabat
✚ 190 A4
✉ Touristeninformation: Ecke rue Oued el Makhazine und rue Zalaka, Agdal
☎ 0537 27 83 00; www.visitrabat.com
🚌 Busse ab Casablanca, Tanger, Marrakech, Fès und Meknès
🚆 Züge ab Tanger, Fès, Meknès, Casablanca und Marrakech

Musée Arquéologique
✉ 23, rue el Brihi, nahe der Grande Mosquée Es-Souna
🕐 Mi–Mo 9–16.30 Uhr
✋ 20 DH

Chellah
✉ 2 km vom Zentrum
🕐 8.30–18.30 Uhr
✋ 10 DH

Oudaya
☎ 0537 73 15 37
🕐 Mi–Mo 9–17 Uhr
✋ 30 DH

Mausoleum Mohammed V.
✉ boulevard de la Tour Hassan
🕐 tägl. Sonnenaufgang bis Sonnenuntergang; angemessene Kleidung
✋ frei

Salé
✚ 190 A4
✉ 3 km ab Zentrum Rabat
🚌 Bus 12, 13, 14 ,16 oder 34 (4 DH) vom Mellilla-Platz in Rabat oder per *grand taxi* vom Richtung Meer gelegenen Ende der avenue Hassan II

Mereniden-Medersa
✉ nahe der Grande Mosquée
🕐 tägl. 9–12, 14.30–18 Uhr
✋ 20 DH

BAEDEKER TIPP

■ Der **Blick über den Fluss vom Café Maure** in der Kasbah des Oudaïas ist bei Sonnenuntergang besonders reizvoll.

■ Nach Salé kommt man **mit Bus** oder *grand taxi*. Zu Fuß sind es etwa 30 Minuten über den Pont Moulay Hassan.

Mausoleum Mohammed V.

Der vietnamesische Architekt Vo Toan konzipierte die Grabanlage, die hervorragendsten marokkanischen Kunsthandwerker setzten seine Pläne mit größter Sorgfalt und mit den besten Materialien um. Das gesamte Areal besteht aus dem Mausoleum im Osten, einer Säulenhalle im Westen (Zutritt für Touristen verboten) und der dazwischenliegenden Moschee.

❶ **Kuppel** Das Mausoleum ist im Stil traditioneller Grabbauten (Koubbaform) errichtet, sein zinnenbekröntes, pyramidenförmiges Dach ist mit grünen Fayencenziegeln gedeckt. Den Grabraum überwölbt eine außergewöhnliche zwölfeckige Wabenkuppel aus Mahagoni mit Stalaktitenzwickeln und Goldblattverkleidung. Ihre farbigen Glasfenster stammen aus einer Werkstatt in Frankreich. Ein 1,5 t schwerer, vergoldeter Bronzeleuchter hängt über dem zentralen Sarkophag.

❷ **Portale** Die Fassaden an den vier Seiten des Mausoleums sind von hufeisenförmigen Torbogen mit schlanken Säulen durchbrochen.

❸ **Innenraum** Die Innenwände sind mit Schnitzereien aus Zedernholz, Gipsstuckarbeiten, Einlegearbeiten aus Gold, Silber und Edelsteinen sowie filigranen Fayencemosaiken prunkvoll im Stil der Meriniden ausgestattet. Die Mosaiken bedecken etwa eine Fläche von 1000 m², wobei pro Quadratmeter rund 20 000 Einzelsteinchen verwendet wurden.

❹ **Sarkophag** Im Zentrum des Mausoleums liegt im Boden versenkt die Grabkammer mit dem Sarkophag Mohammeds V., des Großvaters des regierenden Königs Mohammed VI. Die beiden kleineren Särge bergen die sterblichen Überreste des 1999 verstorbenen Königs Hassan II. und seines Bruders Prinz Moulay Abdallah (gest. 1983). »Normale« Besucher können die Kammer von einer umlaufenden, höher gelegenen Innengalerie aus betrachten; lediglich Staatsgäste und offizielle Delegationen dürfen den unteren Raum betreten.

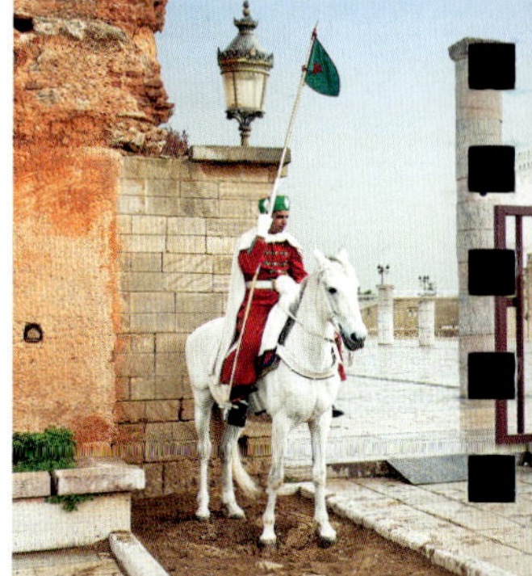

Portal des Mausoleums
Mohammed V.

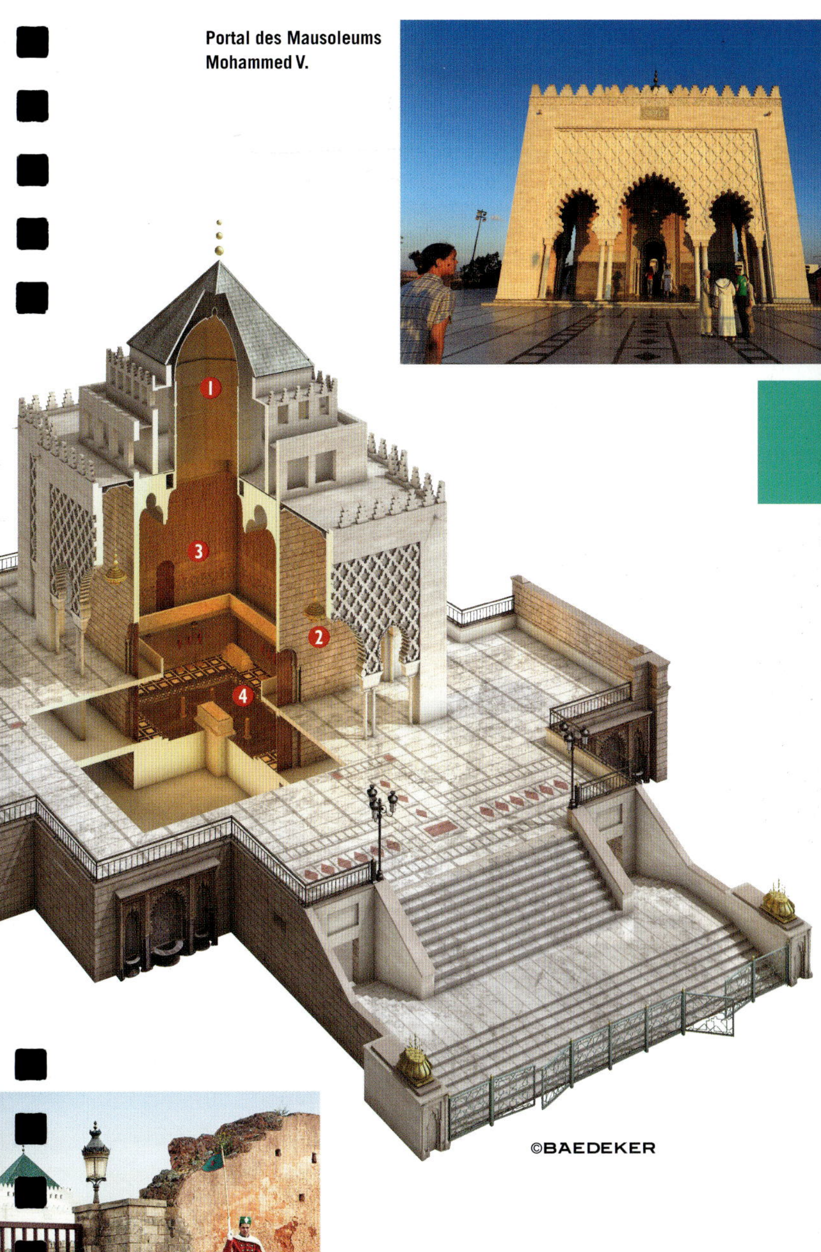

©BAEDEKER

Berittene Wachposten am
Eingang des Mausoleums

㉒ Casablanca

3,36 Mio. Einw.

Im Gegensatz zu fast allen marokkanischen Städten ist Casablanca (Dar el Beida) eine moderne Stadt. Die meisten Besucher kommen unvermeidlich durch »Casa«, wie es die Marokkaner liebevoll nennen; in der Stadt kann man gut ein oder zwei angenehme Tage verbringen: Die Souks sind weniger lärmerfüllt als viele andere, alles ist leicht zugänglich, die Art-nouveau- und Art-déco-Architektur entlang der breiten Boulevards ist sehr sehenswert.

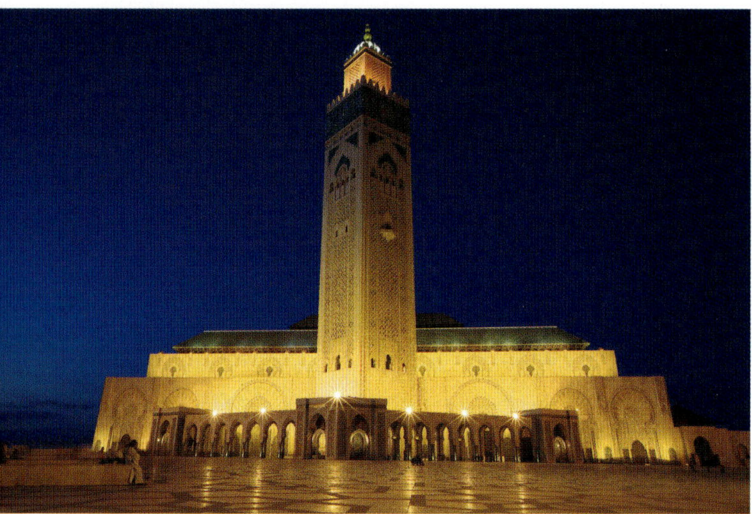

Casablanca wurde von den Franzosen nach dem Vorbild von Marseille erbaut. Die Stadt ist in Bewegung und wirkt sehr europäisch, an einigen Stellen erinnert sie sogar an Miami, nur noch wenige verschleierte Frauen sind im Straßenbild zu sehen.

Das auffallendste und einzig »wirkliche« Monument der Stadt ist die gigantische **Grande Mosquée Hassan II**, die 1993 vollendet wurde. König Hassan II. wollte eine Moschee auf dem Wasser bauen, deshalb entwarf der französische Architekt Michel Pinseau einen riesigen Komplex für ein Land, das dem Meer abgewonnen wurde. Das fast 210 m hohe Minarett, ein Leuchtfeuer des Islam, ist aktuell das höchste weltweit. Rund 20 000 Gläubige können im Inneren der Moschee beten, ein Teil von ihnen kniet dabei auf einem Glasboden, unter dem der Ozean wogt. Der Innenhof bietet weiteren 80 000 Menschen Platz. Über 2500 der besten Handwerker Marokkos waren Tag und Nacht mit dem Ausschmücken der Moschee beschäftigt. Die enormen Baukosten, schätzungsweise rund 750 Mio. Euro, wurden aus, teilweise erzwungenen, »Spenden« finanziert.

Die spektakulär beleuchtete Mosquée Hassan II erhebt sich wie ein Leuchtfeuer in die Nacht

CASABLANCA IN ZAHLEN
- viertgrößte Stadt in Afrika
- Die 4 Mio. Einwohner stellen etwa 10 % der Gesamtbevölkerung Marokkos.
- Gemeinsam mit etwa 60 % der Industriebetriebe des Landes nutzt Casa 30 % des Stroms und aller Telefonleitungen.
- Die Einwohner kommen für über die Hälfte der Steuern des Landes auf.

Die meisten der großen Kolonialgebäude, die im vom französisch beeinflussten maurischen Stil errichtet wurden, gruppieren sich rund um die **Place Mohammed V** (sie hieß früher Place des Nations Unies) und den **Boulevard Mohammed V.** Dort hat der **Marché Central** die beste Auswahl an Obst und Gemüse im ganzen Land zu bieten. Am Ende des Boulevard Mohammed V liegt die heutige **Place des Nations Unies** (Achtung: dies war früher die Place Mohammed V!) mit Caféterrassen, dem Hyatt Regency Hotel (➤94) und dem Eingang zur **alten Medina** und den Souks.

Der mit Palmen gesäumte Boulevard Félix Houphouët-Boigny führt zum **Hafen**. Die von den Franzosen erbaute neue Medina, **Quartier Habous**, liegt gegenüber dem Königspalast.

Die Eingangstore zur Grande Mosquée Hassan II sind gigantisch groß.

KLEINE PAUSE

Oliveri (132, avenue Hassan II) ist das beliebteste Eiscafé in der Stadt. Die Caféterrassen an der **Place des Nations Unies** brummen am Nachmittag förmlich vor Menschen; mehrere Restaurants im **Marché Central** bieten Snacks mit frischem Fisch zu vernünftigen Preisen an.

✚ 193 D5 ✉ Touristeninformation: 98 boulevard Mohammed V
☎ 0522 22 15 24;
www.visitcasablanca.ma

Strand Ain Diab
✉ 3,5 km westlich des Zentrums
🚌 9

Grande Mosquée Hassan II
✉ boulevard de la Corniche
☎ 0520 22 25 63 🕐 nur mit Führung
Sa–Do 9, 10, 11, 14 Uhr ✋ 120 DH

Quartier Habous
✉ 1 km südwestlich der Stadt
🚌 81

BAEDEKER TIPP

- **Der Parc de la Ligue Arabe** lädt zum Entspannen unter Palmen und zwischen exotischen Blumen ein.
- Die Einheimischen halten sich gern in den Strandclubs am **Ain Diab** auf.

Moschee Hassan II.

Wahrhaft gigantisch (200 x 100 m) sind die Ausmaße der Moschee Hassan II., des zweitgrößten Sakralbaus der Welt nach der Moschee in Mekka. Da sie direkt am Meer steht, zum Teil auch ins Meer hinausragt (gemäß der Vorstellung des Korans von Gottes Thron über dem Wasser), musste für die Grundfläche eine 40 000 m² große Betonplatte als Fundament gegossen werden; zudem wurden zwei riesige Wellenbrecher errichtet, um die bis zu 10 m hohen Atlantikwellen abzuhalten.

❶ Immenses Bauwerk Die anlässlich des 60. Geburtstags des marokkanischen Königs Hassan II. erbaute und 1993 fertiggestellte Moschee entstand im modernistischen maurischen Stil nach Entwürfen des vormals in Marokko lebenden französischen Architekten Michel Pinceau. Ihr Minarett ist mit fast 210 m das weltweit höchste. Der gesamte Moscheekomplex breitet sich über einer Fläche von 9 ha aus; zu ihm gehören eine islamische Schule, Hammams, ein Museum zur marokkanischen Geschichte, Konferenzräume sowie die größte und umfangreichste Bibliothek des islamischen Raums.

❷ Gebetsraum Das Innere des Gotteshauses ist prachtvoll ausgeschmückt: Marmorfußböden, Kachelmosaiken, Schnitzereien aus Zedernholz und Kristalllüster schaffen eine angenehme Atmosphäre. Den Gebetsraum, der 20 000 Gläubigen Platz bietet, darf man nur ohne Schuhe betreten. Technisches Highlight ist das sich automatisch öffnende Dach, das eine noch größere Nähe der Betenden zu Allah vermitteln soll. An der Minbar (Kanzel) fallen sorgfältig gestaltete Verse aus dem Koran auf.

❸ Pforte des Königs Das verzierte, sich nach Westen öffnende Portal ist allein für den König reserviert. Er hat auch einen eigenen Gebetsplatz, der mit – normalerweise im Boden versenkten – Metallwänden geschützt werden kann.

❹ Minarett Nachts leuchtet ein Laserstrahl von der Minarettkuppel in Richtung Mekka, der bis in eine Entfernung von 30 km zu sehen ist. Jede Seite des quadratischen Minaretts ist 25 m breit und sehr kunstvoll mit arabischen Ornamenten dekoriert.

Ein Blick auf die Fassade der Moschee Hassan II.

Das Innere der Moschee ist prunkvoll ausgestaltet, mächtig sind ihre verzierten Pfeiler

Nach Lust und Laune!

23 Mehdiya

Die Stadt wurde von den Karthagern gegründet, doch Mehdiyas einzige historische Sehenswürdigkeit, die **Kasbah**, stammt aus dem 16. Jahrhundert. Zu dieser Zeit war die Stadt eine Korsarenhochburg, von der aus Piraten die vorbeifahrenden Schiffe angriffen. Die Kasbah, die die Spanier zum Schutz ihrer Interessen entlang der Küste gebaut hatten, beeindruckt durch das monumentale Tor, das Moulay Ismail (▶ 134) später anfügen ließ. Innerhalb der Kasbah liegen die Ruinen einer Moschee aus dem 17. Jh., die Souks, der Gouverneurspalast und die Nordwestbastion mit Schiffskanonen und Blick über den Fluss Sebou. Während der Sommermonate ist Mehdiya Plage ein belebter Badeort, ebenso die Plage des Nations, 9 km entfernt. In der Nähe liegt das wunderbare kleine **Musée Dar Beghazi**, in dem eine Privatsammlung marokkanischer Handwerkskunst und islamischer Kunst untergebracht ist. Die Sammlung stammt vom Künstler und Antiquitätenhändler Mohammed Abdallah Belghazi. Nicht weit entfernt liegen die herrlichen **Jardins Exotiques de Sidi Bouknadel**, die der französische Gartenarchitekt Marcel François anlegte. Die Gärten gliedern sich in einen prachtvollen andalusischen Garten, eine Abteilung mit einheimischen Pflanzen und einen Park mit asiatischen Gewächsen.

✚ 190 A4 ✉ 40 km nördlich von Rabat 🚌 Busse ab Rabat und Salé

Musée Dar Belghazi
✉ nahe der Plage des Nations
☎ 0537 82 21 78;
www.museebelghazi.marocoriental.com
🕐 tägl. 🚌 Bus 28 ab Rabat ✋ 100 DH

Jardins Exotiques de Sidi Bouknadel
✉ 9 km von der Plage des Nations entfernt, auf der Westseite der Straße nach Rabat
🕐 tägl. 9–17 Uhr (im Sommer bis 19 Uhr)
✋ 10 DH

24 Mohammédia

Mohammédia ist Marokkos zweitgrößter Hafen und Zentrum der Ölindustrie, aber auch ein beliebter Urlaubsort mit einem langen Sandstrand. Die Stadt war jedoch bereits im 16. Jh., als die Portugiesen die Kasbah erbauten, ein bedeutender Hafen und Handelsplatz. Die alte befestigte Stadt wurde wiedererrichtet.

Die hübsche Medina von Azemmour

✛ 190 A3　✉ 28 km nördlich von Casablanca
🚆 Zug ab Rabat und Casablanca
🚌 Bus 900 ab Casa-Port

25 Azemmour

Das malerische weiße Dorf steht auf einem Felsplateau über der Mündung des Flusses mit dem poetischen Namen Umm er Rbia (»Mutter des Frühlings«) und ist die Heimat vieler marokkanischer Künstler. Die Portugiesen besetzten den alten Flusshafen Azama zwischen 1510 und 1540, doch ihre Kolonialarchitektur hat die Jahrhunderte überdauert. Ein Spaziergang auf der gut erhaltenen Wehrmauer rund um die **Portugiesische Kasbah** einschließlich des Pulvermagazins **Dar al Baroud** ist ein schöner Beginn der Stadtbesichtigung. Die Medina ist entzückend, ihre Souks und Gassen sind mit Malereien lokaler Künstler geschmückt. Den besten Blick hat man von der Brücke auf der Nordostseite der Medina. Etwa 2 km entfernt liegt **Haouzia**, dessen Strand sich bis nach El Jadida erstreckt.

✛ 193 D5　✉ 17 km nördlich von El Jadida
🚌 tägl. Busse ab El Jadida und Casablanca
🚆 von Casa Voyageurs und El Jadida

26 El Jadida

El Jadida ist bei jungen Marokkanern wegen der vielfältigen Sportmöglichkeiten und des milden Klimas als Urlaubsort im Sommer sehr beliebt. Doch interessanter als

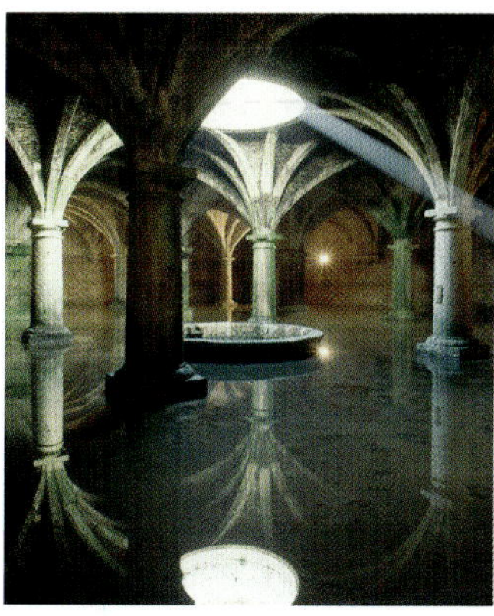

Die riesige Portugiesische Zisterne in El Jadida ist ein faszinierender Anblick, besonders in der Mittagssonne

der Strand ist ein Spaziergang auf den Spuren von Orson Welles durch das alte portugiesische Viertel. Die gut erhaltene **Portugiesische Garnison**, bekannt als Mazagan, wurde 1502 erbaut und verfügt noch über vier Bastionen; die **Bastion de l'Ange** bietet schöne Ausblicke über die Altstadt. Die Muslime erklärten das Gebiet 1815 zur *mellah*, davon zeugt der große jüdische Friedhof gleich außerhalb der Mauern. Auf der Hauptachse der Zitadelle liegt die **Portugiesische Zisterne**, ein riesiges, unterirdisches Gewölbe. Welles war so beeindruckt, dass er hier 1952 einen Teil seines *Othello* drehte. Das Licht fällt durch eine kleine Öffnung im Gewölbe ein, das von 25 massiven Säulen gestützt wird. Der Strand von Sidi Bouzid liegt 7 km südlich. Hier werden zurzeit mehrere neue Resorts und Golfplätze gebaut.

✛ 192 C5　✉ 89 km südlich von Casablanca
☎ Tourismusbüro, avenue el Jaich el Malaki: 0523 34 47 88　🚌 Busse tägl. ab Casablanca, Essaouira und Agadir　🚆 von Casa Voyageurs und El Jadida

Portugiesische Zisterne
✉ rue da Carreira　🕐 tägl. 9–13, 15–18.30 Uhr　✋ 20 DH

ESTEVANICO

Estevanico (ca. 1500–1539), auch Stefan der Maure, wurde in Azemmour, damals portugiesische Enklave, geboren. Als Sklave des spanischen Entdeckers Cabeza de Vaca nahm er 1527 an der Expedition nach Amerika teil und war der erste Afrikaner, der die heutigen Vereinigten Staaten betrat. Estevanico durchquerte den Kontinent bis Arizona und wurde schließlich von den Zuni-Indianern getötet.

Die Atlantikküste

27 Oualidia

Oualidia, berühmt für seine ausgezeichneten Austern, liegt oberhalb eines schönen Lagunenstrandes, der vor der Brandung des Atlantiks durch eine Kette kleiner Inseln geschützt ist. Dies macht ihn zum ruhigsten Strand entlang der Küste. Der Ort, kaum größer als ein Dorf, ist nach dem Saaditensultan el Oualid benannt, der eine Kasbah baute, um sich gegen die Portugiesen in El Jadida zu verteidigen. Oberhalb des ausgedehnten Strandes liegt die malerische, heute aber verlassene königliche Villa von Mohammed V. Oualidia entwickelt sich zu einem trendigen Urlaubsort, der vor allem für Familien mit kleinen Kindern optimal ist, die in der ruhigen Lagune besser und viel sicherer baden können als am wilden Atlantikstrand.

192 C4

80 km südlich von El Jadida

Busse ab Casablanca, Essaouira und Safi

28 Safi

Die Industriestadt lädt zunächst nicht zum Verweilen ein, doch gleich neben den Phosphatfabriken locken die bezaubernde alte Medina und das Töpferviertel. Die Portugiesen bauten hier im 16. Jh. eine Festung – **'Ksar el Bahar**. In der Nähe liegt die Festung **Kechla**, in der sich heute ein kleines **Keramikmuseum** befindet. Der schönste Souk ist der Souk des Poteries in der Medina. Die Ware wird auf der nahe gelegenen Colline des Potiers (Töpferhügel) hergestellt. Die bunten Teller und die meisten der grün glasierten Ziegel für die Dächer der marokkanischen Moscheen und Paläste werden hier produziert.

192 C4

66 km südlich von Oualidia

Tourismusbüro, Rue Imam Malek: 0524 62 24 96; www.safi-ville.com

Busse ab Casablanca, Essaouira und Marrakech

Zug ab Benguerir mit Verbindung nach Marrakech, Casablanca und Rabat

'Ksar el Bahar

place de l'Indépendance

Mo–Fr 9–12, 14.30–18.30 Uhr

10 DH

Keramikmuseum

nahe Avenue Moulay Youssouf

0524 46 49 87   Mi–Mo 8–18 Uhr

10 DH

29 Imouzzer des Ida-Outanane

Dieses beliebte Ziel für ein Wochenendpicknik erreicht man durch das üppige Vallée du Paradis. Das kleine Dorf mit seinen weißen Häusern und Blick auf einen schönen Palmenhain liegt am Fuß des Hohen Atlas auf 1250 m Höhe. Es ist das Verwaltungszentrum der Ida Outanane, eines hier ansässigen Berberstamms. Der Donnerstags-Souk ist sehr beliebt und bekannt für den heilkräftigen Bergkräuterhonig. Nur 2 km weiter liegen die faszinierenden **Imouzzer-Wasserfälle** mit bizarren Felsformationen und einem natürlichen Wasserbecken, in das die Einheimischen aus gefährlichen Höhen springen.

192 B3

60 km nördlich von Agadir   *grands taxis* tägl. ab Agadir

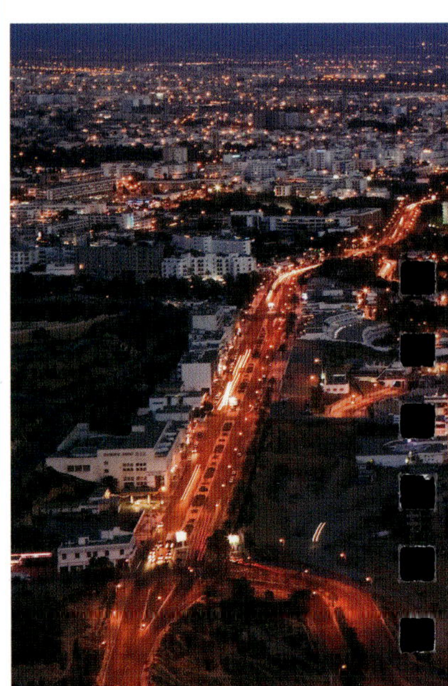

30 Agadir

Agadir weist zwei Hauptattraktionen auf: einen prächtigen Strand und ein ausgezeichnetes Klima mit über 300 Sonnentagen im Jahr. Als moderne Stadt bietet sie eine breite Auswahl an Hotels. Lohnend ist der Besuch des größten Fischereihafens des Landes. Von der Ruine der Kasbah, Ancienne Talborjt, hat man einen schönen Blick über den Hafen, die Graslandschaft darunter bedeckt die ehemalige Medina. Im Musée du Patrimoine Amazigh werden Berber-Artefakte ausgestellt und in der Nähe liegt das **Vallée des Oiseaux**, ein Kinderpark mit Zoo und Spielplatz. Schön für Familien ist auch die Medina d'Agadir, wo man Handwerkern bei der Arbeit zuschauen kann. Kinder können in den **ruhigeren Gewässern** von Agadir surfen.

🕂 192 B2

✉ 225 km südwestlich von Marrakech

☎ Tourismusbüro: Ave. Mohammed V, immeuble Igunouane, Tel. 0528 84 63 77

🚌 Busse ab Marrakech, Essaouira, Casablanca, Taroudannt, Ouarzazate, Tiznit

✈ Flüge ab Casablanca, Marrakech und Fès, internationale Flüge

DIE BESTEN FISCHRESTAURANTS AN MAROKKOS ATLANTIKKÜSTE

- **Chalet de la Plage** am Strand von Essaouira (➤ 97)
- **Restaurant du Port**, Lokal in Form eines Fischerboots, Casablanca (➤ 97)
- **A l'Araignée Gourmande**, Hotel mit ausgezeichnetem Restaurant, Oualidia (➤ 98)
- **Stände mit Fisch und Meeresfrüchten**, am Fischereihafen in Essaouira (➤ 80)

Musée du Patrimoine Amazigh

✉ Passage Aït Souss, boulevard Hassan II

🕐 Mo–Sa 9.30–19.30 Uhr ✋ 20 DH

Vallée des Oiseaux

✉ boulevard Hassan II

🕐 Di–So 9.30–12.30, 14.30–18 Uhr

✋ 10 DH

La Medina d'Agadir

✉ Aéroport Ben Sergao

☎ 0661 39 62 61; www.medina-agadir.com

🕐 tägl. 8.30–18 Uhr ✋ 40 DH

Agadir erstrahlt bei Nacht im Glanz tausender Lichter

Wohin zum ...
Übernachten?

Preise
für ein Doppelzimmer pro Nacht (inkl. Frühstück und Steuern):
€ unter 600 DH   €€ 600–1600 DH   €€€ über 1600 DH

AGADIR

Hôtel Kamal €
Dieses beliebte und freundliche Hotel in der Innenstadt liegt in einem weißen Gebäudeblock im Zentrum der Stadt. Die Zimmer mit Bad sind geräumig, komfortabel und sauber, können auf der Straßenseite etwas laut sein; mit kleinem Pool.
✚ 192 B2 ✉ 2, avenue Hassan II, Nouveau Talborjt ☎ 0528 84 28 17; www.hotel-kamal.com

Ksar Massa €€€
Ein hervorragender Rückzugsort am hauseigenen, unberührten Strand mitten im Nationalpark, der ein Zufluchtsort für wilde Vögel ist. Die Zimmer sind großzügig und einfach schön und im Hammam genießen Sie traditionelle marokkanische Schönheitsanwendungen.
✚ 192 B2 ✉ Sidi R'bat im Souss-Massa National Park, 40 km südlich von Agadir ☎ 0661 28 03 19; www.ksarmassa.com

AZEMMOUR

L'Oum Errebia €
Das wunderschöne Gästehaus am Fluss Oum Errebia ist sehr modern eingerichtet. Auf Vorbestellung gibt es Abendessen. Im ganzen Haus hängt Kunst, und es gibt wechselnde Ausstellungen moderner marokkanischer Künstler und tolle große Zimmer zum Teil mit Blick auf den Fluss. Auf der Terrasse direkt über dem Wasser kann man herrlich chillen oder bei einem Bad im großen Pool die Aussicht genießen.
✚ 193 D5 ✉ 17, impasse Chtouka ☎ 0523 34 70 71; www.azemmour-hotel.com

CASABLANCA

Hôtel Guynemer €
Die Zimmer des einladenden, günstigen 👪 Familienhotels in einem Art-déco-Gebäude werden jedes Jahr renoviert und sind mit Plasma-TV, WLAN, neuem Bad und stabilen Betten ausgestattet. Sie können sich am Flughafen abholen lassen. Es gibt ein gutes marokkanisches Restaurant und zwei Ferienwohnungen
✚ 193 D5 ✉ 2, rue Mohammed Belloul ☎ 0522 27 57 64; https://www.facebook.com/guynemerhotel.casablanca

Hyatt Regency €€€
Ein hervorragendes Fünf-Sterne-Hotel im Zentrum der Stadt mit großzügigen modernen Zimmern. Man blickt auf Casablanca und den Ozean. Das Hotel hat mehrere gute Restaurants und Bars, eine Diskothek und ein schönes Spa.
✚ 193 D5 ✉ 2, Place des Nations Unis ☎ 0522 43 12 34; www.casablanca.hyatt.com

EL JADIDA

Dar el Manar €€
Das freundliche französisch-marokkanische Paar hat dieses wunderschöne Haus außerhalb von El Jadida erbaut. Man sieht die Stadt und den Ozean. Ein Teil des Hauses ist ein B&B mit ein paar eleganten Zimmern im warmen marokkanischen Stil. Abendessen mit eigenem Biogemüse gibt's auf Bestellung.
✚ 192 C5 ✉ an der Straße nach Casablanca, nahe Phare Sidi Mesbah ☎ 0523 23 35 16 45; www.dar-el-manar.com

Riad Soleil d'Orient€€

Das *riad* mit wunderbarem Ambiente liegt versteckt am Rande der Altstadt. Um einen bewachsenen Innenhof herum gruppieren sich auf zwei Etagen insgesamt sechs Zimmer und eine Suite, die stilvoll im marokkanischen Design eingerichtet sind. Jedes Zimmer ist in einer anderen Farbe gestaltet, die Badezimmer mit marokkanischem Kalkputz, teilweise mit Messingbecken. Alle Zimmer haben WLAN, das Essen (auf Bestellung) ist sehr gut.

✚ 192 C5 ✉ Derb El Hajjar
☎ 0661 61 50 74; www.riadsoleildorient.net

ESSAOUIRA

L'Heure Bleue Palais €€€

Das ehemalige Haus des örtlichen Stammesführers Mbark Saïdi verleiht der Hotelszene in Essaouira viel Glamour. Es hat 36 aufwendig und schön gestaltete Zimmer sowie einen Dachpool, Solarium, Hammam, Restaurant und Kino im Herzen der Medina. Man fühlt sich wie zu Gast bei einer Adelsfamilie!

✚ 192 B3 ✉ 2, rue Ibn Batouta, Bab Marrakech ☎ 0524 78 34 34;
www.heure-bleue.com

Madada Mogador €€

Das Madada liegt in einem Herrenhaus mit Blick aufs Meer. Es hat eine windgeschützte Dachterrasse. Die Zimmer sind modern, aber gemütlich eingerichtet und haben viel Atmosphäre. Der Service ist jung, entspannt und freundlich. Ein Aufenthalt oder zumindest ein Zwischenstopp bei einem Drink auf der Terrasse lohnt sich!

✚ 192 B3 ✉ 5, rue Youssef el Fassi
☎ 0524 47 55 12; www.madada.com

Riad Nakhla €

Eine beliebte, günstige Alternative in Essaouira. Ist häufig ausgebucht und die Gäste kommen wegen des guten Preis-Leistungsverhältnisses, der gut ausgestatteten, gepflegten Badezimmer und dem freundlichen Service gerne wieder. Das Frühstück wird auf dem Dach serviert, von wo der Blick über die Stadt und den Ozean schweift.

✚ 192 B3 ✉ 2, rue d'Agadir ☎ 0524 47 49 40;
www.essaouiranet.com/riad-nakhla

OUALIDIA

L'Hippocampe €€

Im Hippocampe lässt es sich wunderbar ein paar Tage entspannen. Die gemütlichen Bungalows liegen in einem schönen Garten mit Schwimmbecken und das Restaurant am Strand bietet spektakuläre Ausblicke über die Lagune. Halbpension ist obligatorisch, das Essen ist ausgezeichnet (vorbestellen!).

✚ 192 C4 ✉ Strand von Oualidia
☎ 0523 36 61 08; www.hippocampeoualidia.com

RABAT

Le Piétri Urban €€

Hervorragendes neues Boutiquehotel im ehemaligen Hôtel Oudayas. Es liegt in einem ruhigen Wohnviertel der Stadt. Die 36 Zimmer haben elegante Holzböden und sind in gedeckten Farben dekoriert. Sie haben geräumige Badezimmer und Plasmafernseher. Das Restaurant im Erdgeschoss serviert leckere marokkanische und mediterrane Spezialitäten mit modernem Touch.

✚ 190 A4 ✉ 4, rue Tobrouk
☎ 0537 70 78 20; www.lepietri.com

Riad Dar Mayssane €€

Dieses geschmackvoll eingerichtete *riad* in einer der kleinen Seitengassen in der Medina ist in französischem Besitz. Es ist eine gelungene Mischung aus marokkanischer Palastbaukunst und französischer Finesse. Die unterschiedlich gestalteten Zimmer tragen schöne Namen wie »der Liebende«. Das Essen ist ausgezeichnet, die Besitzerin organisiert auch gerne Taxis zum Flughafen von Casablanca oder Rabat.

✚ 190 A4 ✉ rue Faran Khechen
☎ 0661 06 66 66; www.rabat-riad.com

Wohin zum ...
Essen und Trinken?

Preise
für ein Drei-Gänge-Menü (inkl. Steuern und Service) ohne Getränke:
€ unter 200 DH   €€ 200–400 DH   €€€ über 400 DH

AGADIR

La Scala €€€
La Scala gehört zu den besten Restaurants Marokkos. Es ist spezialisiert auf Fisch und Meeresfrüchte, aber auch der Rest der marokkanisch-internationalen Speisekarte ist nicht zu verachten. Reservierungen sind unbedingt notwendig, mittags und abends geöffnet.
✚ 192 B2 ✉ rue de L'Oued Souss
☎ 0528 84 67 73

Yacht Club Restaurant €€€
Noch ein hervorragendes marokkanisches Fischrestaurant. Der Fisch kommt frisch vom Schiff. Der Dekor ist nichts Besonderes, aber das Essen und der Service sind gut. Die Außenterrasse ist herrlich.
✚ 192 B2 ✉ Hafen ☎ 0528 84 37 08
🕐 mittags und abends

CASABLANCA

Al Mounia €€
Das Al Mounia ist eines der besten marokkanischen Restaurants der Stadt, berühmt für seine *Bstella au Pigeon* (süße Taubenpastete) und köstliche *tajines* sowie würzigen Couscous. Serviert wird in stilvoller Atmosphäre mit glanzvollem maurischen Dekor.
✚ 193 D5 ✉ 95, rue du Prince Moulay Abdellah ☎ 0522 22 26 69
🕐 Mo–Sa mittags und abends

Paco Petit Rocher €€–€€€
Das Restaurant ist eine alte Institution in Casablanca – doch seit es unter dem spanischen Besitzer Paco vor kurzem wieder eröffnet wurde, ist es zu neuem, glänzendem Leben erwacht. Über zwei Etagen erstreckt sich das moderne Restaurant mit großer Glasfront gegenüber der großen Moschee, die eine großartige Kulisse bildet. Die Speisekarte ist eine gelungene Mischung aus internationalen und spanischen Gerichten, basierend auf Fisch und Meeresfrüchten.
✚ 193 D5 ✉ Bvd. de la Corniche, Ain Diab
☎ 0522 36 26 26; http://www.bestrestaurants maroc.com/en/restaurant-maroc/paco.html

Paul €
Ein Besuch hier lohnt sich schon wegen der Schönheit der Art-déco-Villa Zevac, in der dieser Teesalon liegt. Die französische Bäckereikette mit ihren guten und günstigen Salaten und Sandwiches, einem hervorragenden Frühstück und leckerem Gebäck hat auch Casa erreicht. Hier kann man gut Leute beobachten.
✚ 193 D5 ✉ Ecke Boulevard d'Anfa und Boulevard Moulay Rachid ☎ 0522 36 60 00; www.paul.ma 🕐 tägl. 7–21 Uhr

Le Port de Pêche €€
Dieses wunderbare Lokal zieht Liebhaber von Fisch und Meeresfrüchten an, auch die Einheimischen! Wer keinen Tisch reserviert hat, muss warten. Die *soupe de poisson* ist legendär, der frisch gefangene Fisch wird auf jede denkbare Art zubereitet: als *tajine*, gebraten, gebacken oder in einer Pastete aus Filo-Teig.
✚ 193 D5 ✉ Hafen von Casablanca (beim Zoll links) ☎ 0522 31 85 61 🕐 tägl. mittags und abends

Rick's Café €–€€€

Rick's Café liegt in einem alten Herrenhaus. Inspiriert wurde es natürlich vom Film *Casablanca*, der in einer Ecke ständig läuft. Es ist sowohl glamourös als auch elegant: Gut aussehende Kellner mit rotem Fez servieren einem internationalen Publikum exklusive Cocktails und Delikatessen wie geröstete Ente in Mangosoße oder getrocknete Foie Gras.
✚ 193 D5 ✉ 248, boulevard Sour Jdid, alte medina ☎ 0522 27 42 07; www.rickscafe.ma
◉ tägl. 12–15 und 18.30–1 Uhr

Sqala €€

Dieses beliebte marokkanisch-mediterrane Restaurant liegt in einer alten Festung, die Tische stehen in dem zauberhaften Innenhof. Serviert werden einfache, aber gute Salate, *tajines* und Grillgerichte. Dazu gehört das **Café Maure** (➤ 83), wo verschiedene Sorten Pfefferminztee sowie marokkanische Süßigkeiten serviert werden. Zudem gibt's eine Galerie mit modernen Fotografien und Kulturveranstaltungen.
✚ 193 D5 ✉ boulevard des Almohades
☎ 0522 26 09 60; www.restopro.ma/lasqala
◉ Di–So 20–22.30 Uhr

EL JADIDA

Restaurant du Port €€

Das Restaurant ist eines der besten der Stadt. Von hier haben Sie einen herrlichen Blick über den Hafen von El Jadida. Serviert werden frischer Fisch und Meeresfrüchte. Zum Meeresfrüchteteller oder dem gegrillten Fisch gibt es gute Weine.
✚ 192 C5 ✉ Port, El Jadida ☎ 0523 34 25 79
◉ Mo–Sa mittags und abends, So mittags

ESSAOUIRA

Chez Sam €–€€

Legendär ist diese schöne, urige Fischrestaurant ganz hinten im Hafen. Hier haben schon Jimi Hendrix und andere Musiker gespeist, aber auch einige Politgrößen. Das Essen ist sehr gut, aber keine Gourmetküche, das Interieur ist geschmackvoll, der Service gut.
✚ 192 B3 ✉ im Hafen ☎ 0524 47 65 13

Elizir €–€€

Ein hübsches Restaurant in einem alten Haus nahe der Hauptstraße, bunt eingerichtet mit Kultgegenständen und witzigen Kunstwerken junger marokkanischer Künstler. Das Essen ist hervorragend: Serviert wird eine Mischung innovativer italienischer und marokkanischer Gerichte. Der Service ist sehr gut, im Voraus reservieren.
✚ 192 B3 ✉ 1, rue d'Agadir ☎ 0524 47 21 03
◉ tägl. mittags und abends

Le Km8 €–€€

Dieses Restaurant ist ein beliebter Wochenendtreffpunkt der Einwohner von Essaouira. Serviert werden französische und marokkanische Spezialitäten, zum Beispiel *tajine* mit Kamelfleischbällchen. Am Wochenende reservieren!
✚ 192 B3 ✉ bei km 8 an der Straße nach Agadir ☎ 0666 25 21 23 ◉ Di–So mittags und abends

Le Chalet de la Plage €€

Das Chalet hat eine fantastische Terrasse am Meer mit Blick auf die Inseln und den weitläufigen Strand. Die Speisekarte ist groß, die Attraktionen sind Fisch und Meeresfrüchte, z. B. perfekte *crevettes* (Garnelen) und Seeigel.
✚ 192 B3 ✉ avenue Mohammed V
☎ 0524 47 64 19; http://www.bestrestaurants maroc.com/en/restaurant-maroc/chalet-de-la-plage-le-chez-jeannot.html ◉ tägl. mittags und abends

Océan Vagabond €

In diesem kleinen Restaurant-Café neben dem Surf Club herrscht eine entspannte Atmosphäre. Auf der weiß-blauen Terrasse werden Frühstück, Panini, Salate und Snacks serviert, und auch die Musik ist gut.
✚ 192 B3 ✉ boulevard Mohammed V am Strand ☎ 0524 78 39 34;
www.oceanvagabond.com ◉ tägl. 8–20 Uhr

Die Atlantikküste

Taros €–€€

Das Taros besticht durch eine wunderbar sonnige Dachterrasse mit Blick über den Hafen und die Stadt, verschiedenen Räumlichkeiten innerhalb des Hauses, die am Abend zu einer freundlichen Bar werden, sowie durch eine umfassenden Bibliothek über Marokko. Hier kann man leicht einen ganzen Nachmittag damit verbringen, zu essen, zu schmökern oder sich bei einer Kanne *thé à la menthe* und etwas Gebäck zu entspannen.

✝ 192 B3 ✉ 2, rue Skala, place Moulay Hassan ☎ 0524 47 64 07; www.taroscafe.com ◷ tägl. ab dem Frühstück

OUALIDA

À l'Araignée Gourmande €€

Ein großes Restaurant mit Meerblick und altmodischem, einfachem Dekor. Es gibt köstlichen frischen Fisch und Meeresfrüchte. Zu empfehlen sind die Meeresfrüchteplatten, die mit frischem Weißwein serviert werden. Sehr gutes Preis-Leistungsverhältnis.

✝ 192 C4 ✉ Strandnähe ☎ 0523 36 64 47; http://www.araignee-gourmande.com ◷ tägl. mittags und abends

RABAT

Dinarjat €€€

Das beste marokkanische Essen in Rabat hat seinen Preis, doch an das Erlebnis wird man sich sicher erinnern. Das Restaurant liegt in einem prachtvoll erleuchteten Palast wie aus 1001 Nacht, die Gerichte passen zur Umgebung. Kein Alkohol.

✝ 190 A4 ✉ 6, rue Belgnaoui, medina, gegenüber der Kasbah; ein Wächter holt den Gast bei Kerzenlicht vom Parkplatz an der Avenue el Alou ab ☎ 0537 72 42 39; www.dinarjat.com ◷ tägl. mittags und abends

Le Dhow €€

Ein herrliches Holzschiff wurde aufwendig renoviert und liegt beim Quai Bou Regreg vor Anker. Es ist eine der In-Locations Rabats mit einem guten Restaurant, einem Lounge-Bereich, einem Bistro und einer Bar. Die Speisekarte ist europäisch und lockt Jung und Alt, Marokkaner und Besucher gleichermaßen an.

✝ 190 A4 ☎ 0537 70 23 02; www.ledhow.com ◷ tägl. ab 10 Uhr durchgehend (Bar, Lounge, Bistro, Café), Restaurant: ab 19 Uhr

Le Grand Comptoir €€

Diese zentrale Café-Brasserie im Kolonialstil ist sehr lebhaft und ideal für einen Caffe Latte am späten Vormittag oder ein schickes Mittagessen. Auf der Speisekarte stehen moderne französische Gerichte sowie einige alte Brasserie-Klassiker wie Kalbsnieren oder köstliche Steaks. Die Einrichtung besteht aus viel Holz, hohen Palmen und Kronleuchtern, WLAN-Zugang ist vorhanden.

✝ 190 A4 ✉ avenue Mohammed V ☎ 0537 20 15 14; www.legrandcomptoir.ma ◷ tägl. 8–23 Uhr

Le Petit Beur €

Zwei Brüder, die dieses hübsche marokkanische Restaurant betreiben, entführen Sie in den Süden des Landes. Dafür sorgen die warme, gesellige Atmosphäre sowie die große Auswahl an *tajines*, der Spezialität des Hauses. Abends spielen einheimische Musiker traditionelle marokkanische Volkslieder, und oft singen Eigentümer und Gäste mit.

✝ 190 A4 ✉ 8, rue de Damas, Ville Nouvelle ☎ 0537 73 13 22 ◷ Mo–Sa mittags und abends

Ty Potes €–€€

Dieser charmante Teesalon hat einen winzigen Garten und wird von einer jungen Französin betrieben. Einheimische trinken hier gern einen Tee oder nehmen ein leichtes Mittagessen ein. Auf der Speisekarte stehen hausgemachte Kuchen, Salate, Sandwiches und Crêpes. Der Sonntagsbrunch ist legendär.

✝ 190 A4 ✉ 11, rue Ghafsa ☎ 0537 70 79 65; https://de-de.facebook.com/TyPotes ◷ Mo–Mi mittags, Do–So mittags und abends

Wohin zum …
Einkaufen?

SOUKS

In **Rabat** ist die Haupteinkaufsstraße die **Rue Soukia**, ihre Verlängerung ist der **Souk es Sebbat**. Am besten kauft man in der **Rue des Consuls** mit ihren zahlreichen Teppichgeschäften und einem eigenen Teppich-Souk (Donnerstagmorgen). Das **Ensemble Artisanal** nahe der Kasbah des Oudaïa führt ebenfalls gute Handwerksarbeiten. Eine tägliche *joutia* (Flohmarkt) findet in der *mellah* unterhalb des Souk es Sebbat Richtung Bab el Bahr statt; auf der **Place Moulay Hassan** gibt es täglich einen Blumenmarkt.

In **Casablancas** Medina bekommt man eher Kleider und Kassetten als Kunsthandwerk. Traditionelle Bekleidung und Handwerk gibt es im riesigen modernen **Quartier Habous**.

KUNST UND HANDWERK

Im **Oulja** Complexe des Potiers, 2 km außerhalb von Salé, kann man den Handwerkern bei der Arbeit zuschauen. In **Casablanca** konzentrieren sich viele Läden mit Kunsthandwerk am **Boulevard Félix Houphouët-Boigny**; im ruhigeren **Quartier Habous** findet sich Schönes zu vernünftigen Preisen.

Die für den Verkehr gesperrte **Medina von Essaouira** ist sehr interessant zum Einkaufen, da die Stadt seit langem Künstler anzieht und auf eine alte Handwerkstradition zurückblickt. In den Werkstätten unter der **Skala de la Ville** fertigen Handwerker große Schüsseln, Möbel und Bilderrahmen an. Ihre Geschicklichkeit begeistert Jung und Alt.

Gemälde findet man in Essaouira am günstigsten in der **Galerie Fré-**deric Damgaard (avenue Oqba ibn Nafiaa), die viele Gnaoua-Künstler vertritt (► 79).

MITBRINGSEL

Arganöl enthält viele Vitamine und wird z. B. bei Verbrennungen und zum Kochen verwendet – der Arganbaum ist nur in Marokko heimisch. Das Öl gibt es in Essaouira fast überall. Die Einheimischen kaufen es in leeren Mineralwasserflaschen; in einigen Touristengeschäften bekommt man es hübsch verpackt und viel teurer. Eine Frauenkooperative stellt das Arganöl her, das bei **Chez Aicha** (Marché aux Grains) verkauft wird. Dort gibt es auch Töpferarbeiten der Berber.

In der Nähe von Essaouiras Fisch- und Gewürz-Souk stößt man auf **Weberwerkstätten**, in denen man traditionelle *haiks* (Schleier) kaufen kann. Nahe dem Fischmarkt kann man in den Läden typische Gnaoua-Musikinstrumente kaufen.

SCHMUCK UND MODE

Essaouira ist bekannt für seine Schuhe aus Raffiabast, z. B. bei **Rafia Craft** (82, rue d'Agadir; Tel. 0524 78 36 32; rafiacraft@yahoo.fr). Die französische Designerin Poupa Litza (rue Mohammed el Qory, in der Nähe des L'Heure Bleue Hotels; Tel. 0524 78 35 65) stellt in ihrem schrulligen Laden hübsche, modische Taschen her. Im Schmuck-Souk in der Nähe kann man von schwerem Silberschmuck der Berber bis zu glitzerndem Gold alles kaufen. Einige Shops verkaufen vor Ort hergestellte T-Shirts.

LEBENSMITTEL

Bei einem Aufenthalt in Casablanca sollte man bei der **Patisserie Bennis** (2, rue Fquih el Gabbas, quartier Habous) Halt machen, wo es die besten marokkanischen Süßigkeiten der Stadt gibt.

Wohin zum ... Ausgehen?

NACHTLEBEN

Die quirligsten **Nachtclubs** in Casablanca liegen an der Corniche in Aïn Diab. Einer der Hotspots ist die **Candy Bar** (Nr. 55) im Hotel Riad Salam (Tel. 0522 79 84 40). Ganz in der Nähe liegt auch die **Rose Bar** (0522 39 11 90), eine sehr beliebte In-Bar mit angeschlossenem Restaurant. Etwas ruhiger ist das spartanisch-schicke **Mystic Garden** (Tel. 0522 79 88 77), ein cooles Bar-Restaurant mit gutem Essen. Herrlich, direkt am Wasser sitzt man im **Cabestan Ocean View** an der Corniche (Tel. 0522 39 11 90). Hier treffen sich alle, die in Casa in sind.

Agadir hat viele Clubs und Hoteldiskos, die bis zum frühen Morgen geöffnet sind. Die Besten sind das **So** (Sofitel Agadir, Baie des Palmiers), der angesagteste und teuerste Club der Stadt mit Gast-DJs an Donnerstagen und das **Factory** im Hotel **Tafoukt**. Agadirs Musikfestival im Juni und Juli, das **Festival Timatar** (www.festivaltimatar.com; Tel. 0528 82 03 38), zieht die besten marokkanischen und afrikanischen Musiker an. Angesagt in Rabat ist der Nachtclub **Amnesia** (18, rue Monastir; Tel. 0537 78 18 60). In Essaouira in der Bar **Taros** können Sie einen Cocktail trinken.

KINO UND THEATER

Die meisten Kinos in Rabat zeigen Filme auf Französisch, außer dem kleinen Kunsthaus **Salle du 7ième Art** (avenue Allal ben Abdallah), **Atelier** (16, rue Annaba) und **Marsam** (6, rue Usqufiah). Das **Théâtre National Mohammed V** (rue du Cairo; Tel. 0537 70 75 28) veranstaltet

Konzerte und Filmvorführungen. Casablanca hat mehrere Kinos (die meisten Filme auf französisch). **Cinema Lynx** (150 avenue Mers Sultan; Tel. 0522 22 02 29) und **Cinema Rialto** (rue Mohammed el Qori; Tel. 0522 26 26 32) sind die besten.

SPORT UND FREIZEIT

Der **Dar es Salaam Golf Club** in Rabat (Tel. 0537 75 58 64; www.royal golfdaressalam.com) ist der beste in Marokko. In Agadir gibt es den **Royal Golf Club** (Tel. 0528 83 12 78), **Dunes** (Tel. 0528 83 46 90) und **Golf du Soleil** (Tel. 0528 33 73 29). In **Casablanca** gibt es einen 9-Loch-Golfplatz (Tel. 0522 36 53 55) und einen 18-Loch-Golfplatz in **Mohammedia** (Tel. 0523 32 46 56). Die Strände in und um Essauouria sind beliebt bei **Windsurfern**. Unterricht und Ausrüstung gibt's bei **Océan Vagabond** (Essaouira, Tel. 0524 78 39 34; www.oceanvaga bond.com) und **UCPA** (www.ucpa -vacances.com). An der Küste zwischen Essaouira und Agadir gibt es inzwischen mehrere Surf-Camps. **Kahina** (Pointe de Immessouane, Tel. 0528 82 60 32; www.kahina surfschool.com) liegt genau wie **Surf Marokko** (Tamraght; www.surf marokko.de) an einem wilden Küstenabschnitt. Surfer mit eigener Ausrüstung lieben Dar Bouazza im Süden von Casablanca.

Ausreiten kann man auf der **Ranch REHA**, 17 km von Agadir an der Straße nach Essaouira (Tel. 0528 84 75 49; http://ranchreha. free.fr), oder auf der **Ranch de Diabat**, in Diabat, südlich von Essaouira (Tel. 0662 29 72 03; http://ranchde diabat.com), die auch Kameltouren am Strand organisieren. Der letzte Schrei in Essaouira ist **Quadfahren** am Strand von Diabat.

Das **Centre de Thalassothérapie d'Agadir** am Strand von Tikida (Tel. 0548 84 21 20) oder das Sofitel Mogador Thalassa in Essaouira (➤ 95) bringen Entspannung.

Der Norden

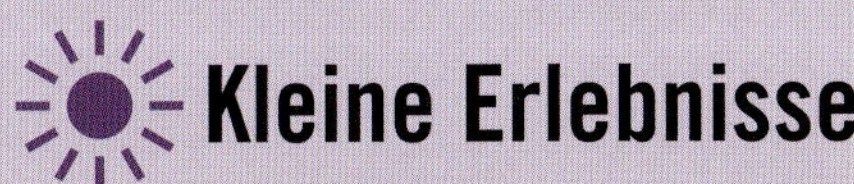

Kleine Erlebnisse

Das Leben an sich vorbeiziehen lassen

Auf dem **Grand Socco** von Tanger Kaffee schlürfen, in die Sonne blinzeln und das bunte Treiben um sich herum beobachten (➤ 106).

Frische genießen

Vor allem im heißen Sommer ist das Café an den Wasserfällen **Ras el Ma** (➤ 113) ein schattiges, lauschiges Plätzchen.

Beachlife

Der Sfiha-Strand östlich von **Al Hoceima** (➤ 116) gehört zu den schönsten der Rifküste: felsig, glasklares türkisfarbenes Wasser.

Erste Orientierung

In Nordmarokko stoßen Europa und Afrika aufeinander, treffen sich die andalusische Kultur und die Tradition der Berber. Hinter den spanisch geprägten Städten an der Atlantik- und Mittelmeerküste ragt das Rif-Gebirge mit seiner rauen Landschaft auf. Auf den Märkten der Städte begegnen sich die eleganten Städter und die traditionell gekleideten Rifkabylen, die hier ihre Waren anbieten.

Tanger ist eine Welt für sich: Hier werden Erinnerungen an Ränkespiele wach, hier sind noch die Geschichten über böse Buben und schöne Frauen lebendig, von denen sich Autoren, Filmemacher und Künstler inspirieren ließen. Das gepflegte Tétouan und das reizvolle Chefchaouen haben ihr andalusisches Erbe ebenso bewahrt wie die Küstenstädte Assilah und Larache. Fünf Enklaven an der Rif-Küste sind noch in spanischer Hand: Ceuta, Melilla und drei kleine unbewohnte Inseln.

Das Rif-Gebirge bildet die Barriere zwischen mediterraner und zentralmarokkanischer Kultur. An der Küste stößt man auf verfallene Niederlassungen fremder Mächte: von Phöniziern und Römern, Arabern und Spaniern. Doch das Rif hat stets allein den Berbern gehört. Nur wenige marokkanische Sultane konnten es unter ihre Gewalt bringen, und auch heute gibt es noch Probleme: Der Ostteil des Gebirges ist zwar ausgesprochen schön, man sollte ihn allerdings meiden, denn hier blüht der Cannabis-Handel. Nach den Plänen von König Mohammed VI. sollen hier aber gleichwohl einige Touristenorte entstehen.

Stuck mit floralen Motiven, Kalligrafien und *zellij* in spektakulären geometrischen Kompositionen wetteifern um die Aufmerksamkeit der Besucher

Nicht verpassen!

Nach Lust und Laune!

Shopping in
Chefchaouen

In fünf Tagen

Wenn Sie unseren Empfehlungen folgen und sich fünf Tage Zeit für den Norden nehmen, können Sie alle Highlights dieser Region erkunden. Weitere Informationen finden Sie unter den Haupteinträgen (➤ 106ff).

Erster Tag

Vormittags
Beginnen Sie in **31 Tanger** am **Grand Socco** (➤ 106, Abb. unten, Minarett der Moschee Sidi Bou Abid), besuchen Sie den **Mendoubia-Park**, die **Légation des États-Unis** und das **Musée d'Art Contemporain de la Ville de Tanger**. Machen Sie Halt an dem kleinen Markt in Richtung Place de France, kehren Sie im Grand Café de Paris (➤ 109) ein, um einen Tee zu trinken, und essen Sie dann im Restaurant Saveur de la Méditerannée (➤ 120).

Nachmittags und abends
Vom **Grand Socco** gehen Sie in die **Medina** (Abb. rechts unten) und laufen Richtung **Petit Socco**, Kasbah und **Dar el Makhzen**. Ruhen Sie sich auf der Terrasse des Café Hafa (➤ 119), des Gran Café de Paris oder des Hotel Continental (➤ 118) aus, bevor Sie im ausgezeichneten marokkanischen Restaurant (➤ 118) des Hotel El Minzah dinieren.

Zweiter Tag

Vormittags
Verlassen Sie die Stadt auf der Rue de Belgique nach Westen und genießen Sie von **La Montagne** aus den Blick über Tanger und das Meer. Weiter geht es zum **Cap Spartel**. Laufen Sie dann zum Leuchtturm (geschlossen) und gehen oder fahren Sie 3 km zu den **Herkulesgrotten (Grottes d'Hercule)**, bevor Sie auf der Panoramaterrasse des Hotel Le Mirage (➤ 118) eine Pause einlegen.

Nachmittags und abends
Kehren Sie nachmittags nach Tanger zurück und fahren Sie gleich wieder aus der Stadt heraus Richtung Ceuta. Die Straße führt am **Cap Malabata** vorbei, wo Sie einen schönen Blick auf die Stadt haben. Fahren Sie an der spektakulären **37 Rif-Küste** (➤ 115) entlang nach **36 Ceuta** und weiter Richtung Süden. Legen Sie einen Stopp an einem Strand bei **Cabo Negro** ein. Dann geht es nach Tétouan zum Abendessen im Restaurant des *riad* El Reducto (➤ 118).

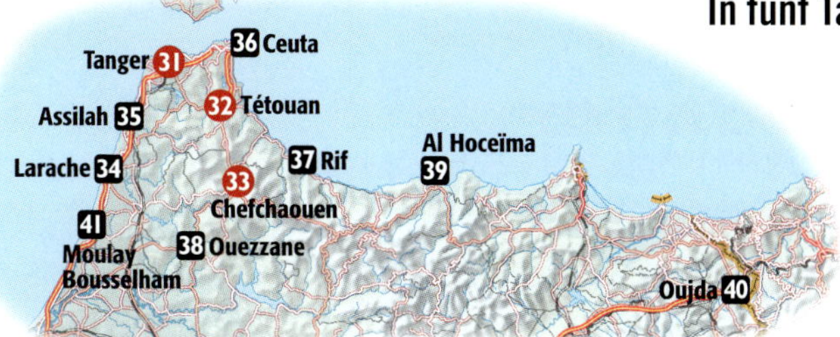

Dritter Tag

Vormittags

Beginnen Sie den Rundgang durch **32 Tétouan** (➤ 110) an der Place Hassan II und besuchen Sie die Medina und ihre Souks. Zum Essen geht es ins Le Restinga (➤ 120).

Nachmittags und Abends

Nach dem Besuch des **Musée Archéologique** geht es durchs jüdische Viertel zum **Musée d'Art Marocain** und zur **École de Métiers** jenseits vom Bab el Okla. Wahrscheinlich werden Sie sich zum Abendessen wieder (wie am zweiten Tag) für das El Reducto (➤ 118) entscheiden.

Vierter Tag

Vormittags

Zwei Stunden dauert die Fahrt nach **33 Chefchaouen** (➤ 112). Besichtigen Sie die Sehenswürdigkeiten an der **Place Uta el Hammam**.

Nachmittags und abends

Besuchen Sie das **Musée Artisanal** in der Kasbah und bummeln Sie durch die Souks. Vielleicht haben Sie auch Lust auf einen Besuch im Hammam? Fahren Sie Richtung Hotel Asmaa aus der Stadt heraus und genießen Sie den Blick über die Jebala-Berge und Chefchaouen; essen Sie im Restaurant **Casa Aladdin** (➤ 119) zu Abend.

Fünfter Tag

Vormittags

Fahren Sie von Chefchaouen 3 km nach Süden. Spazieren Sie am **Ras el Ma**, einem reizenden Fluss mit Wasserfällen, entlang und nehmen Sie ein Bad. Weiter geht es durch die Berglandschaft der **Djebala** nach **38 Ouezzane** zum Essen (➤ 115).

Nachmittags und abends

Besuchen Sie die **Medina** und die **Souks** von Ouezzane und legen Sie einen Stopp auf der Terrasse an der Rue Nejjarin ein; kehren Sie abends nach Chefchaouen zurück.

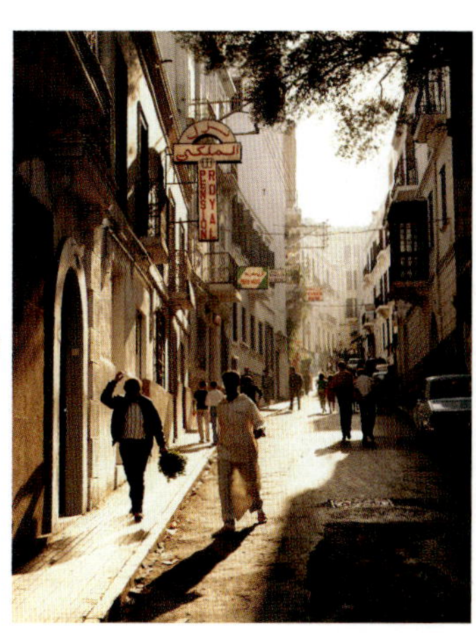

③1 Tanger

Tanger glänzt vom Meer aus mit seinen blau und weiß gestrichenen Häusern, zwischen denen Minarette und Palmen stehen. Die goldenen Tage sind vorbei, als Tanger internationale Zone war und Millionäre ebenso anzog wie Künstler. Lange Zeit schien es, als würde die nördlichste Stadt Marokkos mehr und mehr verkommen. Doch wurde Tanger in den letzten Jahren an vielen Orten saniert und erstrahlt heute im neuen Glanz. Sie konnte sich ihr individuelles, exzentrisches Flair bewahren und hat einiges zu bieten: die Medina, die Bars mit viel Atmosphäre und die schöne Landschaft ringsum.

Die strategische Bedeutung Tangers liegt auf der Hand: Die Stadt erhebt sich über der Straße von Gibraltar, kontrolliert den Eingang zum Mittelmeer und verbindet per Schiff Europa und Afrika. Von den 1920er-Jahren bis zu Marokkos Unabhängigkeit 1956 florierte Tanger dank seines internationalen Status. Günstige Steuern und der Freihafen zogen Banken und Handel an, was mit einem Zustrom von Fremden einherging. Seit einigen Jahren wird viel dafür getan, dass Tanger wieder an Bedeutung gewinnt – beispielsweise der Neubau des Hafens, der sich nun außerhalb der Stadt befindet.

Der **Grand Socco** (Place du 9 Avril 1947) verbindet das alte mit dem neuen Tanger. An den Platz grenzt der **Mendoubia-Park** an – halten Sie Ausschau nach dem über 800 Jahre alten Drachenbaum. Auf dem Markt in der Rue Sala-

Blick über das Wasser auf Tanger, dessen Häuser sich den Hang hinaufziehen

heddine und der nahe gelegenen Rue el Oualili verkaufen Rifkabylen ihre Waren. Die Kirche **St. Andrew** aus dem 19. Jh. an der Rue d'Angleterre weist ein maurisch-englisches Stilgemisch auf. Viele Ausländer, die sich in der Stadt niederließen, darunter der US-Journalist Walter Harris, sind auf dem angeschlossenen Friedhof begraben. »He loved Morocco«, heißt es schlicht auf dem Grabstein des Briten David Herbert, der schon zu Lebzeiten als Exzentriker galt. An derselben Straße präsentiert im früheren britischen Konsulat das kleine **Musée d'Art Contemporain de la Ville de Tanger** marokkanische Kunst.

Die erste Botschaft der USA wurde bereits 1777 eingerichtet und die frühere **Légation des États-Unis** ist ein faszinierender Palast mit Exponaten zur Stadtgeschichte und vielen Gemälden. Ein Raum ist dem Schriftsteller Paul Bowles (➤ 30) gewidmet, mit Fotografien von ihm und seinen Zeitgenossen. Das **Bab Fahs** führt vom Grand Socco in die **Rue es Siaghîn** (Basar der Silberschmiede) und zum **Petit Socco**, wo einst Prostitution und Betrug blühten. Heute geht es hier bei den Juwelieren und auf den Caféterrassen ruhiger zu. Ein Bummel durch malerische Gassen und Straßen mit Blick auf die spanische und die marokkanische Küste endet an der **Place de la Kasbah**.

Die **Kasbah**, seit der Römerzeit Verwaltungsbezirk und Residenz, ragt rechts am Platz auf. Ab den 1920er-Jahren entwickelte sie sich zum Tummelplatz ausländischer Millionäre, die von Tangers Dekadenz, von Drogen und homosexueller Freizügigkeit angelockt wurden. Zu den schillernden Figuren zählt auch der Autor Richard Hughes, der sich in der Kasbah einen orientalischen Palast erbaute, sowie die Woolworth-Erbin Barbara Hutton, die aus der ganzen Welt Freunde einfliegen ließ und mit ihnen in ihrem Palast ausschweifende Partys feierte.

Der Sultanspalast **Dar el Makhzen**, ein Teil der Kasbah, aus dem 17. Jh. beherbergt das **Musée de la Kasbah**. Am Eingang zum Hauptgebäude, das dem marokkanischen Kunsthandwerk gewidmet ist, stößt man auf die **Bit el Mal** (Schatzkammer).

Der Norden

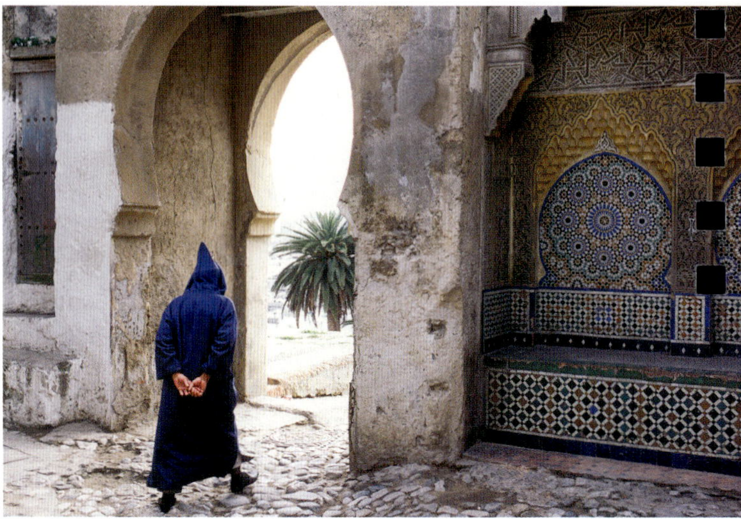

Das Museum hat eine kleine Sammlung von Mosaiken und Objekten aus Volubilis (➤ 132), aber Höhepunkt des Besuchs ist mit Sicherheit die Sammlung der Keramiken von Fès und Meknes.

Vom Kasbah-Tor führt die Rue Asad ibn al Farrat an maurischen Villen und dem Wohnviertel **Marshan** vorbei zum **Palais Mendoub**, in dem früher der amerikanische Verleger Malcom **Forbes** (1919–90) wohnte und seine Sammlung von Zinnsoldaten untergebracht hatte. Das **Café Hafa** (➤ 119) bietet einen eindrucksvollen Blick aufs Meer; es war früher bevorzugter Aufenthaltsort des Freundeskreises um Paul Bowles (➤ 30).

Die Bucht von Tanger erstreckt sich zwischen zwei Kaps. Das **Cap Spartel** im Westen nannten die Römer »Kap der Weinreben«. Der 1864 erbaute Leuchtturm an der **Robinson-Bucht** steht dort, wo Atlantik und Mittelmeer zusammentreffen. Die **Herkulesgrotten (Grottes d'Hercule)** auf der Landzunge sind natürliche Felsformationen, die durch jahrhundertelangen Abbau vergrößert wurden. **Cap Malabata** östlich von Tanger ist durch viele alte Villen, aber auch moderne Hotelanlagen geprägt. Die **Villa Harris** kann über die Anlage des Club Med besichtigt werden. Ihr Erbauer Walter Harris war als Marokko-Korrespondent der britischen *Times* ein weit gereister Mann und konnte als einer der ersten Ausländer die heilige Stadt Chefchaouen (➤ 112) besuchen, wie wir aus seinem Buch *Morocco That Was* (1921) wissen.

Eines der sechs Tore, die in das Kasbah-Viertel von Tanger führen

LEKTÜRETIPPS

Hier einige Empfehlungen, die die Vergangenheit der Stadt in Büchern lebendig werden lassen:
So mag er fallen von Paul Bowles (dt. Ausg. 1952)
Enderby von Anthony Burgess (dt. Ausg. 1991)
Naked Lunch von William Burroughs (neue Übersetzung 2011)
Tangier, City of the Dream von Ian Finlayson (1992). Der Film *Casablanca* wurde vom Leben in Tanger inspiriert.

Die Terrasse des **Gran Café de Paris** an der Place de France ist seit den 1940er-Jahren beliebt. Besonders am Spätnachmittag lässt man sich gern hier nieder, um zu sehen und gesehen zu werden. Das luxuriöse Hotel El Minzah (▶118) ganz in der Nähe zieht mit der **Caïd Bar** reiche Ausländer an, die hier wohnen. Meerblick bietet das **Café Hafa** (▶119) in Marshan.

✚ 190 B5
🚌 Busse von allen großen Städten
🚆 Züge von Oujda, Meknès, Fès, Rabat und Casablanca
⛴ Boote von Sète (Frankreich) und Algericas (Spanien)
✈ Flüge ab Casablanca, Rabat, Fès und Marrakech, international ab Deutschland: Düsseldorf und Frankfurt

Der Eingang zu den Herkulesgrotten entspricht den Umrissen Afrikas

Kirche St. Andrew
✉ Zankat d'Angleterre
🕐 über den Küster: Mo–Fr 9.30–12, 14.30–18 Uhr
✋ Spende

Musée d'Art Contemporain de la Ville de Tanger
✉ rue d'Angleterre ☎ 0539 33 84 36
🕐 9–12.30, 15–18.30 Uhr ✋ 10 DH

La Légation Américaine
✉ 8, rue d'Amérique (Eingang von der rue du Portugal)
☎ 0539 93 53 17
🕐 Mo–Fr 10–13, 15–17 Uhr oder nach Vereinbarung
✋ frei, aber Trinkgeld für den Wächter

Dar el Makhzen (Musée de la Kasbah)
✉ Kasbah 🕐 Mi–Mo 9–16 Uhr ✋ 10 DH

Herkulesgrotten
✚ 190 B5 ✉ 15 km westlich von Tanger
🕐 tägl. 9–Sonnenuntergang ✋ 10 DH
🚆 keine Anbindung mit öffentlichen Verkehrsmitteln

BAEDEKER TIPP

■ Wenn man im Hafen oder am Bahnhof ankommt, wirkt Tanger wegen der **aufdringlichen »Führer«**, Drogendealer und Taschendiebe wenig anziehend, anderswo kann man sich aber gut und entspannt bewegen.

■ Im **Café Detroit** in der Kasbah trafen die Rolling Stones in den 1960er-Jahren die Master Musicians of Jajouka, die später in ihr Album *Steel Wheels* (1989) Eingang fanden. Das Café ist etwas heruntergekommen, bietet aber immer noch viel Atmosphäre und einen herrlichen Blick.

32 Tétouan

Tétouan wird wegen seiner weißen Pracht gern als »Andalusierin« oder »Granadas Tochter« bezeichnet. Die gepflegte Stadt am Hang des Jebel Dersa mit Blick auf das fruchtbare Tal von Martil und die dunklen Felsmassen des Rif-Gebirges erscheint auf den ersten Blick spanisch, doch Tradition und Kultur der Berberstämme aus dem Rif ringsum waren ebenso prägend. Einige glauben, der Name Tétouan sei von dem Berberwort *tit'ta'ouin* (die Quellen) abgeleitet – den Quellen, die die vielen Gärten und Springbrunnen der Stadt speisen.

Etwa 100 Jahre nach der Zerstörung eines Vorgängerortes erfolgte die Neugründung Tétouans im 15. Jh. durch den Militärkommandanten Sidi el Mandari und eine Gruppe von Muslimen und Juden, die nach der christlichen Eroberung Granadas aus Spanien geflohen waren. Nach el Mandaris Tod übernahm seine Frau Fatima die Führung der gefürchteten Piraten (▶ 28), die der Stadt großen Reichtum brachten. So konnte im 17. Jh. beispielsweise eine Stadtmauer rund um Tétouan errichtet werden. Die maurischen Flüchtlinge brachten die in Andalusien weiterentwickelten arabischen Kunststile mit in die Stadt, wie es an den schönen Häusern in der Medina unschwer zu erkennen ist. Als die Spanier diesen Teil Marokkos 1912 besetzten, machten sie Tétouan zur Hauptstadt ihres Protektorats.

Der beste Weg in die attraktive **Medina** führt durch das Bab Rouah von der Place el Feddan (früher Place Hassan II), die vom Königspalast beherrscht wird. Die erste Straße links des Tores führt zum bezaubernden, am Fuße der **Alcazaba** (Festung) gelegenen **Souk el Houts** mit Buden, in denen traditionelles Kunsthandwerk verkauft wird, und zum Platz **Gherza el Kébira**.

Die Souks im Viertel **Souk el Fouki** und an der **Rue de Fès** gehören zu den schönsten in Marokko und sind für ihre *djellabas* (wollenen Kapuzengewänder), Lederwaren und Holzschnitzereien berühmt. Die Unesco hat die Medina 1991 zum Weltkulturerbe erklärt.

Rechts vom Bab Rouah liegt die *mellah*; allerdings ist der Großteil der jüdischen Gemeinde von Tétouan wie auch anderswo in Marokko nach Israel ausgewandert.

Beim Bab el Oqba steht das **Musée d'Art Marocain**, das Textilien und Stickereien zeigt.

Die Sidi-es-Saïdi-Moschee; der namensgebende Heilige lebte zur Zeit der Stadtgründung an der Wende zum 14. Jh.

Blick auf die pittoreske Medina in Tétouan

Auf der anderen Seite des Tores verdient die **École des Métiers** einen Besuch – wegen des Gebäudes und der Ausstellung maurischen Kunsthandwerks. Das kleine **Musée Archéologique** beim Bab Tout präsentiert Keramiken aus dem nahe gelegenen Tamuda und schöne Mosaiken aus Lixus (➤ 114).

KLEINE PAUSE

Kehren Sie an der herrlichen **Place de l'Oussa** ein, und beobachten Sie die Städter und die Landbevölkerung. Die **Patisserie Rahmouni** (10, rue Youssef ibn Tachfine) bietet exzellente marokkanische Kuchen und Süßigkeiten, genauso wie die **Café-Patisserie Smir** (17, avenue Mohammed V).

✚ 190 C5
✉ Tourismusbüro: 30 avenue Mohammed V ☎ 0539 96 19 15
🚍 Busse von Tanger, Chefchaouen, Fès und Meknès
✈ Flüge von Casablanca und Al-Hoceima

Musée d'Art Marocain
✉ Skala, beim Bab el Oqba ☎ 0539 97 05 05 🌐 Mi–Mo 9–16 Uhr ✋ 10 DH

École des Métiers
✉ gegenüber El Okla ☎ 0539 97 48 42 🌐 Mi–Mo 8–12, 14.30–17.30 Uhr ✋ 10 DH

Musée Archéologique
✉ 2, rue ben Hussain; bei der place el Jalaa ☎ 0539 96 73 03 🌐 Mi–Mo 13–16 Uhr ✋ 10 DH

BAEDEKER TIPP

Schließen Sie sich am **Spätnachmittag** dem *paseo* an. Um diese Zeit schlendert *»tout Tétouan«* durch die Fußgängerzone der Rue Mohammed V oder sitzt auf einer der Terrassen.

33 Chefchaouen

Mit den Häusern in Blau und Weiß, die hoch über den Bergen thronen, gehört Chefchaouen zu den malerischsten Städten Marokkos. Der Name ist vom Wort der Berber für »Hörner« abgeleitet und bezieht sich auf die Form des Gebirgszugs. Die stillen Gassen und freundlichen Menschen geben der »heiligen Stadt« ein ruhiges, geheimnisvolles Flair.

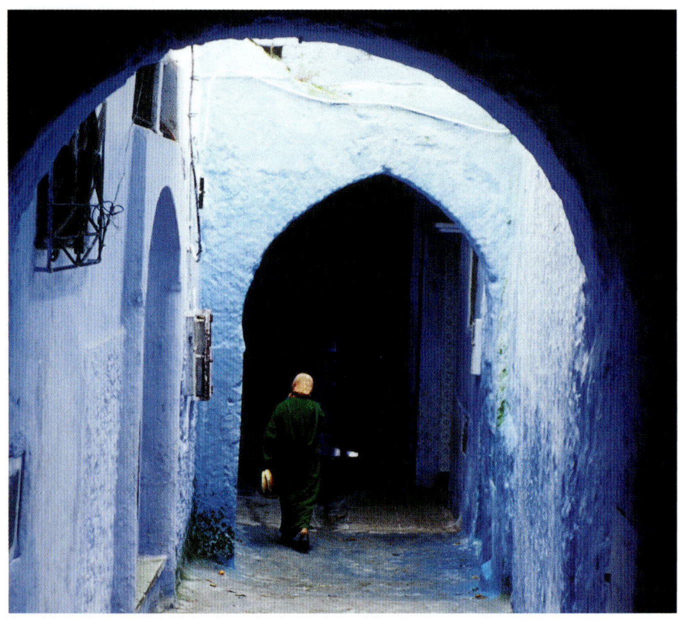

Moulay Ali ibn Rachid (ein Nachkomme des Propheten Mohammed) gründete die Stadt im 15. Jh. beim Grab von Moulay Abdessalam, dem Schutzheiligen des Djebalistammes, dem übernatürliche Kräfte zugesprochen wurden. Die heilige Stadt mit vielen Moscheen bot Muslimen aus Andalusien Zuflucht, die vor der Reconquista geflohen waren. Für Nichtmuslime war sie lange Zeit tabu. Vor dem Einmarsch der Spanier 1920 waren nur drei Christen in die Stadt eingedrungen und hatten sie lebend wieder verlassen, darunter 1889 Walter Harris (▶ 108).

Die Stadt ist immer noch auf traditionelle Weise in Viertel mit jeweils vier Moscheen, vier Hammams

Die Straße von Chefchaouen nach Al Hoceïma (▶ 116) ist spektakulär. Ein paar Stunden braucht man für die 220 km mit Haarnadelkurven, steilen Abhängen und – je nach Jahreszeit – frei herumlaufenden Eseln und dichten, tief hängenden Wolken.

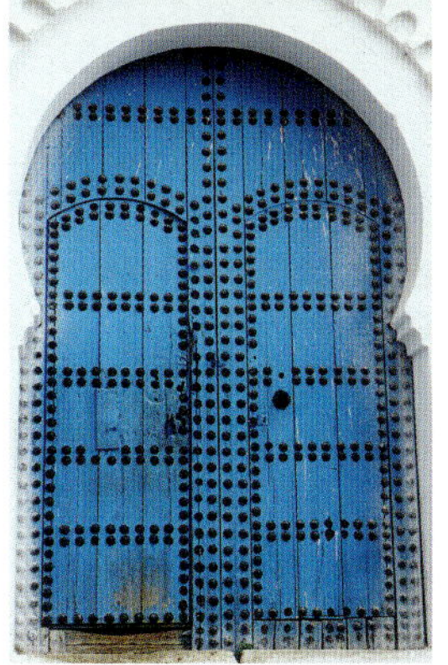

Das feine Licht in der Medina entsteht durch Reflektionen von den weiß-blau gestrichenen Häusern

Links: Im Gassengewirr der Medina gibt es eine Vielzahl schöner Türen und heilige *marabouts* zu sehen

und vier Koranschulen (*medersas*) einge-teilt. Der längliche Hauptplatz, die **Place Uta el Hammam**, wirkt klein angesichts der Berge ringsumher. An einer Seite reihen sich kleine Cafés und Restaurants, in de-nen man hin und wieder auch Haschisch-raucher sehen kann. Obwohl Cannabis offi-ziell verboten ist, gehört der Genuss hier zum Alltag. Auf der anderen Seite ragen die imposanten Mauern der **Kasbah** und die **Große Moschee** mit schönem Minarett auf. In der Kasbah überraschen ein Garten mit Palmen, Feigen und Blumen sowie ein klei-nes Museum mit alten Fotos, Musikinstrumenten und Kunsthandwerk. Die Kasbah wurde 1672 von Moulay Is-maïl erbaut. Der Platz ist, vor allem auf der Rue el Anda-lous, umgeben von **Fondouks** (► 33). In der Ville Nouvelle findet montags und donnerstags der farbenfrohe Souk statt, auf dem sich die Berber aus den umliegenden Berg-dörfern versammeln. Das Licht in der Medina ist außerge-wöhnlich. Es wird von den weißen, blauen und ockerfarbe-nen Hauswänden reflektiert. Die Stammesangehörigen der Djebala hatten eine starke homosexuelle Tradition, und man sagt, dass es hier einen Knabenmarkt gab, der 937 von den Spaniern abgeschafft wurde.

Im Südosten der Stadt steht eine spanische Moschee, die auch Nichtmuslimen zugänglich ist. Von hier aus führt ein Pfad in die Berge, der weiter oben einen spektakulären Blick auf die Stadt eröffnet. Von der Medina ist es nicht weit zu den Wasserfällen **Ras el Ma**, die zu einem kurzen Bad einladen. Der Fluss bewässert auch die Gärten von Chefchaouen.

KLEINE PAUSE

Auf den **Cáfeterrassen** an der Place Uta el Hammam kann man sich ausruhen, eine Kleinigkeit essen und Leute beobachten.

✝ 190 C5 ✪ Souk: Mo, Do
🚌 Busse von Tétouan, Fès, Meknès, Tanger und Ouezzane

Kasbah/Musée Artisanal
✉ place Uta el Hammam ✪ Mi–Mo 9–13, 15–18.30 Uhr
✋ 10 DH

BAEDEKER TIPP

■ Chefchaouen ist ein Zentrum des **Cannabishandels**. Da Haschischrauchen in Marokko verboten ist, sollten Sie sich von Dealern fern halten.
■ Da dies ein Ort der *marabouts* (► 16) ist, finden rund ums Jahr bedeutende *moussems* in und um Chefchaouen statt, darunter das von Moulay Abdessalam ben Mchich im Mai.

Nach Lust und Laune!

34 Larache

Die freundliche Kleinstadt Larache stand bis 1956 unter spanischem Protektorat. Man kann hier gut Paella essen und dem *paseo* zuschauen – dem abendlichen Flanieren. Die Medina wirkt noch recht ursprünglich. Die Preise sind relativ niedrig, da nur wenige ausländische Touristen hierher kommen. Eine schöne Promenade verläuft unterhalb der spanischen Festung, des **Château de la Cicogne**, eine längere an der Avenue Moulay Ismail nahe der **Kebibat-Festung** (16. Jh.) und des lebendigen Fischereihafens.

Von Larache ist es nicht weit nach **Lixus**, das zu den ältesten und fast ununterbrochen bewohnten Niederlassungen in Marokko gehört. Gegründet wurde es im 12. Jh. v. Chr. von den Phöniziern. Die antike Stadt schmückt sich mit einem Theater, Amphitheater, Bädern mit schönem Neptun-Mosaik, Akropolis und Tempelstätten aus der Römerzeit.

190 B5 96 km südlich von Tanger
regelmäßig verkehrende Busse von Tanger, Assilah, Rabat, Meknès und Ksar el Kébir

Lixus

5 km nördlich von Larache Busse 4 und 5 von Larache tägl. 8.30–17 Uhr frei, aber Trinkgeld für den Wärter

35 Assilah

Das schöne Seebad mit ockerfarbenen Schutzmauern war ein Bollwerk der Spanier. Ende des 19. Jhs. wurde Assilah von einem Banditen namens Raissouli beherrscht. Dessen Palast ist während des internationalen Musikfestivals im August geöffnet. Heute lädt die Medina zum entspannten Bummeln ein. Im Sommer lassen sich viele marokkanische Familien am herrlich weißen Strand nieder, eine gute Zeit, um als Familie bei Marokkanern Anschluss zu finden.

190 B5 45 km südlich von Tanger
Busse von Tanger, Larache, Fès und Rabat
Züge von Tanger, Rabat und Casablanca

36 Ceuta

Die spanische Enklave Ceuta (Sebta) auf der Halbinsel El Hacho liegt gegenüber von Gibraltar, wobei die Berge auf beiden Seiten die »Säulen des Herkules« bilden. Ceuta hat eine lange Geschichte, aber es gibt nur wenige Zeugnisse davon. Die barocke Kirche Nuestra Señora de Africa und die barocke Kathedrale flankieren die Plaza de Africa. Das nahegelegene Muséo de Ceuta zeigt archäologische Funde aus

Die Ruinen der römischen Stadt Lixus liegen in der Nähe von Larache

In Assilah sind viele weiße Häuser wunderbar blau verziert

vorislamischer Zeit. Südlich liegt das kleine **Museo de la Legión** mit Exponaten zur spanisch-afrikanischen Militärgeschichte. Hauptattraktion ist der zollfreie Einkauf – lange Grenzkontrollen!

✚ 190 C5 ✉ 40 km nordöstlich von Tanger. Tourismusbüro gegenüber der Hafenbehörde ☎ 956 52 81 46; www.ceuta.es 🚌 Busse von Tanger, Casablanca, Tétouan und Al Hoceïma

Museo de la Legión
✉ Paseo de Colón 🕓 Mo–Sa 10–13.30 Uhr ✋ frei

Muséo de Ceuta
✉ Paseo del Revellin 🕓 Mo–Fr 10–14, 17–20 Uhr; Sa 10–14 Uhr ✋ frei

37 Rif

Das über 300 km lange Rif-Gebirge ist von spektakulärer, wilder Schönheit und bis zu 2500 m hoch. Es bildet die Grenze zwischen Europa und Afrika sowie zwischen Zentralmarokko und dem restlichen Maghreb. Diese gesetzlose Gegend genießt man am besten vom sicheren Bus aus. Touristen im Mietwagen sind hier wiederholt mit dem Messer bedroht, ausgeraubt oder zum Drogenkauf gezwungen worden, besonders rund um Ketama.

Bald nach seiner Thronbesteigung 1999 hat sich König Mohammed VI. besonders für das Rif interessiert und ein Entwicklungsprogramm erarbeitet. Zwar halten sich die Fortschritte in Grenzen, doch an der Küste zwischen Ceuta und Tétouan entstanden etliche Seebäder mit schönen Stränden, darunter **Restinga-Smir**, **Cabo Negro** und **Martil**. Südöstlich von Tétouan steigt die Küstenstraße ins Gebirge an. Die wenigen Strände auf dem Weg, wie **Oued Laou** und **Kaaseras**, sind zwar nicht so gepflegt, dafür aber fast menschenleer. Die Straße von Al Hoceïma (➤ 116) nach Cala Iris mit ihren ruhigen Fischerdörfern ist wunderschön.

✚ 190 C4 🚌 regelmäßige Busse von Tétouan nach Al Hoceïma und Fnideq; Sammeltaxis nach Oued Laou, Martil und Cabo Negro

38 Ouezzane

Das 1727 gegründete Städtchen Ouezzane am Fuß des Rif ist zwei Religionen heilig. Es entwickelte sich rund um die *zaouia* von Moulay Abdallah ben Brahim Cherif – einem Nachkommen Mohammeds und Gründer des Sufi-Ordens Tabiya. Die Sufis weiteten ihren Einfluss auf ganz Nordafrika aus, und die *zaouia* mit achteckigem Minarett ist bis heute ein bedeutender Wallfahrtsort. Der Orden hat inzwischen seinen Sitz verlegt, doch die *moussem* (Pilgerfahrt) zum Grab des Gründers führt immer noch zur *zaouia* (nur für Muslime zugäng-

In der Medina von Ouezzane haben Künstler und Handwerker ihre Werkstätten

lich). Das Grab des wundertätigen Rabbis Amrane führt außerdem jüdische Pilger hierher. Die Altstadt hat Charme, die Souks sind für ihre Webteppiche und Kunstschmiedearbeiten bekannt.

✚ 190 C4 ✉ 60 km südwestlich von Chefchaouen 🚌 Busse von Meknès, Fès, Chefchaouen und Rabat

39 Al Hoceïma

Dieses kleine Seebad ist eines der schönsten an der Rif-Küste. Zur Urlaubszeit im Hochsommer kann es hier recht voll sein, doch außerhalb der Saison wirkt der Ort verschlafen. Hauptattraktionen sind der Blick über die Bucht auf die spanischen Inseln Peñon de Alhucemas und der schöne Strand **Plage Quemado**. Die Straße zwischen Al Hoceïma und Chefchaouen ist spektakulär, aber gefährlich und nicht immer leicht zu befahren.

✚ 191 D5 ✉ 325 km östlich von Tanger 🚌 Busse von Chefchaouen, Tétouan, Fès und Nador ✈ Flüge von Tanger und Casablanca

40 Oujda

Oujda ist der Grenzübergang nach Algerien. Die sechstgrößte Stadt Marokkos lebt von Industrie, Erzabbau und Agrarwirtschaft. Der Ein-

gang zur **Medina** liegt in Bab Sidi Abd el Ouahab, wo einst die Köpfe der Verbrecher aufgehängt wurden. Die Place el-Attarine bildet das Zentrum der Medina; gleich in der Nähe liegt die große Moschee. In **Kissaria** werden traditionelle marokkanische Kleidung, Schmuck und handgewebte Kleidungsstücke zum Kauf angeboten. Oujda ist Ausgangspunkt für Ausflüge in die Gebirgswelt des **Djebel Beni Snassèn** mit den **Gorges du Zegzel** (Zegzel-Schlucht) und der **Grotte du Chameau** (Kamelgrotte).

✚ 191 F4 🚌 Busse von allen größeren Städten 🚆 Züge von Casablanca, Rabat, Fès und Meknès ✈ Flüge von Casablanca

41 Moulay Bousselham

Dieses kleine Dorf am Atlantischen Ozean ist der perfekte Ausgangspunkt für Wanderungen oder Bootstouren im Nationalpark Merdja Zerga (Blaue Lagune). Der Park erstreckt sich über 7300 ha: Die Hälfte nimmt die Lagune ein, der Rest ist Marschland. Es ist ein Paradies für Vogelbeobachter, denn hierher kommen Tausende von Zugvögeln, u. a. Federwild, Wildvögel und Flamingos. Die Lagune ist, je nach Gezeiten, zwischen 50 cm und 4 m tief, da das meiste Wasser vom Meer kommt.

Die größten Schwärme können Sie im Dezember und Januar beobachten, aber Vögel gibt es hier das ganze Jahr über. Auch Nicht-Vogelbeobachter genießen hier ihren Aufenthalt. Der Park ist eine vergessene Ecke von Marokko mit Blick auf den Ozean am Rand einer herrlichen Lagune. Die Fischer der Lagune nehmen Touristen gerne mit aufs Wasser. Vor Ort lebt der professionelle Vogelführer Hassan Dalil (Tel. 0668 43 41 10), der alles über die Lebensräume der Vögel weiß.

✚ 190 B4 🚆 Züge von Tanger und Rabat nach Souk el-Arba du Rharb (von dort mit Bus oder Sammeltaxi weiter) 🖐 preiswert ✈ Flüge von Tanger und Casablanca

Wohin zum … Übernachten?

Preise
für ein Doppelzimmer pro Nacht (inkl. Frühstück und Steuern):
€ unter 600 DH   €€ 600–1600 DH   €€€ über 1600 DH

In Tanger gibt es zahllose Hotels und *riads*, die z. T. in alten Palästen untergebracht sind. Auch in Tétouan, Chefchaouen und Assilah konnten sich einige *riads* etablieren. Im Sommer unbedingt reservieren!

ASSILAH

Patio de la Luna €
Das einladende Hotel wird von einem Sevillaner betrieben. Obwohl es gegenüber der alten Stadtmauer und so im Mittelpunkt des Treibens liegt, sind die acht Zimmer im marokkanischen Stil überraschend ruhig. Auf den Terrassen oder im kühlen Innenhof können Sie einen ruhigen Nachmittag verbringen, im Winter wärmt Sie der Kamin.
✚ 190 B5 ✉ 12 Place Zellaka
☎ 0539 41 60 74; www.patiodelaluna.com

Riad Asilah €-€€
Inmitten der Medina finden sich in einem herrlichen Altstadthaus sieben Zimmer um einen Innenhof. Sie sind bunt, schön, voller Kunstwerke und individuell. Der Empfang ist herzlich und professionell. Besonders schön ist die teilweise überdachte Dachterrasse: Sie lädt ein zum Sonnenbad und Sundowner. Das Frühstück und auf Wunsch das Abendessen werden hier serviert.
✚ 190 B5 ✉ rue Bab R'mal, Medina
☎ 0539 41 79 79

LARACHE

La Maison Haute €
Wunderbar restauriertes spanisch-maurisches Haus in der Medina mit sechs charmanten, farbenfrohen Zimmern im traditionellen Stil, aber mit modernen Badezimmern! Das Frühstück wird an einem großen Tisch oder auf der Dachterrasse mit tollem Blick serviert.
✚ 190 B5 ✉ 6, derb ben Tham
☎ 0665 34 48 88; www.lamaisonhaute. com

CHEFCHAOUEN

Dardara €
Die Auberge liegt etwas außerhalb von Chefchaouen. Das ansprechende Natursteingebäude liegt in einem herrlichen Garten. Die 20 Zimmer sind einfach aber nett, die Besitzerin bietet neben Unterkunft und Restaurant auch Kochkurse und Kurse über Heilpflanzen an.
✚ 190 C5 ☎ 0539 70 70 07; www.dardara.ma

Dar Terrae €€
Ein maurisch-andalusisches *riad*, das in ein Hotel mit toller Dachterrasse verwandelt wurde.
✚ 190 C5 ✉ Avenue Hassan II
☎ 0539 98 75 98

Lina Ryad & Spa €€
Die elegante Villa am Hang hat große Fensterfronten, die einen herrlichen Blick auf Stadt und Umgebung bieten. Die 17 Suiten sind schick, der Spa-Bereich mit Hammam und Innenpool begeistern.
✚ 190 C5 ☎ 0645 06 99 03; www.linariad.com

TANGER

Dar Nour €–€€
Dieses charmante Hotel hoch oben in der Kasbah ist sehr geeignet für

einen schönen Aufenthalt in Tanger. Die Aussicht von der Dachterrasse ist wundervoll. Die Zimmer und Suiten sind individuell eingerichtet, und man fühlt sich dort fast wie zu Hause. Das köstliche Frühstück wird in den Zimmern oder auf der Terrasse serviert.
✚ 190 B5 ✉ 20, rue Gourna, Kasbah
☎ 0662 11 27 24; www.darnour.com

El-Minzah €€€
Ein Luxushotel der Sonderklasse in der früheren Villa eines englischen Adligen. In der exklusivsten Unterkunft in Tanger sind viele Prominente abgestiegen: z. B. Sir Winston Churchill, der spanische König Juan Carlos, die amerikanischen Schauspieler Rita Hayworth und Dustin Hoffman. Der Swimmingpool ist von einem verschwenderisch blühenden Garten umgeben. Im ausgezeichneten Restaurant wird die feine Fès-Küche serviert, und in Caïd's Bar kann man bei einem Cocktail oder bei Champagner entspannt die Leute beobachten.
✚ 190 B5 ✉ 85, rue de la Liberté
☎ 0539 33 34 44; www.leroyal.com/morocco/

Hotel Continental €
Tangers eindrucksvollstes Hotel findet sich in einem Gebäude im Kolonial- und maurischen Stil mit Blick über die Medina und den Hafen. Die renovierten Zimmer verbinden die Atmosphäre von einst mit modernen Annehmlichkeiten und Kunstgegenständen. Viele Künstler und Autoren haben hier übernachtet, z. B. der französische Maler Edgar Degas. Sir Winston Churchill soll in Nr. 108 übernachtet haben, einem großen Zimmer mit Himmelbett und schwerem Mobiliar.
✚ 190 B5 ✉ 36, rue Dar el-Baroud, medina
☎ 0539 93 10 24/37 58 51

Hotel Le Mirage €€€
Das großartige Hotel am Cap Spartel mit Meerblick und gepflegten Gärten besteht aus terrassenförmig ansteigenden eleganten Bungalows. Zu den Extras gehören Satelliten-TV, Klimaanlage und Zimmerservice. Das Restaurant lohnt sich allein wegen des Blicks, doch auch die Speisen sind exzellent. Spezialitäten sind Hummer und gedünsteter Fisch in Salzkruste.
✚ 190 B5 ✉ oberhalb der Herkulesgrotten, Cap Spartel ☎ 0539 33 33 32; www.lemirage.com

Riad Arous Chamel €
Nur zwei Schritte vom Petit Socco entfernt liegt dieses kleine *riad* mitten in Tanger. Es wurde stilvoll von einem französisch-marokkanischen Paar restauriert. Die Einrichtung ist schlicht, aber elegant. Die sieben Zimmer sind über mehrere Etagen verteilt. Von der kleinen Terrasse aus (hier wird das Frühstück serviert) hat man einen großartigen Blick über Tanger. Abendessen gibt's nicht, dafür aber viele Restauranttipps von den Besitzern!
✚ 190 B5 ✉ rue Abedssadak
☎ 0665 89 69 02; www.arouschamel.com

La Tangerina €-€€
Traumhaftes Gästehaus in einem sorgfältig restaurierten *riad* im Besitz eines marokkanisch-deutschen Paares. Das Haus ist hell und geschmackvoll dekoriert, und die Dachterrasse bietet einen schönen Blick über die Bucht. Der marokkanische Manager vermittelt Taxifahrer für Ausflüge in die Umgebung.
✚ 190 B5 ✉ 19, Riad Sultan, Kasbah
☎ 0539 94 77 31; www.latangerina.com

Riad El Reducto €€
Dieses traditionelle Herrenhaus aus dem 18. Jh. war das Zuhause des spanischen Gouverneurs und wurde originalgetreu restauriert: schöne andalusische Mosaikfliesen, ein wunderbarer Innenhof und vier Zimmer im marokkanischen Stil. Die schönste Unterkunft in Tétouan.
✚ 190 C5 ✉ Mechouar Essaid, 38 Zanqat Zawouia Qadiriya ☎ 0539 96 81 20; www.riadtetouan.com

Wohin zum …
Essen und Trinken?

Preise
für ein Drei-Gänge-Menü (inkl. Steuern und Service) ohne Getränke:
€ unter 200 DH   €€ 200–400 DH   €€€ über 400 DH

Die Lokale in der Medina von Tanger sind preiswert und einfach (kein Alkohol). Exklusivere Restaurants gibt es in der Ville Nouvelle nahe der Place de France oder in den *riads*.

ASSILAH

Casa Garcia €–€€
Tintenfisch und Fischtapas sind die Spezialitäten dieses kleinen Restaurants gegenüber dem Strand. Probieren Sie den saftigen frischen Fisch oder ein etwas abenteuerlicheres Menü mit Tintenfisch, Aal, Garnelen und Krebsen, das mit marokkanischem Rosé auf der großen, luftigen Terrasse serviert wird. Auch die Paella ist köstlich.
✚ 190 B5 ✉ 51, rue Moulay Hassan ben el-Mehdi ☎ 0539 41 74 65 ⏰ tägl. 11.30–23 Uhr

El-Oceano (Casa Pepe) €–€€
Auf der Terrasse vor Assilahs Stadtmauer kann man ausgezeichnet mittags Bratfisch auf spanische Art oder eine Paella essen. Ein Beweis für die hohe Qualität sind die zahlreichen spanischen Kunden. Der Fisch ist immer perfekt zubereitet.
✚ 190 B5 ✉ rue Zellaka ☎ 0539 41 77 64 ⏰ tägl. mittags und abends

CEUTA

Club Nautico €€
Dieses hübsche Speiserestaurant mit Blick auf den Hafen und die Festung Hacho serviert gute und günstige Fischgerichte direkt aus dem Mittelmeer.
✚ 190 C5 ✉ calle Edrissis, vor dem Jachthafen ☎ 956 51 44 40 ⏰ tägl. mittags und abends

CHEFCHAOUEN

Casa Aladdin €
Gutes marokkanisches Essen in einem traditionellen Restaurant auf einer Panoramadachterrasse im zweiten Stock. Zu den Spezialitäten zählen Couscous, *tajines* und gegrillter Tintenfisch.
✚ 190 C5 ✉ rue ibn Askar ☎ 0539 98 90 71 ⏰ tägl. 10–23 Uhr

LARACHE

Restaurant du Port 11
In diesem Fischrestaurant in der Nähe des Hafens werden die besten Fisch- und Meeresfrüchtegerichte der Stadt serviert. Es ist auch das vornehmste Restaurant am Platz.
✚ 190 B5 ✉ Larache Harbour ☎ 0539 41 74 63 ⏰ tägl. 11–17 und 19–23 Uhr

TANGER

Café Hafa €
Das Café liegt auf einer Klippe, die Tische stehen zwischen Pflanzenkübeln, Katzen streunen. Man kann hier Stunden verbringen – kein Wunder, dass der Schriftsteller Paul Bowles (► 31) sich in diesem Café gern aufhielt und auch die Rolling Stones hier *kif* rauchten. Irgendwie schmeckt der *thé à la menthe* hier besser als anderswo.
✚ 190 B5 ✉ hinter dem Sportstadion im Viertel Marshan ⏰ tägl. 8–22 Uhr; während des Ramadans tagsüber geschl.

El Morocco Club €€
Der El Morocco Club ist eindeutig ein »place to go«. Tagsüber ein

sehr schönes Café mit kleiner Speisekarte, abends eine schicke Piano-Bar mit sehr gutem Restaurant, das Fusionsküche serviert. Die Speisekarte ist kreativ, das Interieur edel und schön. Tägl. geöffnet ab 9 Uhr, das Restaurant für den Abend ist montags geschlossen.

✚ 190 B5 ✉ Place du Tabor ☎ 0539 94 81 39

Gran Café de Paris €

Das Café gehört zu den traditionsreichsten Cafés der Stadt. Am Place de France, dem Herzen der Neustadt, lässt es sich stundenlang sitzen, herrlichen Minztee schlürfen und das Leben beobachten.

✚ 190 B5 ✉ Place de France

Laachiri €–€€

Das Straßenrestaurant in Ksar es Seghir hat eine große Terrasse mit Blick über Fluss, Meer und Festung. Hierher kommen viele marokkanische Familien, um große Portionen Meeresfrüchte und Fisch zu moderaten Preisen zu genießen.

✚ 190 B5 ✉ Ksar es Seghir, 33 km östlich von Tanger an der Straße nach Ceuta ⊕ tägl.

Le Salon Bleu €€

Dieses kleine Restaurant, das zum Dar Nour gehört, ist zu einer der Top-Adressen Tangers avanciert: sehr hübsche, nostalgische Einrichtung in blau-weiß und ausgezeichnetes Essen!

✉ direkt beim Dar Nour (➤ 117)

Riad Tanja €€

Das ehemalige Hotel ist eines der besten Restaurants der Stadt, sehr heimelig eingerichtet und doch elegant und stilvoll. Ausgezeichnete marokkanische Küche zu hohen Preisen, die aber gerechtfertigt sind.

✚ 190 B5 ✉ rue Amar Alilech ☎ 0539 33 35 38 ⊕ nur abends geöffnet

Salon de thé Porte €

Der eleganteste Teesalon der Stadt, beliebt bei Autoren wie Mohammed Choukri, bietet Ledersitze und hohe Säulen. Serviert werden köstliche Eiscreme, frische Säfte und Kaffee sowie leckere Backwaren.

✚ 190 B5 ✉ 12, rue ibn Noussair ☎ 0539 93 34 33 ⊕ tägl. 8–23 Uhr

Saveur de la Méditerannée €

Kleines authentisches Fischrestaurant. Man folgt den Empfehlungen des Wirtes, der stets einen Topf mit Fischsuppe auf dem Herd hat. Die mit *chermoula* (Mischung aus Zwiebeln, Gewürzen, Chili und Zitrone) gefüllten Sardinen und der mit Safran marinierte Hai schmecken hier himmlisch.

✚ 190 B5 ✉ 2, escalier Woller, vom Place de France nehmen Sie die 1. Treppe rechts zur rue de la Liberté ☎ 0539 33 63 26 ⊕ Sa–Do mittags und abends; geschl. während Ramadan

Villa Joséphine €€€

Villa Josephine zählt zu den luxuriösesten Hotels Marokkos und hat ein schönes Restaurant mit Meerblick, das die raffinierteste französische Küche Tangers anbietet. Perfekte klassisch-französische Gerichte werden in einem eleganten Speiseraum serviert.

✚ 190 B5 ✉ 231, rue Mesmudi, Cap Malabata ☎ 0539 33 45 35; www.villajosephine-tanger. com ⊕ tägl. mittags und abends

TÉTOUAN

El Reducto €€

Das Riad-Hotel bietet bei Weitem das beste Essen der Stadt an – z. B. leckere *tajines* und guter Couscous. Serviert wird in einem traditionellen marokkanischen Raum. Guter Service.

✚ 190 C5 ✉ Mechouar Essaid, 38 Zanqat Zawouia Qadiriya ☎ 0539 96 81 20; www.riadtetouan.com

Le Restinga €–€€

Das altmodische Restaurant in Tétouan mit hübschem Innenhof bietet preiswerte landestypische Speisen – Couscous, Bratfisch und *tajine*.

✚ 190 C5 ✉ 21, rue Mohammed V ☎ 0539 96 35 76 ⊕ tägl. 11.30–23.30 Uhr

Wohin zum …
Einkaufen?

KUNSTHANDWERK

In der Medina von Tanger wimmelt es zwar von Geschäften, doch echte Schnäppchen gibt es kaum. Probieren Sie es in dem Antiquitäten- und Trödelladen gegenüber dem Hotel El Minzah, dem **Bazar Tindouf**, der Laternen, Teppiche, Kupferwaren und anderes Kunstgewerbe führt (64, rue de la Liberté; Tel. 0539 93 15 25). Die **Boutique Majid** (66, rue Les Almohades; Tel. 0539 93 88 92; www.boutiquemajid.com) hat seltene marokkanische Antiquitäten, dazu Textilien, Holzarbeiten, Teppiche, Schmuck und Keramik aus dem ganzen Land. Das **Ensemble Artisanal** in der Kasbah (rue de Belgique; Tel. 0539 93 31 00) bietet das übliche marokkanische Kunsthandwerk. In Tanger gibt es Kunstgalerien; z. B. die führende kommerzielle Kunstgalerie der Stadt, die **Lawrence-Arnott Art Gallery** (68, rue Amr Ibn Ass; Tel. 0539 33 34 82). Sie verkauft auch Stiche, Bücher und Antiquitäten. Bei **Volubilis** (6, rue Sidi Boukoiya, nahe der Kasbah) finden Sie Kunsthandwerk und Mode aus Marokko. **Berber Tissage** in der Rue Sidi Ben Raissou in der Medina unterhalb des Bab el Assa verkauft schöne Decken, Kissenbezüge und gewebte Stoffe.

Das **Ensemble Artisanal** in Tétouan (Avenue Hassan I) bietet Kunsthandwerk aus der Gegend, besser sind die Souks in der Medina. Die Buden im **Souk el Houts** verkaufen traditionelle *foutas* – handgewebte Stoffe mit Streifen oder einfarbig braun. Bei der Weber-Kooperative gibt's den Wollstoff, der für *djellabas* verwendet wird. Im **Souk el Fouki** sollten Sie nach Holzschnitzern, Kupferschmieden und Lederverarbeitern Ausschau halten. In Chefchaouen sind Montag und Donnerstag gute Souk-Tage. Die Geschäfte in den Souks verkaufen marokkanisches Kunstgewerbe, darunter die handgewebten Stoffe, für die die Stadt bekannt ist.

In Ouezzane kann man gut Teppiche kaufen, vor allem im **Weber-Souk**. Während man hier handeln muss, gibt es Fixpreise im **Ensemble Artisanal** an der Place de l'Indépendance, an der donnerstags Basar gehalten wird. Bunt bemalte **Möbel**, ebenfalls im Souk zu finden, sind typisch für den Ort.

ANTIQUITÄTEN UND SCHMUCK

In der **Rue Touahin** in Tanger, die erste Straße, die hinter dem Grand Socco von der Rue es Siaghin abzweigt, bieten Juweliere interessanten Berberschmuck an, wirklich alte Stücke gibt's aber kaum.

PARFÜM

Die Familie Madini stellt seit 14 Generationen **Duftessenzen** und **Parfüms** her, ein Shop ist in der Medina (14, rue Sebou). Wenn Sie Zeit haben, können Sie sich ein Parfum zu einem Bruchteil des Originalpreises herstellen lassen. Auf dem boulevard Pasteur gibt es noch einen Laden.

LEBENSMITTEL

Auf dem **Marché Remla Kebira** (rue de Fès, Tanger, geöffnet 7–21 Uhr) kann man gut Gewürze und Trockenfrüchte einkaufen.

BÜCHER

Die **Librairie des Colonnes** (54, boulevard Pasteur, Tanger; Tel. 0539 93 69 55) führt französische und englische Bücher, darunter von Paul Bowles (► 30) übersetzte Romane aus Marokko.

Wohin zum ...
Ausgehen?

Veranstaltungen in und um Tanger stehen in *Les Nouvelles du Nord*, das freitags erscheint und in den meisten Restaurants und Hotels kostenlos erhältlich ist.

NACHTLEBEN

Das Nachtleben in Tanger ist nicht mehr das, was es einmal war, obwohl die **Strandbars** im Sommer die Massen anziehen. Touristen sollten sich an die Bars halten und den Strand meiden, denn dort kann es nachts gefährlich sein. Die meisten **Diskos** finden sich in den Straßen rund um die Place de France. Die lebhafteste ist der **555 Beach Club** an der Avenue Mohammed VI (Tel. 0678 18 10 85). Hierher kommen die Einheimischen, wenn sie abends ausgehen. Geboten wird orientalische Live-Musik. Das **Mondial** (gegenüber vom Hotel Solazure auf der Avenue des FAR) ist ein beliebter Treffpunkt der Wohlhabenden. Das **Tanger Inn** (16, rue Magellan, Tanger) ist eine großartige Bar. Dekoriert ist sie mit Bildern von William Burroughs, Allen Ginsberg und Jack Kerouac. Das **Dean's** (rue Amérique du Sud, Tanger) war eine weitere Unterkunft für Autoren und Künstler wie Francis Bacon und Tennessee Williams. Dean war im Zweiten Weltkrieg ein Spion.

Auch in Tétouan spielt sich das Nachtleben meist in Strandnähe ab. Die meisten Nachtclubs finden Sie in den Hotels in Cabo Negro, Mdiq und Restinga-Smir.

MUSIK, KINO UND THEATER

Die **Stierkampfarena** in Tangers Ville Nouvelle ist für Rockkonzerte umgebaut worden. Informationen zu Auftritten und Musikveranstaltungen gibt's im Touristenbüro (Tel. 0539 94 80 50). Im **Institut Français de Tanger** (86, rue de la Liberté; Tel. 0539 93 21 34) und in der **Légation Américaine** (➤ 107) finden regelmäßig Film-, Theater-, Tanzvorführungen und Ausstellungen statt.

Der beste Kinokomplex in Tanger ist das **Dawliz** (Istiraha Tourist Complex in der Rue d'Hollande). In Tétouan zeigen das **Ciné-Théâtre Espanyol** hinter dem place El Jalal und das **Avenida** (place el Agdal, bei der avenue 10 May) vor allem amerikanische und französische Filme. Das Tanjazz Festival (www.tanjazz.org) lockt jedes Jahr im Mai über 100 internationale Musiker nach Tanger.

SPORT

Der **Tanger Royal Golf Club** (Tel. 0539 94 44 84) in Boubana, einem Vorort von Tanger, und der **Cabo Negro Royal Golf Club** direkt bei Cabo Negro (Tel. 0539 97 83 03) haben gute Anlagen.

Reiter können für Ausflüge exzellente Pferde im **Club Équestre de l'Étrier** an der Straße nach Boubana mieten (Tel. 0539 93 48 84).

Die besseren Strandhotels und Clubs in Tanger, Tétouan, Cabo Negro, Mdiq und Restinga-Smir haben **Wassersportangebote** (Wasserski, Jetski, Surfen).

VOGELBEOBACHTUNG

In den Feuchtgebieten um Larache und an der Straße von Larache nach Tanger lassen sich Vögel beobachten. Besonders schön sind die Sümpfe um **Loukos** südöstlich von Larache an der Straße nach Ksar el Kébir. Ungefähr 175 km südlich von Tanger ziehen die Lagune von **Moulay Bousselham** und der unter Schutz stehende **Merdja Zerga** (Blaue Lagune) eine Vielzahl von Vögeln an. Führungen macht Hassan Dalil (Tel. 0668 43 41 10), ein professioneller Vogelkundler.

Königsstädte und Mittlerer Atlas

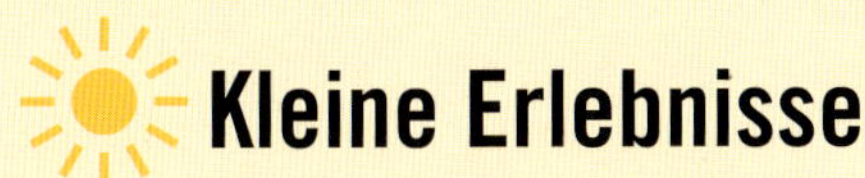

Kleine Erlebnisse

Kulinarische Mitbringsel

Am westlichen Ende der **Talâa Seghira** in Fès (➤ 128) finden sich viele Oliven- und Zitronenhändler, die beste Qualität verkaufen!

Speisen mit Ausblick

Einen tollen Blick auf die römischen Ruinen hat man von den Terrassen des Hotels **Volubilis Inn** (➤ 141), grandios bei Sonnenaufgang!

Eine neue Liebe?

Etwas Besonderes ist der Heiratsmarkt in **Imilchil** (➤ 139).

Erste Orientierung

Die Saïs-Ebene und die Königsstädte Fès und Meknès bilden das Herz Marokkos. Ihre Geschichte war lange Zeit gleichzusetzen mit der des ganzen Landes. Die fruchtbare, durch das Rif vom Mittelmeer und durch den Mittleren Atlas von der Sahara abgeschirmte Ebene versorgte die Städte reichlich mit Nahrung. Außerhalb der großen städtischen Zentren locken die Zedernwälder bei Azrou, romantische Seen, die herrlichen Wasserfälle der Cascades d'Ouzoud und andere Naturschönheiten.

Die Perle des Mittleren Atlas ist unbestritten Fès, das alte politische und administrative Zentrum und bis heute der religiöse und geistige Mittelpunkt des Landes. In der zum Unesco-Weltkulturerbe zählenden Medina stehen einige herausragende islamische Bauwerke. Die hier lebenden Fassi, in deren Adern andalusisches, tunesisches und Blut der Bérber fließt, haben stets auf eine eigene Identität gepocht und viele geistige und politische Führer des Landes hervorgebracht.

Im 17. Jh. verlegte Moulay Ismail die Hauptstadt von Fès nach Meknès; mit den Jahren jedoch sind seine gigantischen Bauprojekte zu eindrucksvollen Ruinen zerfallen.

Auch den Römern gefiel es in der Gegend. Sie bauten Volubilis, heute das bedeutendste römische Ruinenfeld in Marokko. Von hier ist es nicht weit zum Grabmal von Moulay Idriss, dem Gründer von Fès und weithin verehrten Heiligen.

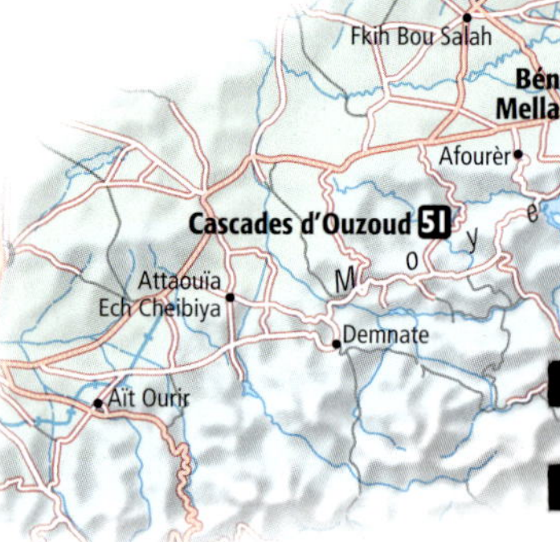

Eine Tour entlang der Befestigungsmauern von Fès ist ideal, um die Stadt kennenzulernen

Fès ist die am besten erhaltene mittelalterliche Stadt
der muslimischen Welt

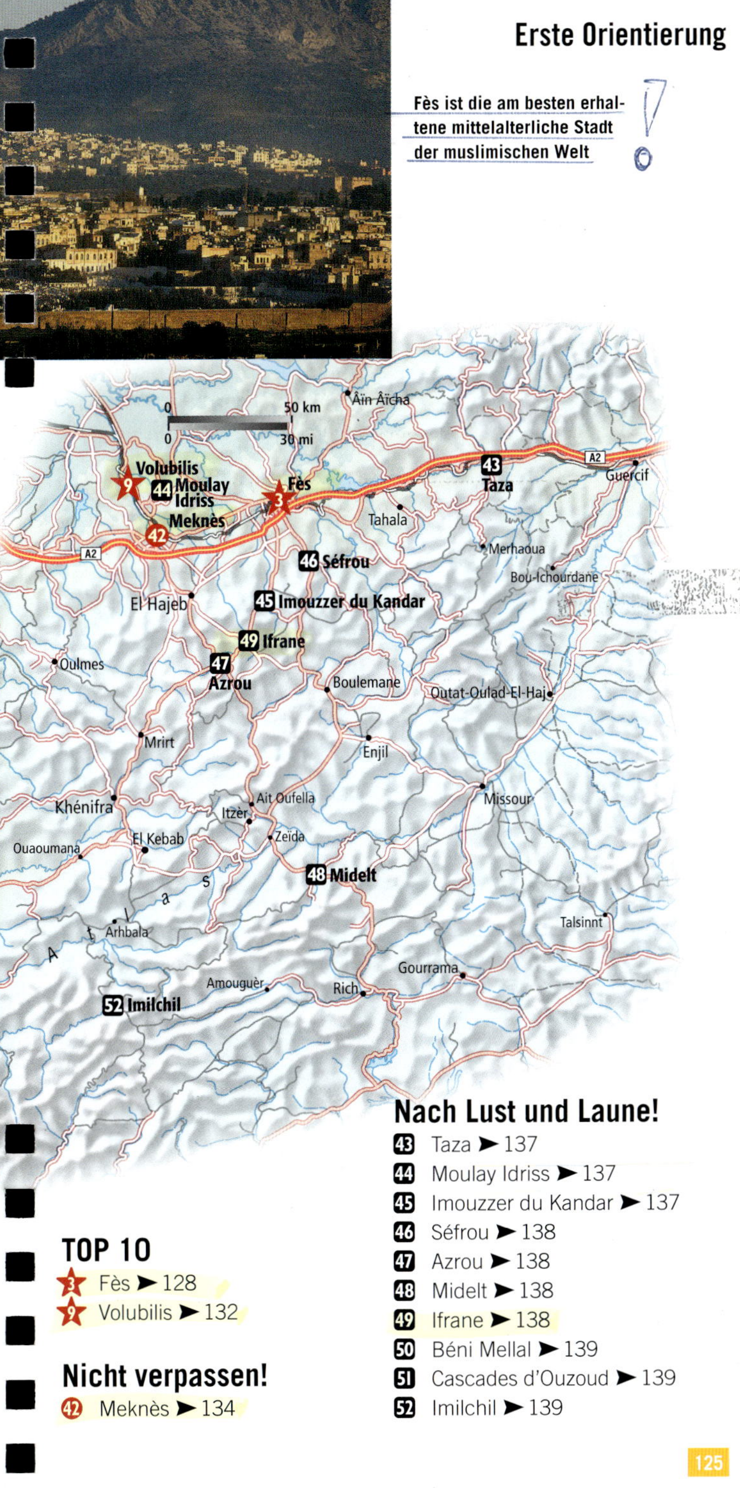

TOP 10

Nicht verpassen!

Nach Lust und Laune!

In fünf Tagen

Fünf Tage brauchen Sie mindestens, um die Königsstädte und die Sehenswürdigkeiten des Mittleren Atlas kennenzulernen. Folgen Sie unseren Tagesplanungen, damit Sie kein Highlight dieser Region verpassen. Weitere Informationen finden Sie unter den Haupteinträgen (➤ 128ff).

Erster Tag

Vormittags
Fahren Sie mit dem Taxi rund um Fès (➤ 128) und werfen Sie von oben, etwa von der Terrasse bei der **Nekropole der Mereniden**, einen Blick auf die Stadt. Fahren Sie zum **Bab Boujeloud** am Eingang der Medina und gehen Sie zum **Dar-Batha-Museum**. Schlendern Sie über die Rue Talâa Kebira (Rue du Grand Talâa) zur **Medersa Bou Inania**, weiter zur **Medersa Misbahiya** und zur **Medersa Attarin**. Kehren Sie mittags im Fez Café ein (➤ 142).

Nachmittags
Gehen Sie zur **Kairaouine-Moschee** und zum **Nejjarin-Komplex**, genießen Sie einen Tee im Café des **Musée Nejjarin**. Bummeln Sie durch die **Souks**, und kehren Sie zum Bab Boujeloud zurück.

Abends
Genießen Sie ein stilvolles Abendessen auf der Terrasse des Restaurants Al Fassia Palais Jamaï (➤ 142, Tisch reservieren!) mit Blick auf die Medina.

Zweiter Tag

Vormittags
Gehen Sie vom **Bab Jamaï** zum **Bab Guissa** und über die Rue Hormis zur Place Sagha. Weiter führt Sie Ihr Weg durch den **Souk der Juweliere** zur Medersa Attarin. Südlich der Medersa Es Seffarin erstrecken sich das **Färber-** und das **Gerberviertel** (rechts). Setzen Sie den Weg fort und gehen Sie ins **andalusische Viertel**, nehmen Sie dann ein Taxi zum Bab Boujeloud, um dort im Restaurant de la Kasbah zu Mittag zu essen.

Nachmittags und abends
Bummeln Sie durch **Fès el Jédid** und die *mellah* und essen Sie in einem der *riad*-Restaurants in der Medina zu Abend.

Dritter Tag

Vormittags
Nehmen Sie ein Sammeltaxi zum 65 km entfernten **44 Moulay Idriss** (➤ 137) und gehen Sie 4 km zu Fuß zu den Ruinenstätten von **9 Volubilis** (➤ 132). Essen Sie im nahe gelegenen Hotel Volubilis fangfrische Forellen – eine Spezialität des Hauses!

Nachmittags und abends
Fahren Sie nach **44 Moulay Idriss** (➤ 137) zurück, bummeln Sie durch die Medina, kehren Sie im Café am Hauptplatz ein, und kommen Sie zum Übernachten ins Hotel zurück.

Vierter Tag

Vormittags
Fahren Sie von Moulay Idriss mit dem Sammeltaxi 30 km nach **42 Meknès** (➤ 134) und besuchen Sie Sehenswürdigkeiten wie das **Mausoleum des Moulay Ismail**, das **Bab Mansour** und den **Heri es Souani**.

Nachmittags
Nach dem Mittagessen im Ryad Bahia (➤ 141) besuchen Sie das **Dar-Jamaï-Museum**, die **Medersa Bou Inania** und die **Souks**. Bummeln Sie durch die belebte Ville Nouvelle. Essen Sie im **Dar Sabrina wa Tourate** in der Medina (➤ 142).

Fünfter Tag

Vormittags
Fahren Sie 55 km südlich nach **47 Azrou** (➤ 138). Setzen Sie den Weg nach Süden auf der Straße nach Midelt fort und nehmen Sie nach 8 km die **Route Touristique des Cèdres**. In Aïn Leuh geht es links auf die S 303 zu den Wasserfällen von **Oum er Rbia**. Hier entspringt Marokkos größter Fluss; die Stelle ist ein beliebter Picknickplatz.

Nachmittags und abends
Nach Picknick und eventuellem Bad fahren Sie nach Norden zum schönen Berberdorf **45 Imouzzer du Kandar** (➤ 137), dann zur alten, von Mauern umgebenen Stadt **46 Séfrou** (➤ 138) und zurück nach Fès.

⭐**3** Fès

1,4 Mio. Einw.

Die älteste Königsstadt Marokkos ist die am besten erhaltene islamische Stadt der arabischen Welt. Fès hat sogar zwei Medinas: Fès el Bali und Fès el Jedid. Fès el Bali ist die ultimative Medina, sie wurde 1981 zum Weltkulturerbe der Unesco erklärt. Das Labyrinth aus Straßen und Gassen, von denen einige weniger als 60 cm breit sind, ist zunächst verwirrend. Jedoch kann man sich hier wunderbar die Zeit vertreiben und hinter jeder Ecke liegt eine neue Sehenswürdigkeit.

Gründer von Madinat Fès war um 790 Moulay Idriss I., doch erst sein Sohn Idriss II. schuf die große arabische Stadt mit Stadtvierteln für die Muslime aus Córdoba (andalusische Viertel), für die tunesischen Araber im Kairaouineviertel und für die jüdische Gemeinde. Ohne die urbane Kultur und die künstlerischen Traditionen der Fremden hätte Fès wohl nie eine solche Größe erreicht.

Ende des 11. Jhs. ließ der Almoravidenprinz Youssef ben Tachfine um beide Teile der Stadt eine gemeinsame Mauer bauen. Fès wuchs unter den Almohaden und erlebte sein Goldenes Zeitalter im 13. und 14. Jh. unter den Meriniden.

Fès el Bali

Einen Überblick über die Stadtanlage verschafft man sich am besten von der Terrasse in der Nähe der zerfallenden **Nekropole der Meriniden** oder von der Festung **Borj Nord**, beide auf Hügeln oberhalb der Medina gelegen. Die Festung beherbergt ein kleines Waffenmuseum. Der Haupteingang zur alten Medina Fès el Bali ist das **Bab Boujeloud**, ein 1913 erbautes Tor. Im **Dar Batha**, einem Gebäude im maurischen Stil mit ruhigem Innenhof, können Sie sich eine Volkskunst-Ausstellung anschauen, die zu den interessantesten in Marokko gehört: Teppiche, *zellij*, ausgezeichnete Keramik und Kalligrafie sind hier zu bewundern. Zwei Hauptstraßen führen vom Tor zum **Souk el Attarin**, die **Talâa Seghira** (Rue du Petit Talâa) und die interessantere **Talâa Kebira** (Rue du Grand Talâa). Hier steht die großartige **Medersa Bou Inania**, erbaut im 14. Jh. vom Meriniden-Sultan Abou Inan, von dem es heißt, er habe sich mehr für Sex und Mord interessiert als für die Religion. Der Legende nach sollen die religiösen Führer der Kairaouine-Moschee ihm empfohlen haben, seine *medersa* – wenn überhaupt – auf einem Müllhaufen zu errichten. Der Sultan entschied daraufhin, dass seine *medersa* noch schöner und bedeutender werden solle als die Kairaouine-Moschee. Zumindest für kurze Zeit wurde sein Wunsch erfüllt, denn der einfache und zugleich prächtige Bau wurde zur wichtigsten religiösen Stätte in Fès. Der kunstvolle Stuck, die Kacheln und das Schnitzwerk sind gut erhalten.

Gegenüber der *medersa* findet sich Bou Inanias **Glockenspiel**, das sehr genau geht, auch wenn niemand

Stand mit Haushaltswaren in einem Souk von Fès

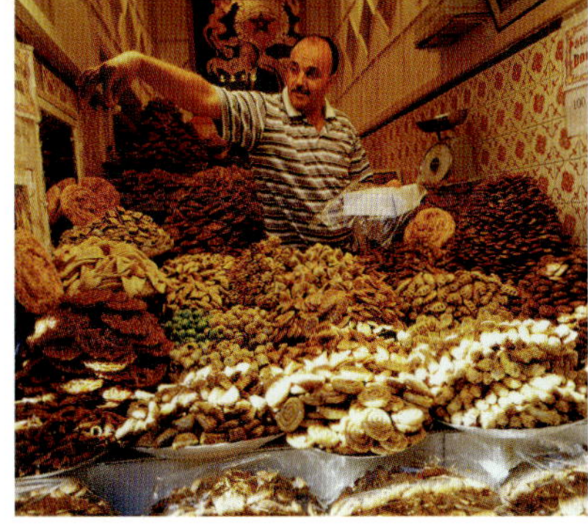

weiß, warum. Im weiteren Verlauf der Straße gibt es etliche *fondouks* (Karawansereien) – insgesamt soll es in der Stadt einmal 200 gegeben haben. In der Rue ech Cherabliyyin sollen die besten *babouches* (Lederpantoffeln) von Marokko zu haben sein. Im **Souk el Attarin** (Gewürzmarkt) im Herzen der alten Medina wurden früher die kostbarsten Waren – feine Stoffe, Seidengarne und Schmuck – verkauft.

Ein Straßenverkäufer im Souk von Fès bietet bei der Patisserie Dounia verführerische Desserts an

Die **Kairaouine-Moschee** wurde im 9. Jh. von Fatima el Feheri, der frommen Tochter eines reichen Kaufmanns aus Fès, gegründet. Die Moschee war die größte des Landes, bevor Ende des 20. Jhs. die Hauptmoschee Hassans II. in Casablanca eröffnet wurde. Die Kairaouine-Moschee erhebt den Anspruch, die älteste Universität der Welt zu sein und spielt im religiösen Leben Marokkos bis heute eine führende Rolle. Für Nichtmuslime ist die Moschee kaum sichtbar, denn ihr Äußeres ist von anderen Gebäuden verborgen und das Innere ohnehin tabu. Ebenfalls nur Muslimen zugänglich ist ein weiteres bedeutendes Heiligtum der Stadt, die ***zaouia*** und **Grabstätte von Moulay Idriss II.** Die **Place Nejjarin** mit dem schönen Brunnen wird vom ***Fondouk* Nejjarin** (18. Jh.) mit dem **Musée Nejjarin** beherrscht, in dem Holzschnitzereien und Werkzeuge ausgestellt sind. Die **Medersa el Attarin** (14. Jh.) reicht in Bezug auf ihre Schönheit und feinen Dekor an die Bou Inania heran und bietet zudem vom Dach aus einen schönen Blick. Nahe der Place es Seffarin erstreckt sich der bunte **Souk Sebbaghin** (Färber-Souk), gegenüber liegen die stinkenden,

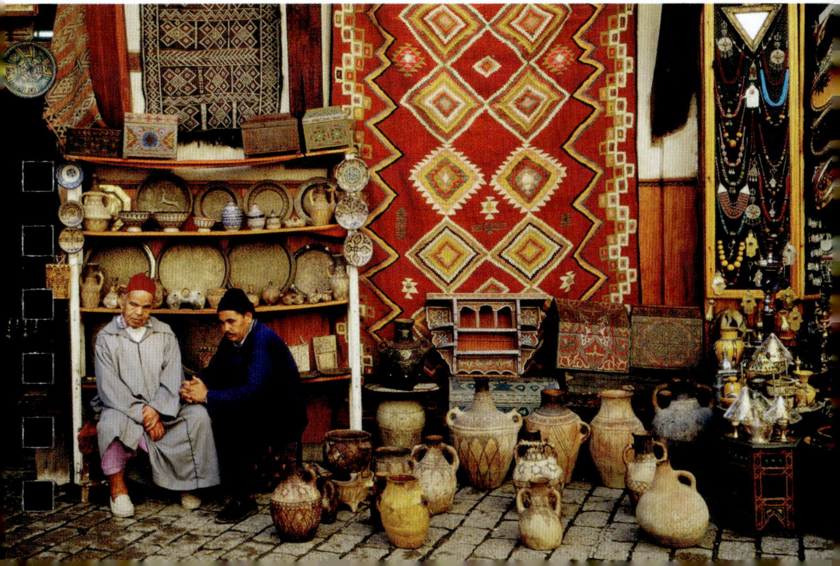

aber faszinierenden **Gerbereien**, die man sich am besten von einer Dachterrasse aus anschaut.

Andalusisches Viertel

Das andalusische Viertel hat keine Souks oder bedeutende Sehenswürdigkeiten zu bieten, ist aber – da sich weniger Touristen hierhin verirren – vielleicht das authentischere Fès. Zu den Höhepunkten gehören die **Moschee el Andalous** mit ihrem eleganten Innenhof. Sie wurde im 9. Jh. von Myriem, der Schwester der Erbauerin der Kairaouine, gestiftet und im 13. Jh. von den Almohaden weitgehend neu erbaut. Die **Medersa es Sahrij**, ein im Verfall begriffenes Kleinod aus der Merinidenzeit, wird in Teilen noch als Unterkunft für Koranschüler genutzt.

Fès el Jédid

Das »neue Fès« ist beileibe nicht neu, sondern wurde von den Meriniden im 13. Jh. erbaut. Auf dem Hof **Petit Méchouar** hatten einst wie auf dem Djemaa el Fna in Marrakech Schausteller ihre Bühne. Auf einer Seite befindet sich ein früherer Eingang zum **Königspalast** (Dar el Makhzen; nicht öffentlich zugänglich).

Die **Grande Rue des Mérinides** führt durch die *mellah*, das jüdische Viertel, mit Synagogen, Friedhöfen, verlassenen Häusern (18. und 19. Jh.) und einigen weniger touristischen Souks. Die meisten Juden haben Marokko nach der Gründung Israels 1948 bzw. nach der Suezkrise 1956 verlassen, als es eine starke antijüdische Stimmung in der arabischen Welt gab. In der unter den Franzosen erbauten **Ville Nouvelle** finden sich einige Hotels und Restaurants, sie ist aber sonst kaum von Interesse.

KLEINE PAUSE

Genießen Sie den Blick vom Garten des hoch gelegenen Hotels **Palais Jamaï** (➤ 141). Zum Verweilen laden auch die Caféterrasse des **Musée Nejjarin** und das kulturelle Zentrum **Fès Hadara** (24, Oued Sourafine, Douh in Fès el Bali; Tel. 0535 74 02 92) mit großem Garten ein.

Die großen, prunkvollen Eingangstore zum Königspalast in Fès el Jédid

Zur *zaouia* von Moulay Idriss II. pilgern vor allem schwangere Frauen und Jungen, denen die Beschneidung bevorsteht	✚ 190 C4 ✉ Tourismusbüro: Place de la Resistance, Ville Nouvelle ☎ 0535 62 34 60 🚌 Busse von allen größeren Städten 🚆 Züge von Casablanca, Tanger, Rabat, Marrakech und Meknès

Waffenmuseum Borj Nord
✉ nahe dem Hotel des Mérinides ⊕ Mi–Mo 8.30–12, 14.30–18 Uhr
🚌 Bus 20 von der place de Florence ✋ 10 DH

Medersa Bou Inania und weitere Medersas
✉ Talâa Kebira, Fès el Bali ⊕ tägl. 8.30–12 Uhr; freitags zu Gebetszeiten geschl. ✋ 20 DH

Musée Nejjarine
✉ place en Nejjarine ☎ 0535 74 05 80 ⊕ tägl. 10–17 Uhr ✋ 20 DH

Dar Batha
✉ place de Istiqlal ☎ 0535 63 41 16 ⊕ Mi–Mo 8.30–16.30 Uhr; Di geschl. ✋ 20 DH

BAEDEKER TIPP

- Wenn Sie der Trubel in der Medina überwältigt, machen Sie den **ersten Gang mit einem offiziellen Stadtführer** des Touristenbüros.
- Besichtigen Sie die Medina vom Borj Sud in den frühen Morgenstunden oder vom Borj Nord oder dem Palais Jamäi am Abend, wenn die Altstadt von Tausenden von **kleinen Lichtern** beleuchtet wird.
- Probieren Sie die Spezialitäten der **Fassi-Küche**, etwa *choua* (gekochten Hammel mit Kreuzkümmel), mit Mandeln, Grieß und Rosinen gefüllten Hammel oder *tajine* mit Artischockenherzen. Da diese Gerichte eine lange Zubereitungszeit haben, sollten Sie sie schon 24 Stunden vorher bestellen.

 Volubilis

Die gut erhaltene römische Siedlung Volubilis liegt in der fruchtbaren Landschaft am Fuß des Jebel Zerhoun und gehört zu den schönsten archäologischen Stätten des Landes. Die Berber nennen sie »Oualili«, nach dem Oleander, der in der Nähe im meist trockenen Flussbett blüht. Eine Führung zu den Highlights des Ruinenfelds dauert etwa eine Stunde, es lohnt sich aber, einige Stunden für die Besichtigung anzusetzen.

Das Gelände reicht über den Fertassa-Fluss, wobei der Eingang auf der einen und die meisten Sehenswürdigkeiten auf der anderen Seite liegen. Die römischen Villen teilen sich in öffentliche und private Räume und sind nach ihren Mosaiken benannt. Die größte ist das **Haus des Orpheus**, dessen Mosaiken Orpheus mit Leier, Delphine und die Meeresgöttin Amphitrite zeigen. Die **Gallienus-Thermen** daneben sind 1000 m² groß.

Das **Forum** beherrschen die Kolonnaden der **Basilika**, eine Gerichtshalle aus dem 3. Jh., und das erhöht stehende **Kapitol** mit eleganten korinthischen Säulen. Es ist den Göttern Jupiter, Juno und Minerva geweiht. Nördlich davon gelangt man zum **Haus des Desultor** und zu den mit 1500 m² größten **Bädern** der Stadt, die wohl Kaiser Hadrian

Blick über den Wohnbezirk von Volubilis und die umgebende Landschaft

Der eindrucksvolle Triumphbogen; das Baumaterial (Zerhoun-Stein) stammt aus der Gegend

VOLUBILIS IM LAUF DER JAHRHUNDERTE

Die ursprüngliche Berbersiedlung nahm Caligula 45 n. Chr. ein. Als entlegener Außenposten des Römischen Reiches blühte die Stadt im 2. und 3. Jh. auf. Doch die Berber kehrten Ende des 3. Jhs. zurück. Als im 7. Jh. die Araber kamen, lebten hier Latein sprechende Berber, Juden und Syrer zusammen. Volubilis' Niedergang begann nach der Gründung der Vorläufersiedlung von Fès durch Moulay Idriss (➤ 128), doch es blieb in gutem Zustand, bis Moulay Ismail (➤ 134) den Marmor für das neu gegründete Meknès plünderte. Weitere Schäden verursachte das heftige Erdbeben von Lissabon 1755.

erbaute. Der **Triumphbogen** wurde 217 zu Ehren Kaiser Caracallas und seiner syrischen Mutter Julia Domna errichtet. Er war einst von einer sechsspännigen Kutsche gekrönt, aus Nymphen ergoss sich Wasser in Marmorbecken. Weitere Villen säumen den **Decumanus Maximus**, an dessen Ende der **Gordianuspalast** und das **Haus der Venus** mit herrlichen Mosaiken stehen. Dort wurden die schönen Büsten des Berberkönigs Juba II. und des Cato gefunden (➤ 82).

KLEINE PAUSE

Das Hotel **Volubilis Inn** (Tel. 0535 54 44 05) ganz in der Nähe hat ein sehr schönes Restaurant mit großer Terrasse und leckerem Essen. In und um Volubilis kann man gut **picknicken**.

✚ 190 C4
✉ 31 km nördlich von Meknès
🕐 tägl. 8–17.30 Uhr (im Sommer bis 18 Uhr)
🚌 von Meknès nach Moulay Idriss, dann Sammeltaxi nach Volubilis
✋ 50 DH

BAEDEKER TIPP

- Die archäologische Stätte misst fast 800 mal 600 m und bietet **kaum Schatten**. Sie sollten Sonnenschutzmittel auftragen, eine Kopfbedeckung tragen und genügend Wasser dabei haben.
- **Meiden Sie die Mittagshitze** und gehen Sie den mittäglichen Gruppenführungen aus dem Weg. Morgens und abends haben Sie besseres Licht zum Fotografieren.
- Die Sehenswürdigkeiten sind beschriftet; Pfeile zeigen einen **Rundweg** an.

Außerdem: Die wichtigsten Funde aus Volubilis, darunter einige Bronzestatuen, sind im **Archäologischen Museum in Rabat** ausgestellt.

42 Meknès

Meknès, einst der Stolz von Marokkos gefürchtetstem Herrscher, ist heute eine betriebsame Provinzstadt. Neben einer faszinierenden Medina locken die Bauten Moulay Ismails, mit denen er in Konkurrenz zu den Hauptstädten Europas treten wollte – ein Erbe aus Marmor und Blut.

In einer fruchtbaren Gegend mit ausreichend Wasser gründete der Nomadenstamm der Meknassa im 10. Jh. die nach ihm benannte Stadt. Die Almohaden und Meriniden schmückten Meknès mit Moscheen und *medersas*, doch es blieb weiterhin eine kleine Provinzstadt, bis König Moulay Ismail sie zu seiner Hauptstadt erhob. Als Bewunderer des französischen Sonnenkönigs Ludwig XIV. war ihm an einer engen Zusammenarbeit Marokkos mit Frankreich gelegen. Seine Begeisterung für die Architektur manifestierte sich in riesigen Palästen, Moscheen und Stadtmauern. Für die Bauwerke wurde auch Marmor aus Volubilis (► 132) und vom El-Badi-Palast (► 64) in Marrakech entwendet. Bald nach seinem Tod (1727) begann die Traumstadt zu verfallen. Sie wurde von seinen Nachfolgern geplündert und erlitt Schäden beim Erdbeben von Lissabon 1755. Seit die Stadt 1996 zum Weltkulturerbe ernannt worden ist, wurden zahlreiche Renovierungsmaßnahmen begonnen.

Die **Place el Hédim** erstreckt sich zwischen Medina und Ville Impériale. Das imposante **Bab Mansour** hat Keramikfliesen und antike Säulen aus Volubilis. Die weiträumige **Place Lalla Aouda** direkt hinter dem Tor ist ein beliebter Treffpunkt. Sie fungierte einst als Prozessionsplatz vor dem **Dar el Kébira**, dem Hauptpalast Moulay Ismails, der aus 24 Einzelgebäuden, Gärten und Moscheen bestand. Das meiste wurde von seinem Sohn zerstört. Ein Tor an der Südwestecke des Platzes führt zum Pavillon **Qoubbet el Khiyatîn**, in dem Ismail ausländische Gesandte empfing.

Durch den linken Torbogen geht es zum **Mausoleum des Moulay Ismail**, einem verehrten Pilgerziel. Der Innenhof, der einzig zur Besichtigung offensteht, weist ein exquisites, unter König Mohammed V. restau-

Die von einer Mauer umgebene Medina von Meknès

GRAUSAMER SULTAN

Der brutalste Herrscher von Marokko war Moulay Ismail, der von 1672 bis 1727 regierte. Er soll einen Harem mit über 500 Frauen gehabt haben, die ihm 700 Söhne und ungezählte Töchter gebaren. Sie alle standen unter der Knute seiner gesetzmäßigen Ehefrau Sultana Zidana. Für die geplante neue Hauptstadt brauchte er rund 50 000 Sklaven. Wie es heißt, soll der Sultan, wenn er mit der Arbeit eines Sklaven nicht zufrieden war, diesem mit einem Stein den Kopf eingeschlagen oder ihm die Kehle durchgeschnitten haben.

Mausoleum des Moulay Ismail

riertes Dekor auf. Gegenüber steht der **Dar el Makzen**, ein »kleiner« Königspalast. Sehenswert ist der **Heri es Souani** (oder Dar el Ma), ein riesiger Getreidespeicher. Das **Bassin de l'Agdal**, das einst Paläste und Gärten mit Wasser versorgte, ist heute ein beliebter Picknickplatz.

Das **Dar-Jamaï-Museum** (19. Jh.) auf der anderen Seite der Place el Hédim lockt mit einer Ausstellung marokkanischer Volkskunst und einem stillen andalusischen Garten. Die Hauptstraße des Souk, die **Souk es Sebbat**, führt zur **Medersa Bou Inania** (14. Jh.), die zu den schönsten des Landes zählt. Der *marabout* des Sidi Mohammed Ben Aïssa (nur für Muslime) jenseits des Bab el Berdain ist am Vorabend des *mouloud* (Geburtstag des Propheten Mohammed) Schauplatz eines *moussem*, das in ganz Marokko bekannt ist.

KLEINE PAUSE

Die vielen kleinen Cafés rund um die Place el Hédim laden zur Pause ein. Von hier aus kann man gut das marokkanische Leben beobachten. Oder gehen Sie zum Mittagessen ins **Dar Sabrina**, ein kleines *riad*-Restaurant in der Altstadt mit sehr gutem Essen (Tel. 0535 55 52 17; https://fr-facebook.com/pages/DAR-Sabrina-WA-Tourate-Meknes/1013023465590373). Am späten Nachmittag oder am Abend können Sie in der geschäftigen **Ville Nouvelle** das moderne **Café-Glacier Le Rex** ausprobieren (1, place de la Mauretanie; Tel. 0535 52 14 40), wo junge Einheimische sich zu Obstsäften und Kuchen treffen.

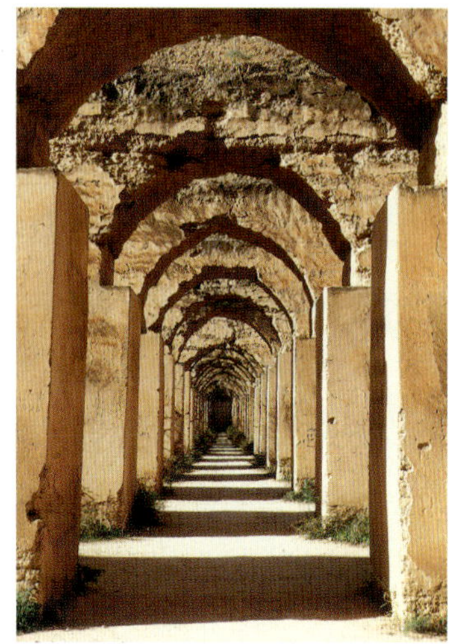

✚ 190 C3 🚌 Busse von Fès, Tanger, Rabat, Ouezzane und Chefchaouen
🚆 Züge von Fès, Tanger, Rabat, Oujda und Taza

Tourismusbüro
✉ Place Administrative; www.meknes.net.ma ☎ 0535 52 47 61 Dar el Ma
✉ Imperial City 🕒 tägl. 8.30–12, 15–19 Uhr

Koubbet el Khiyatîn
✉ Bab Fillala, bei place Lalla Aouda 🕒 tägl. 9–12, 15–18.30 Uhr ✋ frei

Mausoleum des Moulay Ismail
✉ Imperial City 🕒 tägl. 9–12, 15–18 Uhr; Fr. morgens geschl. ✋ frei

Dar-Jamaï-Museum
✉ Place el-Hedime ☎ 0535 53 08 63 🕒 Mi–Mo 9–17 Uhr ✋ 10 DH

Medersa Bou Inania
✉ Rue Sebat, Medina 🕒 tägl. 9–12, 14–18 Uhr ✋ 10 DH

Gestüt Haras
✉ südlich von Agdal, an der Straße nach Azrou ☎ 0535 53 07 53 🕒 Mo–Fr 9–11, 15–16 Uhr 🚌 Busse 14, 15 und 16 von der Ville Nouvelle ✋ frei

In der Ville Impériale hinterlassen die riesigen Getreidespeicher des Heri es Souani den nachhaltigsten Eindruck

BAEDEKER TIPP

- Offizielle Führer warten in der Nähe des Bab Mansour, doch sowohl die Medina als auch die Ville Impériale lassen sich **gut allein erkunden**.
- In der *kissaria*, dem Schneider-Viertel der Souks, gibt es schöne Stoffe, die qualitativ besser sind als diejenigen in der *kissaria* von Marrakech.
- Direkt vor der Stadt befindet sich das **Gestüt Haras**, in dem einige der wertvollsten Araberpferde und Maultiere gehalten werden (▶ 144).

Nach Lust und Laune!

43 Taza

Die Medina von Taza schmiegt sich an den Rand eines Plateaus und überblickt den strategisch wichtigen Pass zwischen Rif und Mittlerem Atlas, einst Einfallstor für zahllose Invasionen. Die Neustadt liegt jenseits des Tals auf einem niedrigeren Plateau. Ein Spaziergang durch die charmante Medina führt durch teilweise überdachte Souks und das Qissariyat in der Nähe der Mosquée du Marché (Marktmoschee).

✚ 191 D4 ✉ 120 km östlich von Fès 🚌 Busse von Fès, Oujda und Nador 🚆 Züge von Fès, Oujda, Meknès und Casablanca

44 Moulay Idriss

Moulay Idriss ist nicht nur der heiligste Ort in Marokko, sondern dank der Lage am Hang des Zerhoun-Massivs auch einer der malerischsten. Obwohl das Grab des namensgebenden Stadtgründers Nichtmuslimen verschlossen ist (diese dürfen auch erst seit Kurzem in einer der wenigen gemütlichen Bed & Breakfast-Pensionen im Dorf übernachten), lohnen die hübschen Gassen und engen Straßen einen Besuch, besonders in Verbindung mit dem nahen Volubilis (➤ 132). Nachdem Moulay Idriss I., ein *sherif* (Nachfahr des Propheten Mohammed), aus Mekka geflohen war, bekehrte er die Aouraba-Berber in Volubilis und gründete im 8. Jh. das erste muslimische Königreich, weshalb er auch als »Vater Marokkos« verehrt wird. Im August versammeln sich hier Pilger aus ganz Marokko zum größten *moussem* des Landes. Der Glaube besagt, dass fünf Pilgerreisen zu diesem Schrein einer *hadsch* (Pilgerreise) nach Mekka entsprechen.

✚ 190 C4 ✉ 30 km nördlich von Meknès 🚌 Busse von Fès und Meknès

Das malerische Moulay Idriss, benannt nach dem »Vater Marokkos«

45 Imouzzer du Kandar

👪 Im Sommer kommen die Fassi mit Kind und Kegel in das Berberdorf, um die kühle Bergluft, die Parks, schattigen Straßen und den Pool mit Quellwasser zu genießen. Montags halten in der verfallenen Kasbah die Aït Seghrouchen einen Souk ab, ein Stamm, der für seine unterirdischen Höhlenwohnungen bekannt ist. Im Osten führt ein Pfad aus der Stadt heraus zum Wachturm von Jebel Abad und zum Gipfel mit fantastischer Aussicht.

✚ 190 C3 ✉ 40 km südlich von Fès 🚌 Busse von Fès und Marrakech

Königsstädte und Mittlerer Atlas

46 Séfrou

Die alte ummauerte Stadt an den Ausläufern des Mittleren Atlas hat eine idyllische kleine Medina, die zum Bummeln einlädt. In Séfrou gab es einmal eine einflussreiche jüdische Gemeinde, auch wenn Moulay Idriss I. (► 128), der von Mekka kam, hier viele Berber und Juden zum Islam bekehrte. Zu Fuß von der Medina und der *mellah* aus erreichbar, stößt man in den Hügeln ringsum auf etliche Quellen und Wasserfälle.

✚ 190 C3 ✉ 28 km südlich von Fès
🚌 Bus von Fès

47 Azrou

Der Reiz des Städtchens mit den weiß getünchten und grün gedeckten Häusern liegt vor allem in seiner Ruhe. Es wurde am Knotenpunkt zweier wichtiger Routen (von Meknès nach Tafilalt und von Fès nach Marrakech) erbaut. Hier findet der Hauptmarkt für den halbnomadischen Berberstamm der Beni Mguild statt. Im Winter ziehen die Berber mit den Herden in tiefere Regionen, während sie den Sommer weit oben im Bergwald verbringen. Die Stadt ist Ausgangspunkt für Wanderungen in die Zedernwälder der Umgebung. 👫 Vor allem die kleinen Berberaffen, die hier frei leben, machen kleinen und großen Besuchern viel Freude.

✚ 190 C3 ✉ 80 km südlich von Fès 🚌 Busse von Meknès, Fès, Midelt, Ifrane und Casablanca

48 Midelt

Midelt, eine freundliche Stadt mit Chalets im französischen Kolonialstil am Fuß des Jebel Ayachi, lädt zum Stopp auf dem Weg vom Mittleren in den Hohen Atlas ein. Von hier aus kann man Wanderungen unternehmen und im Winter Ski fahren. Die Berber in den Dörfern ringsum fertigen hübsche Teppiche und Stickereien, die in der von Franziskanerinnen gegründeten Kasbah Myriem (Atelier de Tissage) nahe Midelt verkauft werden. Etwa 25 km außerhalb Midelts führt die Straße 3419 durch eine eindrucksvolle Schlucht am Oued Moulouya.

✚ 190 C2 ✉ 125 km südöstlich von Azrou

Atelier de Tissage

✉ Kasbah Miriem, auf dem Weg nach Tataouine (Rd. 3418) ☎ 0664 44 73 75
🕐 tägl. außer Fr, So und im Aug.

49 Ifrane

Besucher, die Ifrane vor der Bergkulisse des Mittleren Atlas zum ersten Mal sehen, haben fast das Gefühl, in der Schweiz zu sein. Die Franzosen erbauten Ifrane in den 1930er-Jahren als Skiort. Der Ort wirkt fast surreal und ist ein idealisiertes Resort mit rot gedeckten Häusern und gut gepflegten Parks im alpinen Stil, in dem die reichen Bürger von Fès an Winterwochenenden Ski fahren. Eine weitere Attraktion der Stadt – wenn auch nicht für ausländische Touristen – ist die in den 1990er-Jahren von dem verstorbenen König Hassan II. und dem saudischen König Fahd gegründete Al-Akhawayn Universität, in der reiche Marokkaner auf Englisch unterrichtet werden. Wenn Sie ein eigenes Fahrzeug haben, können Sie von Ifrane aus eine Tagestour um den See Dayet Aoua und ein schönes Picknick machen.

✚ 190 C3 ✉ 85 km südlich von Fès 🚌 Busse von Rabat, Casablanca, Meknes, Fès und Béni Mellal

Die hübsche alte Stadt Midelt in den Bergen des Atlasgebirges

Die Wasserfälle der Cascades d'Ouzoud sind ein beliebtes Ausflugsziel der Marokkaner

50 Béni Mellal

Béni Mellal an der Straße von Fès nach Marrakech ist dank der vielen Quellen und der Lage in der Nähe des Stausees Bin-el-Ouidane eine angenehm grüne Stadt. Sie ist von Olivenhainen und Zitrusplantagen umgeben; von den Orangen heißt es, sie seien die besten in Marokko. Der älteste und schönste Teil der Stadt liegt innerhalb der Kasbah Bel Kush, erbaut von Moulay Ismail im 17. Jh., im 19. Jh. jedoch nahezu komplett umgestaltet. Die kräftig sprudelnde **Aïn Asserdoun** (Maultier-Quelle) 3,5 km südlich der Stadt bewässert die Obstgärten und den angrenzenden Garten. Die restaurierte Kasbah Ras el Aïn (ca. 1 km weiter) bietet einen wundervollen Blick auf die Stadt.

✚ 190 B2 ✉ 190 km südlich von Marrakech 🚌 Busse von Fès, Marrakech, Rabat und Azilal

51 Cascades d'Ouzoud

Die viel besuchten, 110 m hohen Wasserfälle gehören zu den schönsten Naturschauspielen in Marokko. Bewundern Sie die Wasserkaskaden, die durch einen Regenbogen in die Tiefe stürzen, von einem Vorsprung nahe dem Café Imouzzer aus. 👫 Die Umgebung bezaubert mit roten Kliffs, Oleander, Tauben und Affen, die sich füttern lassen – ein Spektakel für die ganze Familie. Insbesondere an Wochenenden und im Sommer kann es hier überlaufen sein.

✚ 190 A2 ✉ 120 km südwestlich von Béni Mellal 🚌 Sammeltaxis und Busse von Béni Mellal

52 Imilchil

Im Herzen des Hohen Atlas, in einer ebenso abgelegenen wie spektakulären Landschaft, liegt dieser reizvolle Ort, bekannt vor allem durch seinen berühmten Heiratsmarkt. Der Berberstamm der Aït Haddidou trifft sich hier immer Ende August oder Anfang September, um das Fest eines Lokalheiligen zu feiern. Zugleich wird die Zusammenkunft genutzt, um Ehen zu schließen, sich scheiden zu lassen oder den Partner fürs Leben kennen zu lernen. Es ist ein aufregendes Ereignis mit Gesang, Tanz und Aufführungen. Für die Touristen findet inzwischen eine eigene Veranstaltung statt, die Berber selbst feiern unter sich. Das Datum wird übrigens erst in letzter Minute bekanntgegeben. Fragen Sie im marokkanischen Tourismusbüro (➤ 182) nach dem genauen Datum.

✚ 190 B2 ✉ 45 km nordwestlich von Agoudal 🚌 *grand taxi* von El Ksiba oder im Mietwagen

---

👫 **DIE BESTEN PICKNICKPLÄTZE**

- Cascades d'Ouzoud (➤ siehe oben)
- Volubilis (➤ 132)
- Teiche bei **Imouzzer du Kandar** (➤ 137)
- **Heri es Souani** und **Bassin de l'Agdal**, Meknès (➤ 134)
- Hügel außerhalb von **Séfrou** (➤ 138)

Wohin zum ...
Übernachten?

Preise
für ein Doppelzimmer pro Nacht (inkl. Frühstück und Steuern):
€ unter 600 DH   €€ 600–1600 DH   €€€ über 1600 DH

AZROU

Amros €€

Ein in herrlicher Landschaft gelegenes Berghotel und idealer Ausgangspunkt für Wanderungen im Mittleren Atlas. Die Zimmer sind etwas abgewohnt, aber akzeptabel.
✚ 190 C3 ✉ 6 km südlich von Azrou an der Straße nach Meknès ☎ 0535 56 49 18

CASCADES D'OUZOUD

Riad Cascades d'Ouzoud €–€€

Das charmante *riad* hat sieben Zimmer im Berber-Stil. Auf der Terrasse und im Salon können Sie entspannen und abends schlafen Sie beim Plätschern der Wasserfälle ein. Im Preis inbegriffen ist ein köstliches Frühstück, die Küche serviert marokkanische Gerichte.
✚ 190 A2 ✉ Nahe dem Parkplatz der Cascades d'Ouzoud ☎ 0523 42 91 73; www.ouzoud.com

FÈS

In Fès übernachten Sie in oder nahe der Medina. Verschiedene *riads* finden Sie auf www.fesriad.com.

Dar Seffarine €€

Dieses herrliche *riad* liegt im Zentrum von Fès el Bali. Es hat einen alten *zellij* und ist mit geschnitztem Holz geschmückt. Die sechs hellen Zimmer sind hübsch und komfortabel eingerichtet. Gutes Preis-Leistungsverhältnis – empfehlenswert.
✚ 190 C4 ✉ 14 derb Sbaa Louyate, Seffarine, medina Fès
☎ 0671 11 35 28; www.darseffarine.com

La Maison Bleue €€€

In dieses *riad* (frühes 20. Jh.) gelangt man durch einen Torweg, der von einem belebten Platz abgeht. Innen ist es ruhig. Von den mit Antiquitäten möblierten Suiten blickt man auf einen blau-weiß gekachelten Innenhof oder die Medina. Das Restaurant in einem schönen Salon serviert *pastilla*, *tajine* und Couscous. An den Fassi-Abenden (mit einem Festpreis-Menü inklusive Dessert und Wein) wird klassische *oud*- oder Gnaoua-Musik live gespielt. Die Eigentümer betreiben in der Nähe noch ein sehr exklusives *riad* mit Pool: das Riad Bleue.
✚ 190 C4 ✉ 2, place de l'Istiqlal
☎ 0535 74 18 43; www.maisonbleue.com

Riad Attarine €€

Am Rande der Altstadt liegt dieses alte Stadthaus, heute ein zauberhaftes *riad*. Mme. Salima, die Besitzerin, führt es mit Liebe und Professionalität und hat jedes der fünf Zimmer individuell eingerichtet. Sie sind geräumig und haben hohe Decken, die Aufgänge zu den oberen Stockwerken sind eng, aber typisch für diese Häuser. Abends kann man im großen Innenhof neben dem Brunnen ein gemeinsames, außergewöhnlich gutes Abendesen genießen.
✚ 190 C4 ✉ Bouajjara, Bab el Djedid
☎ 0535 63 50 34; www.riadattarine.com

Riad Fès €€€

Das Riad Fès ist das größte *riad* und das prächtigste Boutiquehotel der Stadt. Es bietet luxuriöse, elegante Zimmer und Suiten, die um zwei Innenhöfe angelegt sind. Der Service ist hervorragend, und das Hotel hat eine attraktive Bar, ein gutes Restaurant und einen kleinen Pool im Garten.

✚ 190 C4 ✉ derb ben Slimane, Zerbtana ☎ 0535 94 76 10; www.riadfes.com

Riad Louna €€

Das Riad Louna hat einen herrlichen Innenhof voller Orangen- und Aprikosenbäume. Die Zimmer sind einfach, aber sehr bequem, und die französischen Besitzer sind gastfreundlich, kennen die Stadt sehr gut und organisieren Kochkurse.

✚ 190 C4 ✉ 21, derb Serraj, Talaa Sghira, Bab Boujeloud, Fez medina ☎ 0535 74 19 85; www.riadlouna.com

Sofitel Palais Jamaï €€€

Wer es sich leisten kann, wählt das Hotel im Lustschloss einer Fassi-Familie aus dem 18. Jahrhundert. Es gibt einige Zimmer mit Blick auf die Stadtmauer, von anderen aus hat man einen großartigen Blick über die Medina von Fès und den alten andalusischen Garten mit *zellij*-Verkleidung und Springbrunnen. Spektakulär ist die Aussicht bei Dunkelheit auf die in Flutlicht getauchte Moschee im Zentrum der erleuchteten Medina. Das Restaurant Al Fassia (➤ 142) und die Bar-Terrasse stehen auch externen Gästen offen.

✚ 190 C4 ✉ Bab Guissa, Medina ☎ 0535 63 43 31; www.sofitel.com

Hotel les Truites €

Am Eingang zu Imouzzer liegt dieses altmodische Hotel mit einer schönen Aussicht über das Tal. Die gemütlichen Zimmer haben hohe Decken, Holzbetten und Zentralheizung. Im Restaurant wird das beste Essen der Stadt serviert, darunter auch Hase und Forelle.

✚ 190 C3 ✉ route de Fez, etwas außerhalb von Imouzzer-du-Kandar ☎ 0535 66 30 02; http://lestruites.com

Riad Amazigh €

Dieses einfache, aber schöne und sehr familiär geführte Haus ist eine Oase inmitten der Altstadt. Es ist fröhlich bunt und ganz im marokkanischen Stil eingerichtet. Das Personal ist sehr freundlich und hilfsbereit, das Essen schmeckt prima. Was will man mehr?

✚ 190 C3 ✉ Derb Moulay Ahmed Chebli, Medina ☎ 0535 53 09 08 oder 0614 20 38 91; http://riadamazigh-meknes.blogsport.de

Riad El Ma €

Dieses charmante *riad* ist in einem alten Palais untergebracht. Es wurde schön restauriert und hat sechs hübsche Zimmer. Das Besondere hier ist nicht nur der kleine Pool auf dem Dach des Hotels, sondern auch die Freundlichkeit der Mitarbeiter. Wer dem Trubel der Stadt entfliehen und sich vom sanften Plätschern der Brunnen einlullen lassen möchte, ist hier goldrichtig!

✚ 190 C3 ✉ Derb Sidi Besri ☎ 0661 51 48 24; www.riad-el-ma.com

Ryad Bahia €€

Dieses winzige, aber sehr schöne *riad* hat nur acht Zimmer und wirkt eher wie ein Privathaus. Es liegt zentral am Hauptplatz in der Altstadt, und alle Zimmer wurden von den Eigentümern sorgfältig restauriert. Die Einrichtung ist stark marokkanisch geprägt mit einigen Farbtupfern. Freundlicher Service.

✚ 190 C3 ✉ derb Sekkaya, Tiberbarine ☎ 0535 55 45 41; www.ryad-bahia.com

Hotel Volubilis Inn €€

Dieses ruhige, exklusive Hotel steht in einem gepflegten Garten und bietet einen schönen Blick über das Tal und das Ruinenfeld von Volubilis. Es gibt einen Swimmingpool und ein gutes Panoramarestaurant.

✚ 190 C4 ✉ 1 km nördlich von Volubilis, Moulay Idriss Zerhoun ☎ 0535 54 44 05

Wohin zum ...
Essen und Trinken?

Preise
für ein Drei-Gänge-Menü (inkl. Steuern und Service) ohne Getränke:
€ unter 200 DH   €€ 200–400 DH   €€€ über 400 DH

FÈS

Al Fassia €€€
Das Restaurant des vornehmen Hotels Palais Jamaï bietet interessante marokkanische Gerichte, perfekten Service und eine romantische Atmosphäre in einem gefliesten Speiseraum. Wenn Sie eine der aufwändigen Fassi-Spezialitäten, z. B. *pastillas*, geröstete Lammschulter oder Seebarsch mit *chermoula* probieren möchten, müssen Sie einen Abend vorher bestellen.
✚ 190 C4 ✉ Sofitel Palais Jamaï hotel, Bab Jamaï, Fez medina ☎ 0535 63 43 31 ◷ tägl. 20–23 Uhr

Fez Café €€
In einem wundervollen üppigen Garten wird täglich ein anderes Menü angeboten: mal mehr marokkanisch, mal mehr mediterran inspiriert – immer frisch und lecker!
✚ 190 C4 ✉ im Riad Le Jardin de Biehn, Aqebt Sbaa-Douh ☎ 0535 63 50 13; www.jardindesbiehn.com

La Kasbah €
Günstiges Restaurant. Auf den zwei Terrassen oder in dem marokkanischen Salon mit niedrigen Tischen werden marokkanische Gerichte wie *tajines*, Couscous und gegrilltes Fleisch serviert. Kein Alkohol.
✚ 190 C4 ✉ Nahe dem bab Boujeloud, Fès el Bali ☎ kein Telefon ◷ tägl. 9–23 Uhr

Palais de Fès €€€
Dieses traditionelle Fassi-Restaurant liegt in einem prächtigen Palast aus dem 19. Jahrhundert. Es werden nur feste Menüs angeboten. Dazu gehören köstliche marokkanische Salate, *tajines* und Süßigkeiten. Es steht ein kostenloser Taxiservice zur Verfügung.
✚ 190 C4 ✉ 15, Makhfia er-Cif, Fez el Bali ☎ 0535 76 15 90; www.palaisdefes.com ◷ tägl. mittags und abends

IMMOUZZER DU KANDAR

Les Truites €
Ein hübsches Familienrestaurant mit einem schönen Blick über die Ebene von Fès. Es ist bekannt für seine köstliche französisch-marokkanische Küche.
✚ 190 C3 ✉ Route de Fez ☎ 0535 66 30 02 ◷ tägl. mittags und abends

MEKNÈS

Le Collier de la Colombe €€
Dieses marokkanische Restaurant serviert in landestypischen Räumen oder auf der Terrasse traditionelle Gerichte, aber auch internationale Speisen, z. B. köstliche Forelle mit Mandeln. Kein Alkohol.
✚ 190 C3 ✉ 67, rue Driba, nahe der place Lalla Aouda ☎ 0535 55 50 41 ◷ tägl. mittags und abends

Dar Sabrina wa Tourate €–€€
In diesem kleinen Restaurant inmitten der Medina fühlt man sich sofort zuhause. Der Empfang ist herzlich, das Essen frisch und lecker. Hier werden auch Kochkurse angeboten und selbst gekochte Marmeladen und Sirups verkauft.
✚ 190 C3 ✉ Derb Khoach ☎ 0535 55 52 17; https://fr-facebook.com/pages/DAR-Sabrina-WA-Tourate-Meknes/101302346590373

Wohin zum … Einkaufen?

KUNSTHANDWERK

Die **Souks** in der Medina von **Fès** sind Sa–Do von 9–20 Uhr geöffnet. Einige haben sonntags geschlossen. Es gibt eine Vielzahl von Geschäften, die Leder, Keramik, Teppiche, Gegenstände aus Messing und Kupfer sowie Musikinstrumente anbieten. Eine Alternative ist der **Complexe Artisanal-Marocain** in der Avenue Alal ben Abdallah (Tel. 0535 62 10 07) mit Werkstätten und einem großen Laden, der Kunsthandwerk aus der Gegend zu vernünftigen Preisen verkauft.

Aus **Fès** sollen die besten *babouches* (Lederpantoffeln) stammen. Die schönsten (und teuersten) werden aus *ziouani*-Ziegenleder ohne sichtbare Stiche gefertigt. Sie finden den größten **Leder-Souk** in der Rue ech Cherabliyyin, der Verlängerung der Rue du Grand Talâa (► 128). Fès ist auch für blau-weiße Töpferwaren bekannt, die man im Töpferviertel am Stadtrand an der Straße nach Taza findet, insbesondere bei **Fakhkhari Hamida**.

Im **Souk Joutiya ez Zerabi** (sonntags geschlossen), in einer Arkade beim Textil-Souk in der Medina von **Meknès**, werden gute, nicht ganz billige Teppiche verkauft – handeln Sie! In der Nähe des Bab el Jédid gibt es einen kleinen **Flohmarkt** (sonntags geschlossen) und einen **Souk**, in dem man handgefertigte traditionelle Musikinstrumente wie *ouds* (arabische Lauten), *lotars* (Berberlauten), *rababs* (Fiedeln) und *tabls* (Trommeln) erhält. Im **Souk es Sebbat** (hinter dem Dar Jamaï) und in den *kissarias* werden Schmuck, Kelims und Teppiche verkauft. Traditionelle und zeitgenössische Handwerksarbeiten findet man in der **Artisanat Moderne** (6, avenue Allal ben Abdallah, Ville Nouvelle). In der Nähe ist das **Dal al Kitab al Watani**, ein großer und gut sortierter Buchladen.

Azrou hat Tradition in der Herstellung von Teppichen und Decken. Auf dem Dienstags-Souk in der Rue Khenifra werden prächtige Stücke angeboten. Das **Ensemble Artisanal** verkauft Arbeiten aus der Teppichknüpfschule.

Der Samstagsmarkt im **Souk Sebt des Oulad Nemaa**, 35 km südwestlich von **Béni Mellal**, ist der größte im Mittleren Atlas. Berber aus der ganzen Region verkaufen hier ihre Teppiche zu akzeptablen Preisen. Berberdecken, -teppiche und prächtige Stickereien gibt's auch im von Franziskanerinnen betriebenen Geschäft an der **Kasbah Miriem** (500 m vom Zentrum von **Midelt** an der Straße 3418; Tel. 0664 44 73 75; ► 138). Die Preise sind etwas höher als anderswo, die Waren aber von bester Qualität. Teppiche werden auch im kleinen täglichen Souk im Zentrum von Midelt und im Donnerstags-Souk der Medina von **Séfrou** verkauft.

SCHMUCK UND ANTIQUITÄTEN

Berrada (40, boulevard Mohammed V) in Fès hat für Silberarbeiten den besten Ruf. **La Maison Berbère** (4, riaad Jouha, nahe Medessa Attarine) führt schöne Antiquitäten und Kunstgegenstände. Der Juwelier-Souk in der Medina von **Séfrou** verkauft schöne Stücke aus Silber.

SOUVENIRS

Gewürze, Duftessenzen, Kräuterarzneien gibt's im **Souk el Henna** bei der Place en Nejjarine in Fès. In Meknès gibt es links der Place el Hédim einen überdachten Markt (Mo–Sa 9–19 Uhr; einige Stände 14–17 Uhr geschlossen), auf dem frische Waren, Gewürze und Trockenfrüchte verkauft werden.

Wohin zum ... Ausgehen?

Die reizvollen Berge des Mittleren Atlas sind zum **Wandern** ideal, insbesondere um Séfrou, Taza, Midelt und südlich von Azrou. Von Dezember bis März gibt es in vielen Jahren genügend Schnee zum **Skifahren**. In **Mischliffen**, am Krater eines alten Vulkans, 12 km von Ifrane entfernt (50 km südlich von Fès), gibt es einige alte, aber funktionstüchtige Skilifte; die Leihskiausrüstung ist vergleichbar altmodisch. Der **Jebel Bou Iblane** (3190 m), etwa 35 km südöstlich von Fès, hat nur einen Skilift.

Angler kommen in den fischreichen Seen und Flüssen der Region auf ihre Kosten; hier gibt es u. a. Forellen, Barsche und Hechte. Sie brauchen eine eigene Ausrüstung und einen **Angelschein** von der Wasser- und Forstbehörde (11, rue du Devoir, Rabat). Dieselbe Institution gibt auch **Jagdscheine** aus, der **Königliche Jagdbund von Marokko** (rue al Kali, Rabat; Tel. und Fax 0537 70 78 35) informiert genauer.

Reiter können **Haras** bei Meknès (Tel. 0535 53 07 53), das größte Gestüt in Marokko besuchen. Man kann eine zeitweilige Mitgliedschaft erwerben, um zu trainieren und auszureiten. Reiten kann man auch über den **Club Farah in Meknes** (www.clubfarah.com).

In Fès können Sie im **Royal Golf de Fès** (Tel. 0535 66 52 10) Golf spielen. In Meknès können Sie bei **Royal Golf** (Tel. 0535 53 07 53) in der Stadt auch nachts spielen.

Falls Ihr Hotel in Fès keinen **Pool** hat: Der Pool des **Transatlantique Hotels** steht gegen Eintritt auch Nichthotelgästen offen. Es gibt einige authentische Hammams in Fès, die hauptsächlich von Einheimischen besucht werden, wie der **Hammam Bou Souifa** (Talaa Kebira; Frauen 9–21, Männer 21–8 Uhr) und der **Hammam Sidi Azouz** (beim Cinéma Boujeloud, Frauen 13–22, Männer 22–12 Uhr).

Marokkaner gehen in die zwei bedeutenden **Kurorte** in der Nähe von Fès. Aus der Quelle in **Sidi Harazem** (15 km in südöstlicher Richtung) stammt das bekannteste Mineralwasser Marokkos. Der Ort hat uralte Thermalbäder und ein Schwimmbad, ist aber etwas überlaufen. **Moulay Yacoub** (20 km in norwestlicher Richtung) bietet medizinische Thermalbäder.

In der Licht- und Bildshow **Son et Lumière** (Tel. 0535 76 36 52) wird die Geschichte von zwölf Jahrhunderten erzählt. Alljährlich Ende Juni findet in Fès das renommierte Festival geistlicher Musik statt. Internationale Künstler treten im Dar Batha (► 128) und an anderen Orten in der Medina auf (Tel. 0535 63 48 24; www.fesfestival.com).

In Meknès und in anderen Orten in Marokko organisiert das **Institut Français** Konzerte, Filme und Ausstellungen. Die Filiale in Fès steht in der Rue Loukili 33 in der Ville Nouvelle (Tel. 0535 62 39 21; Programm auf: http://if-maroc.org/fes/). Meknès veranstaltet in den ersten zehn Julitagen ein internationales Theaterfestival in den Jardins Haboul.

Viele Bars in Fès sind schäbig, doch testen Sie den quirligen **Nightclub** im **Hotel Volubilis** (42, boulevard Abdellah; Chefchaouni; Tel. 0535 62 04 63), den **Inan Palace** (avenue A. Chaouki; Tel. 0535 65 22 30) oder das Hotel des Mérénides (Borj Nord, Tel. 0535 64 52 26).

Atlas und Südmarokko

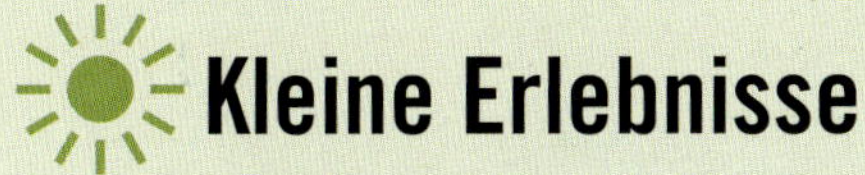

Kleine Erlebnisse

Von Rosenduft betört werden

Im April, wenn die Ernte im vollen Gange ist, duftet das ganze **Rosental** (➤ 151). Es ist der perfekte Moment, um hier zu sein!

Auf den Spuren von Brad Pitt

In den Atlasfilmstudios von **Ouarzazate** (➤ 161) wurde u. a. der Film »Babel« gedreht. Toll für Filmfans.

Ecolodge im Hochgebirge

Mit einem großartigen Blick auf die **Gebirgsregion des M'Goun** (➤ 163) wohnt man in der Ecolodge Dar Itrane bei Tabannt.

Erste Orientierung

Mit ihrem Buch *In Morocco*, in dem sie 1929 den Süden des Landes mit seiner Hitze, der wilden Landschaft und den dort herrschenden Clanchefs beschrieb, legte Edith Wharton den Grundstein für den Tourismus in Südmarokko. Noch heute haftet dieser Region etwas Exotisches, Abenteuerliches an, was noch verstärkt wird durch die Werbung des Landes. Denn diese zeigt die endlosen Wellenmuster unberührter Sanddünen, großartige Kasbahs, palmenbestandene Oasen und die Tuaregs, das an harte Lebensbedingungen angepasste nomadische Wüstenvolk, genauso wie die majestätischen Gipfel des Hohen Atlas oder die Berberdörfer an den Hängen.

Das Reisen ist hier leichter geworden, und fast jede Straße bietet spektakuläre Ausblicke, die auch die weniger luxuriösen Einrichtungen wettmachen. Die Region mit den abgelegenen Dörfern hat sich ihre Ursprünglichkeit und Traditionen bewahren können. Gleichzeitig war die isolierte Lage auch die Keimzelle mancher politischer und religiöser Reformbewegung. Das Leben unter diesen extremen Bedingungen ist hart, doch auch voller einfacher Freuden, und die Menschen, die hier leben – die meisten von ihnen sind Berber – sind freundlich und offen.

TOP 10

Nicht verpassen!

Nach Lust und Laune!

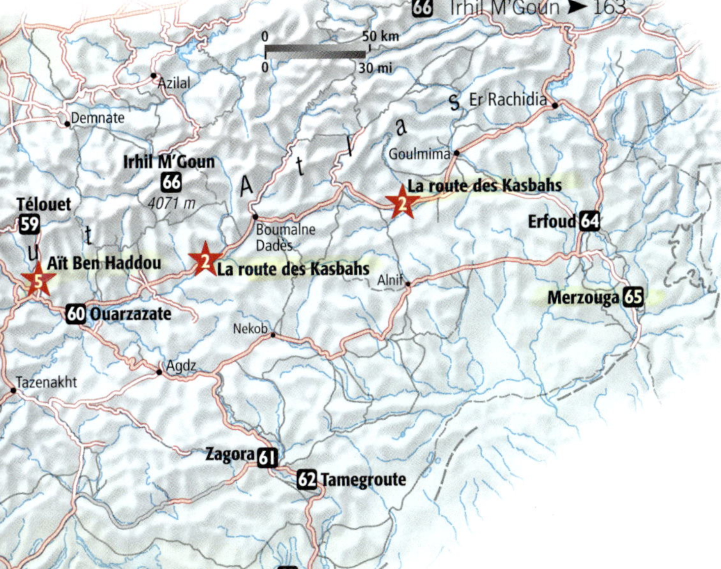

Links: Felsüberhang am Pass Tizi N'Test
Unten: Die Kasbah in Talaat N'Yacoub, Tizi N'Test Pass

In sechs Tagen

Planen Sie mindestens sechs Tage ein, um den Atlas und Südmarokko zu erkunden. Wenn Sie unseren Tagesprogrammen folgen, lernen Sie alle bedeutenden Sehenswürdigkeiten dieser aufregenden Region kennen. Weitere Informationen finden Sie unter den Haupteinträgen (➤ 150ff).

Erster Tag

Vormittags
Wir starten von dem Marktstädtchen **55 Taroudant** (➤ 159), fahren auf der P32 nach Oulad Berhil (39 km) und stärken uns im Riad Heda, einem früheren Palast (Tel. 0528 53 10 44). Jenseits des Dorfes geht es auf der S201 zum Pass **53 Tizi N'Test** mit Panoramablick (➤ 157) und der **Moschee Tin Mal**. Zum Mittagessen kehren Sie in das Hotel Chez Momo in **Ouirgane** ein (➤ 165).

Nachmittags
Der **6 Parc National de Toubkal** (➤ 155) lockt zu einem Spaziergang oder Ausritt rund um Ouirgane oder alternativ in die **Gorges Nfiss** (Nfiss-Schlucht), einen beliebten Picknickplatz. Übernachten Sie im Chez Momo oder im **Kasbah du Toubkal** (➤ 164).

Zweiter Tag

Vormittags
Fahren Sie Richtung Marrakech, und folgen Sie der Ausschilderung nach Ouarzazate über die Bergstraße **Tizi N'Tichka** (➤ 178). Biegen Sie nach dem höchsten Punkt links zur Kasbah von **59 Télouet** (➤ 161) ab, und kehren Sie zum Mittagessen gegenüber der Glaoui-Kasbah ein (➤ 161, 176).

Nachmittags
Von Télouet folgt man der Straße weiter nach Süden. 40 km vor Ouarzazate halten Sie an, um den *Ksar* **5 Aït Ben Haddou** (➤ 154) zu besichtigen. Hier übernachten Sie.

Dritter Tag

Vormittags
Fahren Sie weiter Richtung **60 Ouarzazate** (➤ 161), vor den Toren der Stadt liegen die **Atlas-Filmstudios**, die man an drehfreien Tagen besichtigen kann. In Ouarzazate sollten Sie sich für die Kasbah Taouirt ein wenig Zeit nehmen. Mittagessen können Sie z.B. im Restaurant Kasbah gegenüber.

Nachmittags und abends
Fahren Sie auf der **2 Straße der Kasbahs** (➤ 150) nach Skoura, spazieren Sie durch den Palmenhain, und besuchen Sie die Kasbahs **Dar Aït Sidi el Mati** und **Amerdihil**. Fahren Sie weiter nach **Kelaâ M'Gouna** und dann nach

Boumalne du Dadès am Fuße der Dadès-Schlucht (➤ 151), wo Sie in der Kasbah Tizzarouine übernachten.

Vierter Tag

Vormittags
Nehmen Sie die 6901 Richtung **Msemrir**, indem Sie dem Dadès-Tal (Abb. oben) folgen. Hinter Aït Oudinar fahren Sie über die Brücke, um in die **Dadès-** und **Todra-Schlucht** zu gelangen. Danach geht die Straße in eine Piste über. Für das Mittagessen empfiehlt sich die Auberge Chez Pierre (Tél: 0524 83 02 67; www.chezpierre.org).

Nachmittags und abends
Im Gasthof und anderswo werden Geländewagen-Ausflüge zu abgelegenen Berberdörfern angeboten; vorab buchen (Tel. 0524 83 02 67).

Fünfter Tag

Vormittags
Sie sollten für die 75 km lange Strecke in die Todhra-Schlucht (Gorges du Todra, ➤ 151) früh aufbrechen und den Palmenhain von oben betrachten oder mit dem Fahrrad erkunden, das Sie z. B. im Hotel Kasbah Tombouctou im Tinghir am Fuße der Schlucht (www.hoteltomboctou.com) mieten können.

Nachmittags und abends
Fahren Sie, dem Todhra folgend, nach Norden zum Hotel Yasmina am Eingang der **Gorges du Todhra**. Erkunden Sie die Schlucht zu Fuß.

Sechster Tag

Vormittags
Fahren Sie zurück nach Tinerhir und nehmen Sie die N10 nach Tinejdad, dann die von Kasbahs, Palmenhainen und Oasen gesäumte N13 Richtung Osten nach **64 Erfoud** (➤ 163). Ca. 2 km vor der Stadt können Sie in der Kasbah Xaluca (Tel. 0535 57 67 93; www.xaluca.com) zu Mittag essen.

Nachmittags und Abends
Im Hotel Xaluca können Sie auch gleich einen Wagen mit Fahrer buchen, um in die Sanddünen von **65 Merzouga** (➤ 163) zu kommen.

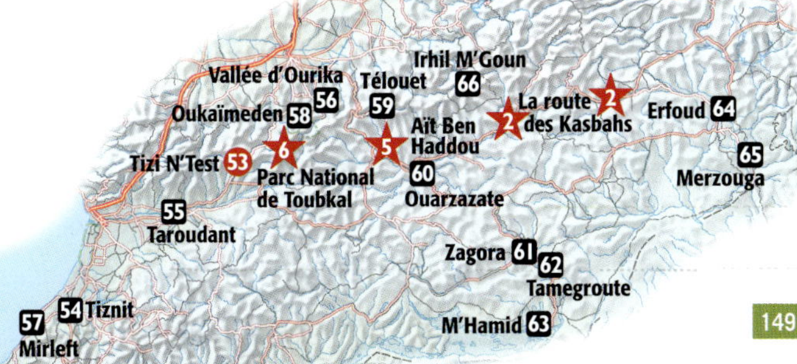

La route des Kasbahs

Die Straße der Kasbahs – eine Region im Süden Marokkos – kann sicherlich zu den schönsten Landstrichen des Maghreb gezählt werden. Hunderte von faszinierenden Lehmburgen, denn das bedeutet das Wort »Kasbah«, säumen hier die Straßen und Pisten in dem Gebiet, das sich von Ouarzazate bis nach Errachidia zieht.

Vier Flüsse prägen den Hauptteil der »Straße der Kasbahs«: Rheris, Todhra, Dadès sowie der M'Goun. Alle entspringen im Hohen Atlas und fließen durch die gleichnamigen Schluchten Richtung Süden, wo sie sich auf einer Hochebene nördlich des Djebel Saghro mit zahlreichen

Nebenflüsschen verbinden und begeisternd schöne Oasen inmitten der Steinwüste hervorbringen. Am Rande dieser Oasen finden sich Städtchen und Dörfer, deren traditionelle Häuser (Kasbahs) aus Lehm gebaut wurden. Sie sitzen zum Schutz vor herabfließenden Wassermassen hoch oben auf Felsen, an Berghängen oder auf Vorsprüngen.

Durch die Region führt die »Straße« P 32 (N 10), die von Ouarzazate rund 300 km nach Osten führt und zahlreiche Stichstraßen nach Norden hat.

In **Skoura**, einer Bilderbuchoase 40 km östlich von Ouarzazate, lohnt vor allem der Besuch der **Kasbah Amerdhil**, einer herrlichen Privatkasbah, die noch – ebenso wie die große Kasbah in Télouet (▶ 161) – aus den Zeiten des Berberfürsten El Glaoui stammen soll. Heute ist sie privat bewohnt, kann aber gegen ein Trinkgeld besichtigt werden.

Der Dadès schlängelt sich gemächlich entlang der Kasbahs durch das breite Tal am Fuße des Hohen Atlas

30 km weiter östlich erreicht man **Kelaâ M'Gouna**, das Zentrum des marokkanischen Rosenhandels. Hier, wo der Oued M'Goun in den Dades fließt, beginnt das »Rosental«, die westlichste der vier Atlasschluchten. Rechts und links des M'Goun wird die Rosa Damaszena angebaut, bei deren Ernte im April bis zu 4000 t Blüten abfallen. Sie werden zu Rosenwasser und Rosenöl verarbeitet. Wer Allradantrieb hat, fährt direkt in die nächste Schlucht: Die des Dadès. Die anderen reisen über die geteerte P 32 dorthin.

Die **Gorge du Dadès** (Dadès-Schlucht), an deren Fuß Boumalne du Dadès liegt, ist sicherlich der beeindruckendste Abschnitt der Strecke. Vor den bizarren Felsformationen wirken die Lehmburgen noch eindrücklicher. Am Ende der Schlucht windet sich eine kleine Straße steil bergauf. Wer nicht schwindelfrei ist, sollte umkehren.

Die dritte Schlucht – die der **Todhra** – erreichen sichere Fahrer von der Dadès-Schlucht mit einem Geländewagen über die Berge (Msemrir), mit einem Pkw über die P 32 via

Tinghir. Sie ist die bekannteste der vier Atlasschluchten – und damit entsprechend schön und überlaufen. Auch hier erheben sich rechts und links mächtige Felswände. Kletterer krallen sich in den Fels, Hirten treiben ihre Ziegen durch die Enge: ein bezaubernder Anblick.

Von Tinghir, am Fuße der Schlucht, sind es noch einmal rund 90 km bis Goulmima am Fuße der vierten Schlucht: der des **Rheris**. Goulmima ist weitestgehend unbekannt, die Schlucht auf keiner der bekannten Touristenrouten im Süden zu finden. Entsprechend einsam und schön ist es hier. Die Kasbahs sind nicht weniger beeindruckend, die Oasen nicht weniger malerisch.

KLEINE PAUSE

Entlang der Dadès- und der Todhra-Schlucht, aber auch in den Städtchen entlang der Route (Skoura, Kelaâ M'Gouna, Boumalne, Tinghir, Tinjedad und Goulmima) finden sich zahlreiche kleine Cafés und Restaurants. Besonders gut essen kann man in der kleinen, eher unscheinbaren **Auberge La Fibule** in der Dadès-Schlucht (Tel. 0524 83 17 31).

BAEDEKER TIPP

- Für manche Pisten benötigen Sie einen **Mietwagen** mit Vierradantrieb; für die Hauptsehenswürdigkeiten genügt ein normales Auto. Sie können den Wagen in Ouarzazate mieten, wo es viele Autovermietungen gibt. Sollten Sie einen Führer für Wanderungen in den Schluchten brauchen, so fragen Sie in Kelaâ M'Gouna nach. Dort ist ein Büro, das Bergführer vermittelt (Tel. 0524 83 73 68).
- Für eine Erkundung des Dadès-Tales folgen Sie dem **Flusslauf** am besten zu Fuß.

Kasbahs: Burgen aus Lehm

Lehmburgen, die den örtlichen Berberstämmen als Residenz dienen, werden in Marokko als Kasbah oder »tighremt« bezeichnet. Mal handelt es sich um herrschaftliche Privatwohnsitze, manchmal um ganze Wehrdörfer mit vielen kleineren und größeren Gebäuden, die aneinandergedrängt an einem Hang liegen und von fern wie verschachtelt wirken.

❶ Mehrstöckiger Zentralbau Erbaut werden die Kasbahs aus gestampftem, mit Stroh gemischtem Lehm, getrockneten Lehmziegeln, Palmen- und Oleanderholz. Das Gemisch wird als Brei in Holzkästen gefüllt und zu großen Quadern getrocknet. Diese setzt man dann zu dem gewünschten Gebäude zusammen, wobei Böden und Dächer aus Holzstämmen bestehen, die mit mehreren Lehmschichten überzogen werden. Vorteil der meterdicken Lehmmauern ist vor allem, dass sie hervorragend die Feuchtigkeit regulieren und die Wärme speichern.

Wie groß die Kasbah auch immer ist, es dominiert ein mehrstöckiger Zentralbau, der meist von Nebengebäuden und Höfen umgeben ist. Eingefasst wird die Anlage von einer Mauer mit Wehrtürmen. Charakteristisch für ihr wehrhaftes Aussehen sind die nach innen geneigten Mauern.

❷ Ornamente Während die unteren Stockwerke der Lehmbauten ungeschmückt sind, tragen die oberen, besonders die sich nach oben verjüngenden Ecktürme, reiche Verzierungen. Die geometrischen Ornamente werden in den noch feuchten Lehm geritzt.

❸ Eingang In der Regel gibt es nur eine Tür, durch die man in die Kasbah gelangen kann.

❹ Aufteilung der Ebenen Kasbahs können bis zu sechs Stockwerke hoch sein. Schlanker und höher erscheinen sie in den südlichen Oasen im Vergleich zu der kompakteren Variante in den Bergtälern. Üblicherweise wird das düstere Erdgeschoss als Stall, Speicher oder Abstellraum genutzt, in den Stockwerken darüber sind die Schlaf- und Wohnräume untergebracht.

Eine Kashbah im Tal des Dadès

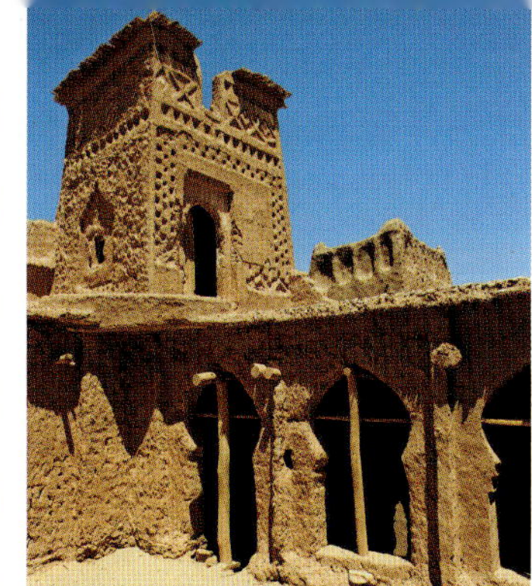

La route des Kasbahs

Manch eine Kashbah
ist heute vom Verfall
bedroht

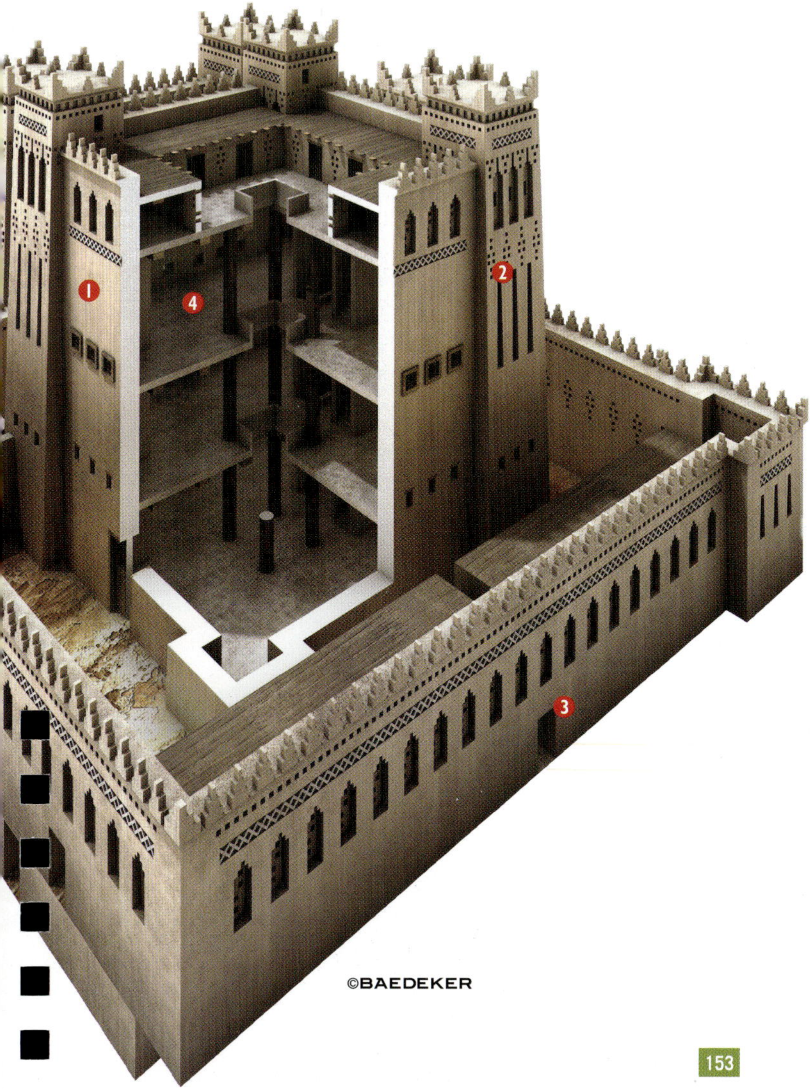

5 Aït Ben Haddou

Zu den am besten erhaltenen und fotogensten *ksour* in Südmarokko gehört Aït Ben Haddou, das als Museumsdorf als Weltkulturerbe unter dem Schutz der UNESCO steht und auf einem steilen Felsen oberhalb eines kleinen Flusses thront.

Aït Ben Haddou war ein wichtiger Karawanenstopp auf dem Weg von Ouarzazate nach Marrakech, und von der Festung aus ließ sich die ganze Gegend überblicken. Seine Bedeutung verlor es mit dem Bau der Tizi-N'Tichka-Straße (➤ 178). Noch heute leben einige Familien im Ort, in dem manche Gebäude über 100 Jahre alt sein sollen und die man nur zögerlich und nicht immer dem Original getreu zu erhalten versucht.

Die Kasbah ist so gut geschützt, dass der Zugang schwer erkennbar ist; das gilt insbesondere seit dem Zeitpunkt, als für Filmaufnahmen der Haupteingang geschlossen wurde. Zu Fuß lassen sich die engen Gassen, die Berberhäuser und die Festung hoch oben auf dem Felsen gut erkunden. Filmfans werden vielleicht einige Örtlichkeiten wiedererkennen, denn das Dorf ist ein beliebtes Set; hier wurden beispielsweise *Lawrence von Arabien*, *Alexander der Große* und *Gladiator* gedreht.

Nicht einmal Hollywood kann mit dieser herrlichen Kulisse mithalten

KLEINE PAUSE

Besuchen Sie **Dar Mouna** (➤ 164) jenseits des Flusses, um sich bei einem *thé à la menthe*, einem Mittagessen oder einem Bad im Pool zu stärken. Für die Übernachtung stehen etliche einfache Hotels zur Verfügung; so können Sie die wechselnden Farben des *ksar* bei Sonnenuntergang und im Mondschein beobachten.

---

193 E3
30 km nordwestlich von Ouarzazate
täglich 8–18 Uhr
***grands taxis* von Ouarzazate**
frei; Trinkgeld für Besuche in Privathäusern

6 Parc National de Toubkal

An klaren Tagen sind die schneebedeckten Gipfel des Jebel Toubkal, des höchsten Berges in Nordafrika, von Taroudant und Marrakech aus sichtbar. Das Bergwandern erfreut sich hier immer größerer Beliebtheit – kein Wunder angesichts der majestätischen Landschaft mit üppigen Terrassenkulturen, kleinen Flüssen und schroffen Felswänden. Die zurückhaltenden, gleichwohl freundlichen Berber führen immer noch ein faszinierendes und recht traditionelles Leben in ihren malerischen Dörfern.

Der Jebel (Djebel) Toubkal ragt 4167 m auf und ist von Dreitausendern umgeben. Die Hauptwege – besonders die in Imlil beginnenden – sind gut zu finden und für geübte wie für ungeübte Wanderer geeignet (➤ 175). Die Wanderung auf den Gipfel und zurück dauert etwa 16 Stunden (mit Hüttenübernachtung). Man sollte nicht zu schnell gehen, um nicht höhenkrank zu werden. Das Gebiet ist so groß, dass man sich leicht aus dem Weg gehen kann – mit Ausnahme des Toubkal stößt man meist nur auf wenige Wanderer. Die Wege sind in der Regel in gutem Zustand, es gibt ein Netz von Hütten und Unterkünften; einige Dorfbewohner vermieten einfache Zimmer für die Nacht.

Die Kleinstadt **Imlil** auf 1740 m Höhe bietet sich als Ausgangspunkt für Wanderungen und Besteigungen des Jebel Toubkal und der Nachbargipfel an. Geschäfte verkaufen Proviant und Ausrüstung, manche vermieten diese auch. Bergführer bieten ihre Dienste an, für den Gepäcktransport lassen sich tageweise Maultiere mieten.

Von hier aus ist man eine Stunde nach **Aremd** unterwegs, einem hübschen Berberdorf, das hoch über der Ebene auf einem Felsen thront. Die meisten Bergsteiger übernachten vor dem Gipfelsturm in der Toubkalhütte des Club Alpin Français (3207 m), die man von Imlil aus in rund vier Stunden erreicht. Von Imlil führen auch Wanderungen ins Skigebiet **Oukaïmeden** (➤ 160; ca. 7 Stunden), zum Berberdorf Tachedirt (8 km östlich von Imlil; ca. 3–4 Stunden) oder nach **Ouirgane** (als Tageswanderung).

In den Bergen sind eine Vielzahl von Tieren heimisch, darunter etliche Schmetterlingsarten, Eichhörnchen, Geier, Lerchen und Steinadler; die Berber hüten große Herden von Barbarie-Schafen und Ziegen.

NÜTZLICHE ADRESSEN

Infos über Wanderungen im Toubkal-Gebiet:

- **Kasbah du Toubkal, Imlil**
  ☎ 0524 48 56 11;
  www.kasbahdutoubkal.com
- **Royal Moroccan Ski and Moutaineering Federation**
  ☎ 0522 20 37 98
- **Club Alpin Français (CAF)**
  ☎ 0522 27 00 90;
  www.cafmaroc.co.ma
- **Bureau des Guides (Imlil)**
  ☎ 0524 48 56 26

KLEINE PAUSE

An beliebten Rastplätzen betreiben **Berber Kioske**, an denen sie Tee, kalte Getränke und gelegentlich Essen anbieten. Es gibt auch **kleine Restaurants** in Aremd und Imlil. Für das Mittagessen können Sie auch im Kasbah·du Toubkal (➤ 166) reservieren.

Jebel Toubkal

✚ 193 D3

✉ 65 km südlich von Marrakech 🚌 Busse von Marrakech und Taroudant nach Asni, dann regelmäßige Truckfahrten nach Imlil

BAEDEKER TIPP

- Die **besten Monate** für einen Besuch der Berge sind September und Oktober oder Mai und Juni; im Sommer herrscht häufig schlechte Sicht und es gibt häufiger Unwetter und Überschwemmungen. Zwischen April und November können trainierte Wanderer mit der nötigen Kondition die Route in Angriff nehmen. Von Dezember bis März kann der Aufstieg zum Gipfel wegen Schnee, Eis und früher Dunkelheit auch für erfahrene Bergwanderer gefährlich werden.
- **Weniger anspruchsvolle Wanderungen** starten an tiefer gelegenen Hängen, in Imlil, Aremd oder Ouirgane (➤ 175).
- Feste Wanderstiefel, Kopfbedeckung, Sonnencreme, Sonnenbrille und ausreichend Wasser gehören zur Ausrüstung.
- Übernachten Sie ein oder zwei Nächte im preisgekrönten **Kasbah du Toubkal** (➤ 164) in Imlil oder dort in einer der anderen schönen Unterkünfte.

Außerdem: **Informationen** über die Wanderwege im Atlas finden sich in *Trekking in the Moroccan Atlas* von R. Knight, *Great Atlas Traverse* von M. Peyron oder in anderen Wanderführern.

53 Tizi N'Test

Der Pass Tizi N'Test ist Teil einer Straße, die den Hohen Atlas zwischen Asni und Taroudant durchschneidet. Es ist ein aufregendes Erlebnis, dieses Wunderwerk marokkanischer Straßenbaukunst zu befahren.

Als Hauptzugang zum Süden des Landes hat die Passstraße immer eine bedeutende Rolle in der Geschichte Marokkos gespielt. Bevor die Straße gebaut wurde, konnten die Berber den Pass leicht schließen und somit die Zufahrt nach Süden sperren. Seitdem die Franzosen den Tizi N'Test 1928 eröffneten, sind der Süden und die Berge sehr viel leichter zugänglich.

Tizi N'Test beginnt in **Asni**, einer freundlichen Kleinstadt inmitten eines Obstanbaugebiets, mit einem interessanten Samstags-Souk. Der Ort ist ein guter Ausgangspunkt für die Fahrt nach Imlil und für Wanderungen im Hohen Atlas. Hinter Asni wird die Landschaft immer spektakulärer – die Berge werden wilder und kahler. Vom 16 km entfernten **Ouirgane** aus, einem friedvollen Dorf mit ein paar angenehmen Hotels, lassen sich einige schöne Wanderungen unternehmen. Die Straße folgt dem Nfiss, in dem sich im Frühling die Forellen tummeln.

Am Anfang des 20. Jhs. wurde der Tizi N'Test von der mächtigen Familie Goundafa kontrolliert, die etliche Kasbahs entlang der Strecke erbaute, darunter den im Privatbesitz befindlichen **Agadir n'Gouj** unmittelbar vor der **Großen Almohadenmoschee von Tin Mal**, die hoch über dem Tizi N'Test an einem Berghang liegt und eher einer Festung gleicht. Erbaut wurde sie von Abd el Moumen um

Die spektakuläre Höhenstraße bietet immer wieder neue Ausblicke

Atlas und Südmarokko

1153 als religiöses Zentrum für seinen Anführer Ibn Toumert (siehe Kasten).

Etwa 8 km weiter südlich thront auf einem steilen Felsen die Kasbah **Tagoundaft** (19. Jahrhundert). Von hier aus sind es noch 22 km bis zum Pass Tizi N'Test, der in einer Höhe von 2092 m einen Panomarablick über den Toubkal (▶ 155) und das Souss-Tal eröffnet. Hinter dem Pass geht es steil abwärts – auf weniger als 30 km verliert die Straße etwa 1600 Höhenmeter. Kleine Weiler am Wegesrand und Terrassenkulturen bestimmen bald das Bild.

IBN TOUMERT

Der Berber Mohammed Ibn Toumert kehrte im 12. Jh. von Studien im Orient mit der Überzeugung zurück, dass der Islam seines Landes einer dringenden Reform bedürfe. Als er die Schwester des Königs vom Pferd zwang, weil sie unverschleiert war, wurde er aus Marrakech verbannt, ging ins Exil nach Tin Mal und erklärte sich zum »Erwählten« (Mahdi). Mit seinem Statthalter Abd el Moumen predigte er den Berbern und begründete die religiöse und militärische Bewegung der Almohaden oder »Bekenner der göttlichen Einheit«, die später Marokko und Südspanien eroberten.

Zum Verkauf angebotene Fossilien am Pass Tizi N'Test

KLEINE PAUSE

Das **Café La Belle Vue**, 1 km jenseits des Passes, bietet einen herrlichen Blick. Wer höhere Ansprüche hat, sollte die **Auberge Chez Momo** ausprobieren (▶ 165).

✠ 192 C3 ✉ zwischen Asni und Taroudant
🚌 Busse von Marrakech und Taroudant

Große Moschee von Tin Mal
✉ 40 km von Ouirgane entfernt ⏱ Sa–Di; der Wächter öffnet auf Wunsch
✋ 10 DH (plus Trinkgeld)

BAEDEKER TIPP

- Von November bis April kann die Straße schneebedingt gesperrt sein. In Asni, Marrakech und Tahanoute werden solche **Sperrungen** üblicherweise mit Schildern angekündigt, Sie sollten sich aber bei der Touristeninformation in Marrakech oder Taroudant erkundigen.
- Wenn Sie schon genügend Erfahrungen auf Bergstraßen gesammelt haben, ist es am angenehmsten, wenn Sie **selbst fahren**.
- Im Sommer sollten Sie sich **nicht um die Mittagszeit** auf den Weg machen, weil das Auto heißlaufen könnte.
- Zwischen Asni und Ovlad Berhil gibt es **keine Tankstellen**.

Nach Lust und Laune!

54 Tiznit

In der ausgedorrten Sous-Ebene stehen die lachsrosa Häuser von Tiznit, das von einer 6 km langen roten Lehmmauer umgeben ist. Die Stadt wurde Ende des 19. Jhs. von Sultan Moulay el Hassan gegründet. Mit ihm kamen jüdische Kunsthandwerker, die der Stadt den Ruf für ihren herrlichen Silberschmuck einbrachten. Im **Souk der Silberschmiede** werden Stücke in traditionellem und modernem Stil angeboten. Das Minarett der **Großen Moschee** ist mit vorstehenden Querstangen versehen. Der Legende nach ruhen hier die Seelen Verstorbener, bevor sie ins Paradies gelangen. Diese Bauweise ist südlich der Sahara weit verbreitet. Unweit der Moschee steht das **Grab der Lalla Tiznit**, einer Prostituierten, die zum Glauben zurückfand und als Märtyrerin starb. Bei ihrem Tod soll Gott die Blaue Quelle geschaffen haben, heute ein schlichtes

BERBERSCHMUCK

Tiznit ist berühmt für seinen Berberschmuck. Dieser wird immer aus Silber hergestellt, da man glaubte, dass Gold den bösen Blick anzieht. Schmuck ist nicht nur Zier und Ausdruck von Reichtum, sondern soll auch vor dem bösen Blick schützen und Status sowie Stamm des Trägers verdeutlichen. Die Halsketten, Ringe und Armbänder sind mit Anhängern wie Fischen (Fruchtbarkeit), Hand der Fatima (Schutz), Mond und Sternen sowie Amuletten von heiligen Männern oder Kräuterheilern verziert. Bernstein wird als Symbol des Reichtums getragen, ist aber auch ein wirksamer Schutz gegen das Böse. Korallen und Muscheln steigern die Fruchtbarkeit. Große, kunstvolle Spangen oder Broschen werden verwendet, um die Kleider der Frauen zusammenzuhalten.

Wasserbecken. Nordwestlich von Tiznit liegt der Strand Aglou, der aufgrund der hohen Wellen für Schwimmer gefährlich, aber bei Surfern beliebt ist.

🚉 192 B2   ✉ 90 km südlich von Agadir
🚌 Busse von Tata, Ifni, Agadir, Guelmim und Taroudammt

55 Taroudant

Im Herzen des fruchtbaren Sous-Tals liegt der Hauptort der Gegend, der für sein Kunsthandwerk berühmt ist – Berberschmuck, marmorne Tierplastiken, schwere Wollumhänge und *djellabas*. Der **Souk Arabe Artisanal** und der **Marché Berbère** gehören zu den angenehmsten in ganz Marokko. Die Stadt blühte im 16. Jh. auf, als die Saaditen sie vor ihrem Umzug nach Marrakech zu ihrer ersten Hauptstadt machten. Sie bauten die gut erhaltenen ockerfarbenen Mauern um die Kasbah, der übrige Teil der Befestigungen stammt aus dem 18. Jahrhundert. Sie lassen sich am besten bei einer Kutschfahrt oder mit dem Fahrrad bewundern. Zur Kasbah, einer Stadt in der Stadt, gehören der Winterpalast der Saaditen, die Ruinen einer von Moulay Ismail erbauten Festung

Taroudant wirkt »afrikanischer« als andere marokkanische Städte

und das pittoreske Hotel Melia Palais Salam.

➕ 192 C2 ✉ 80 km östlich von Agadir
🚌 Busse von Agadir, Tata, Ouarzazate, Marrakech und Essaouira

56 Vallée d'Ourika (Ourika-Tal)

Nehmen Sie sich ein Beispiel an den Einwohnern von Marrakech: Wenn die Hitze in der Stadt zu groß wird, suchen sie Zuflucht im fruchtbaren Ourika-Tal. Hier gibt es Landhäuser, kleine Hotels und Caféterrassen mit schöner Aussicht bei angenehmem Klima. Von Marrakech sind es 34 km auf der S513 bis zum Dorf Tnine l'Ourika mit seinem ausgezeichneten Montags-Souk. Der Ourika schlängelt sich durch ein tiefes Tal mit kleinen, verstreut liegenden Lehmziegeldörfern (*douar*). Die Straße bietet herrliche Aussichtspunkte und folgt dem Fluss bis nach Zaouia Setti Fatma, wo ein Wasserfall zur Abkühlung einlädt.

➕ 193 D3
✉ Touristenbüro: Tnine Village (33 km auf der Straße von Marrakech)
🚌 Busse, Minibusse und Sammeltaxis von Marrakech

57 Mirleft

Mirleft ist zu einem beliebten Ziel für Menschen geworden, die herrliche, einsame Strände und eine entspannte Atmosphäre lieben, wie sie in Essaouira (➤ 78) nicht mehr zu finden sind. Die Stadt hat nur eine sehr sandige und staubige Hauptstraße mit einigen kleinen Hotels und Terrassencafés. Hier ist kaum etwas los, und man verbringt den Morgen damit, sich für einen der faszinierenden Strände zu entscheiden. Am dramatischsten ist der Plage Marabout, in dessen Felsen das Grab eines Heiligen liegt. Die Hotels organisieren 👬 Surf-, Angel- und Wüstenausflüge für die ganze Familie. Die Stadt scheint bis jetzt eher Künstler, Surfer und Rucksacktouristen anzuziehen und ist mit einigen charmanten Gästehäusern und guten Fischrestaurants gesegnet.

➕ 192 B2 ✉ 40 km südwestlich von Tiznit
🚌 Sammeltaxi von Tiznit

58 Oukaïmeden

Das Skigebiet am Jebel (Djebel) Oukaïmeden liegt auf 2650 m Höhe. Die Schneesituation ist von Jahr zu Jahr unterschiedlich, von Januar bis März können die Pisten- und Geländebedingungen gut sein. Ein Lift führt auf den Gipfel (3273 m). Es gibt Skiführer für Skitouren und Abfahrten jenseits der Pisten. »Ouka« wird im Sommer als Luftkurort und Startpunkt für Treckingtouren in der Umgebung und im Parc National des Toubkal (➤ 155) genutzt.

➕ 193 D3 ✉ 74 km südlich von Marrakech
☎ Club Alpin Français 0524 31 90 36
🚌 mit Auto oder Taxi

59 Télouet

Das verschlafene Örtchen wird von der großartigen, im Verfall begriffenen **Glaoui-Kasbah** beherrscht, die Anfang des 20. Jhs. erbaut wurde. Der Platz scheint für eine Festung etwas abgelegen, doch vor dem Bau der Tizi N'Tichka 1928 (➤ 178) machten hier die Karawanen auf dem Weg von Ouarzazate nach Marrakech Halt. Drei Jahre lang waren 300 Arbeiter beschäftigt, die Wände für den Hauptsitz der mächtigen Glaoui-Brüder hochzuziehen; 1956 wurde die Anlage jedoch aufgegeben. Das Gebäudelabyrinth verfällt seitdem rapide.

✚ 193 D3
✉ 21 km östlich der Tizi N'Tichka
🕐 Glaoui-Kasbah: keine Öffnungszeiten, der Wächter hält sich tagsüber meist am Gebäude auf 🚌 Bus von Marrakech
✋ frei (Trinkgeld für den Wächter)

60 Ouarzazate

Am Fuß des Hohen Atlas liegt der Ort, von dem aus sich sowohl Fahrten an den Rand der Sahara, zu den Kasbahs als auch in die Flusstäler unternehmen lassen. In den 1920er-Jahren war er französische Garnison und Verwaltungszentrum, heute bietet er einen wenig malerischen Anblick. Doch die **Kasbah Taourirt** gehört zu den schönsten im Land. Die luxuriöse Residenz des Glaoui-Clans wurde in Pisé (Lehmbau) mit bemerkenswertem Bauschmuck errichtet, ist aber inzwischen so heruntergekommen, dass nur der Hof und einige prunk-

volle Haremsgemächer zu besichtigen sind. Im **Centre Artisanal** gegenüber ist Kunsthandwerk erhältlich. Die **Atlas-Studios** am anderen Ende der Stadt haben Ouarzazate den Ruf eines Hollywood der Wüste eingebracht. Sie bieten mit ihren großartigen Filmsets inmitten der Wildnis einen surrealen Anblick. 👪 Vor allem Kinder haben an den Kulissen ihre Freude – zumal hier noch einiges von den Asterix-Filmen zu sehen ist.

✚ 193 E3
✉ 204 km südöstlich von Marrakech

Touristenbüro
✉ avenue Mohammed V, gegenüber dem Postamt ☎ 0524 88 24 58

Kasbah Taourirt
✉ avenue Mohammed V; 1,5 km vom Zentrum
🕐 tgl. 8–18.30 Uhr ✋ 10 DH

Centre Artisanal
✉ gegenüber der Kasbah Taourirt
🕐 Mo–Fr 9–12, 15–18.30 Uhr

Atlas-Studios
✉ 6,5 km außerhalb der Stadt an der Straße nach Marrakech
☎ 0524 88 22 23; www.studiosatlas.com
🕐 tgl. 8.15–17.15 Uhr, im Sommer bis 18.15 Uhr

61 Zagora

Die Stadt ist wegen ihres Hinweisschildes »Tombouctou 52 jours« bekannt: 52 Tage ist man mit dem Kamel bis nach Timbuktu in Mali unterwegs. Von hier aus starteten die arabischen Saaditen im 16. Jh. ihre Eroberung Marokkos, und hier begannen später ihre abenteuerlichen Reisen, die zur Eroberung Timbuktus und zur Kontrolle des Goldhandels in der Sahara führten. Die große Verwaltungsstadt hat wenig Charme, wohl aber einen guten Mittwochs- und Sonntags-Souk. Von hier aus lassen sich die Sanddünen bei M'Hamid erkunden, und vom Jebel (Djebel) Zagora hat man einen herrlichen Blick über das Drâa-Tal,

---

FILME AUS DEN ATLAS-STUDIOS
Gladiator (2000): Regie: Ridley Scott, mit Russell Crowe, gute Spezialeffekte.
Königreich der Himmel (2005): ein weiterer Film von Ridley Scott mit Orlando Bloom und Eva Green über die Kreuzzüge des 12. Jahrhunderts.
Prince of Persia (2010) mit Jerry Bruckheimer, Ben Kingsley und Karim Abouobayd.

Atlas und Südmarokko

die Palmenhaine von Amazrou und die Sanddünen.

✚ 193 F2
✉ 168 km südöstlich von Ouarzazate
🚌 Busse von Ouarzazate und M'Hamid

62 Tamegroute

Das Dorf ist für seine **Zaouia Naciriya**, eine von Mohammed Bou Naceur im 17. Jh. gegründete Koranschule, bekannt. Ihre bedeutende Bibliothek mit islamischen Handschriften umfasst auch auf Gazellenhaut geschriebene Koranhandschriften. Schule und Bibliothek stehen Besuchern offen, das Heiligtum mit dem Grab Bou Naceurs ist ausschließlich Muslimen vorbehalten. Pilger, die unter psychischen Problemen oder an Bluthochdruck leiden, hoffen auf Wunderheilung in der *zaouia*. Im Dorf selbst lohnt eine Besichtigung der Kasbahs und *ksour*, die durch dunkle Gänge miteinander verbunden sind. In der **Töpfer-Kooperative** stehen einige uralte Brennöfen; hier werden Töpferwaren in schlichtem Grün und Braun hergestellt. Am Samstag gibt es einen Souk.

MARATHON DES SABLES

Alljährlich findet in der Wüste um Merzouga und Foum Zguid ein Langstreckenlauf statt, der – was Wunder! – als härtester der Welt gilt. Hunderte Läufer versuchen, in sechs Tagen die 229 km lange Strecke zurückzulegen (www.saharamarathon.co.uk).

✚ 193 F2 ✉ 22 km südlich von Zagora
🚌 Bus von Zagora, M'Hamid

Zaouia Naciri
✉ an der Hauptstraße 🕒 tägl. 9–12, 15–16 Uhr ✋ Spenden erwünscht

Töpfer-Kooperative
✉ an der Hauptstraße 🕒 tägl. 9–19 Uhr

63 M'Hamid

Dass M'Hamid einst ein wichtiger Halt an der Karawanenroute durch die Sahara war, sieht man heute noch daran, dass hier Berber, Araber aus der Sahara oder aus dem Sudan stammende Einwohner leben. Die moderne Stadt ist klein und bietet einen bunten Montags-Souk. Von Interesse sind die Sand-

Zagora ist eine Stadt mit Charme und ein guter Ausgangspunkt für Touren in die Dünen bei M'Hamid

dünen in der Umgebung, die nur
per Geländewagen mit Fahrer oder
per Kamel erkundet werden sollten.
Am besten ignorieren Sie die Rei-
sebüros in Zagora und gehen direkt
nach M'Hamid. Dort finden Sie Sahara Services (Tel. 0661 77 67 66;
www.saharaservices.info), eines der
besten und erfahrensten Reisebü-
ros am Ort.

✚ 193 F2 ✉ 40 km vor der algerischen
Grenze 🚌 Busse täglich von Tinfou und
Zagora (94 km)

64 Erfoud

Die kleine Siedlung am Rand des
Ziz-Tals legten in den 1930er-Jah-
ren französische Fremdenlegionäre
an. Sie ist Ausgangspunkt für Ex-
kursionen ins **Tafilalet** mit seinen
Oasengärten, Berber-*ksour* und den
Sanddünen von Merzouga.

Im Oktober reisen Touristen und
etliche Berberstämme zum **Dattelfest** an, zu dem ein großer Souk,
Kamelrennen, Volkstänze und die
Wahl der Dattelkönigin veranstaltet
werden. Im nahe gelegenen **Rissani**
ist **Moulay Ali Cherif** geboren, der
Stammvater der Alaouiten-Dynas-
tie. Deshalb ist es eine bedeutende
Pilgerstätte.

✚ 191 D1
🚌 Busse von Er Rachidia, Ouarzazate,
Marrakech, Meknès und Rissani

65 Merzouga

Für Kinder ist es der größte
Sandkasten der Welt – Erwachsene
bestaunen das Sandmeer, das
sich bei Merzouga aus der Ebene
erhebt. Die Attraktion ist hier die
Wüste, und die nahegelegenen
Dünen von **Erg Chebbi** sind wirklich
spektakulär. Die Düne am Hotel
Merzouga (1 km vor dem Ort) ist
mit 150 m die höchste in Marokko:
Die Berber schwören auf die
lebensverlängernde Wirkung eines
Sandbades und lassen sich im
Hochsommer bis zum Hals darin
eingraben (➤ 170). Hotels organisieren in der Regel Aktivitäten in
der Wüste.

✚ 191 D1 ✉ 50 km nach Erfoud, 20 km zur
algerischen Grenze 🚌 Bus von Erfoud

66 Irhil M'Goun

Das M'Goun-Massif ist mit 4068 m
Marokkos höchste Erhebung nach
dem Toubkal (➤ 155). Die Landschaft, vor allem das Tal Aït Bougmez ist von außergewöhnlicher
Schönheit. Zwischen den sich zu
fantastischen Schluchten und Klip-
pen formierenden Felsen und in
den Berberdörfern scheint die Zeit
stillzustehen – wenn man die Satel-
litenschüsseln ignoriert.

✚ 193 E3
✉ Bureau des Guides, Azilal
☎ 0523 45 94 30 🚌 Bus Marrakech–Azilal,
dann mit dem Minibus ins Aït Bougmez nach
Tabannt

Wohin zum ... Übernachten?

Preise
für ein Doppelzimmer pro Nacht (inkl. Frühstück und Steuern):
€ unter 600 DH   €€ 600–1600 DH   €€€ über 1600 DH

AÏT BEN HADDOU

Dar Mouna €–€€

Ein freundliches und einladendes Pisé-Gästehaus mit Blick auf die malerische Kasbah. Sicherlich die beste Unterkunft in dieser Region mit großartiger Aussicht bei Nacht.
✚ 193 E3 ✉ Aït Ben Haddou
☎ 0528 84 30 54; www.darmouna.com

ERFOUD

Auberge Kasbah Derkaoua €–€€

Das ist die beste Unterkunft hier, mitten in der Wüste mit einfachen, geschmackvollen Zimmern und Bungalows (nur mit Halbpension), das Abendessen ist vorzüglich. Der französische Besitzer, gibt Ausflugstipps, das Hotel besitzt eigene Kamele, Pferde und Maultiere und einen kleinen »Pool«.
✚ 191 D1 ✉ 23 km, zwischen Erfoud und Merzouga ☎ 0535 57 71 40; www.aubergederkaoua.com

Kasbah Xaluca Maadid €€

Eine extravagante Kasbah. Die 140 Zimmer liegen um einen schönen Swimmingpool. Das Hotel hat Fahrräder und Quads, organisiert Ausflüge und ist familienfreundlich mit seinen großen Zimmern und Pool.
✚ 191 D1 ✉ 5 km, nördlich von Erfoud
☎ 0535 57 84 50; www.xaluca.com

IGHREM N'OUDAL

I Rocha €–€€

Das hübsche Gästehaus hat einfache, schöne Zimmer, die um einen bepflanzten Innenhof angeordnet sind. Hier kann man wie bei Freunden Urlaub machen und in der wundervollen Landschaft des hohen Atlas oder der Flint-Oase wandern.
✚ 193 D3 ✉ Tisseldi, an der Tizi N'Tichka Road ☎ 0667 73 70 02; www.irocha.com

IMLIL

Kasbah du Toubkal €€

Ein preisgekröntes, umweltfreundliches Refugium in den Bergen mit Blick auf den Jebel Toubkal. Es liegt im Dorf Imlil und ist der perfekte Ausgangspunkt für Wanderer. Es gibt 15 Zimmer im marokkanischen Stil und ruhige Terrassen und Gemeinschaftsräume. Das Hotel hat einen kleinen Pool, ein Hammam sowie ein hervorragendes Restaurant. Geeignet auch für einen Tagesausflug von Marrakech.
✚ 193 D3 ✉ Imlil, Asni ☎ 0524 48 56 11; www.kasbahdutoubkal.com

KELAÂ M'GOUNA

Kasbah Itran €

Diese kleine Kasbah mit Blick auf den Fluss M'Coun ist der perfekte Ausgangspunkt für diejenigen, die in dieser schönen Landschaft wandern möchten.
✚ 193 E3 ✉ am Stadtrand von Kelaâ M'Gouna
☎ 0524 83 71 03/0662 62 22 03; www.kasbahitran.com

M'HAMID

Dar Azawad €€–€€€

Dieses Hotel hat 13 klimatisierte Zimmer, die im Marrakech-Stil mit *tadelakht* (traditioneller Kalkputz) und Kunstgegenständen aus der Region eingerichtet sind. Im Garten gibt es acht Nomadenzelte, jeweils mit eigenem Bad. Das Restaurant ist exzellent.

✠ 193 F2 ✉ Doular Ouled Driss
☎ 0524 84 87 30; www.darazawad.com

OUARZAZATE

Dar Daif €–€€

Dieses Hotel von Zineb und Jean-Pierre Datcharry liegt in einer restaurierten Pisé-Kasbah, mit Blick über den See und die Gipfel des Atlas-Gebirges. Es hat elf Zimmer, ein Hammam, einen Swimmingpool und einen Garten. Die Besitzer betreiben das Reisebüro Désert et Montagne (Tel. 0524 85 49 49; www.desert-montagne.ma), das auf Wüstentrecks spezialisiert ist.

✠ 193 E3 ✉ Douar Talmasla, Ouarzazate, an der Straße nach Zagora, hinter dem Hotel La Vallée abbiegen und dann 5 km auf gutem Feldweg ☎ 0524 85 42 32; www.dardaif.ma

OUIRGANE

Auberge Chez Momo €

Diese zauberhafte Auberge in den Bergen wird gut und professionell geführt. Um einen Pool in einem paradiesischen Garten liegen die kleinen Bungalows. Das Restaurant serviert höchst leckere Speisen in einem sehr angenehmen Ambiente bei offenem Kamin.

✠ 193 D3 ✉ 60 km Richtung Route de Taroudant, Ouirgane ☎ 0524 48 57 04; www.aubergemomo.com

SKOURA

Dar Ahlam €€€

Wenn Geld keine Rolle spielt, bietet Dar Ahlam ultimativen Luxus in einer Kasbah im Palmenhain von Skoura. Das Hotel hat nur neun Suiten und drei Villen mit Privatpool, einen beheizten Pool, ein großes Spa und ein Gourmetrestaurant mit französischen Chefköchen. Zudem gibt es fünf luxuriöse Zelte in der Wüste und es werden Touren mit dem Geländewagen angeboten.

✠ 193 E3 ✉ nordöstlich von Skoura
☎ Frankreich: 0033 1 45 44 16 79; www.darahlam.com

TAROUDANT

Dar Zitoune €€

Ein Resorthotel mit komfortablen Zimmern in neuen Bungalows in einem duftenden Garten gelegen und einem beheizten Swimmingpool und Hammam. In dem sehr guten Restaurant wird marokkanisch und italienisch gekocht.

✠ 192 C2 ✉ Boutarialt el Berrania, 1,5 km vom Zentrum von Taroudant ☎ 0528 55 11 41; www.darzitoune.com

Riad Tafilag €€

Das zauberhafte *riad* liegt mitten in Taroudant mit acht individuell gestalteten Zimmern, die auf mehrere Gebäude verteilt sind. Den Charme der Unterkunft macht auch das fürsorgliche Personal aus.

✠ 192 C2 ✉ 31, Derb Taffelaght
☎ 0528 85 06 07; www.riad-tafilag.com

ZAGORA

Kasbah Asmaa €€

Die Zimmer im neuen Gebäude dieser Kasbah hinter beeindruckenden Pisé-Wänden sind bequemer, die Zimmer in den Türmen haben eine herrliche Aussicht auf den Palmenhain. Im Garten liegt ein wundervoller Pool. Im Sommer speist man im Garten oder in einem marokkanischen Salon.

✠ 193 F2 ✉ 2 km, außerhalb von Zagora
☎ 0524 84 75 99; www.kasbah.asmaa-zagora.com

Villa Zagora €€€

Wunderschöne kleine Villa mit fünf hübschen Zimmern und sehr freundlichem Personal. Im Winter lockt der Kamin, im Sommer die Dachterrasse mit herrlichem Blick.

✠ 193 F2 ✉ Amezrou ☎ 0524 84 60 93; www.mavillaausahara.com

Wohin zum ...
Essen und Trinken?

Preise
für ein Drei-Gänge-Menü (inkl. Steuern und Service) ohne Getränke:
€ unter 200 DH   €€ 200–400 DH   €€€ über 400 DH

Die meisten südmarokkanischen Lokale sind Hotels oder kleineren Gasthöfen angeschlossen. Einige der schönsten Restaurants sind oft mit Reisegruppen belegt, sodass Einzelreisende manchmal abseits sitzen und leicht übersehen werden.

ERFOUD

Cafe Dadani €
Ein hübsches Café-Restaurant mit Gerichten der traditionellen marokkanischen Küche, die auf einer Terrasse serviert werden, wo Reisende und Einheimische gerne sitzen.
✚ 191 D1 ✉ 103, Avenue Mohammed V ☎ 0535 57 79 58 ⊕ tägl. mittags und abends

GOULMIMA

Gîte chez Pauline €–€€
Nur für Herbergsgäste oder auf Bestellung gibt es in dieser außergewöhnlichen kleinen Gîte, 18 km von Goulmima entfernt, sehr gutes Essen. Das Gemüse und meist auch das Fleisch kommt von der eigenen *ferme*, ist biologisch angebaut und natürlich ernte- bzw. schlacht- frisch. Die französischen Besitzer haben das Haus mit vielen afrikanischen Elementen schön eingerichtet, der Garten ist groß, üppig und hat einen hohen Erholungswert.
✚ 193 F3 ✉ Tadigoust ☎ 0535 88 54 25; www.gitechezpauline.com

IMLIL

Kasbah du Toubkal €€
Die Kasbah liegt nur einen kurzen Fußweg von Imlil entfernt und hat

sich so zu einem beliebten Mittags- ziel entwickelt. Die hervorragenden marokkanischen Gerichte werden im Sommer auf der Terrasse und im Winter in einem der Salons ser- viert. Im Voraus reservieren.
✚ 193 D3 ✉ Imlil ☎ 0524 48 56 11; www. kasbahdutoubakal.com ⊕ tägl. mittags und abends

MERZOUGA

Ksar Sania €
Die wunderbar zubereiteten Spei- sen und der herrliche Ort lohnen den kleinen Weg von Merzouga. Das Essen wird im Sommer im Gar- ten mit Blick auf Dünen und Oase, im Winter im großen Speisesaal serviert. Neben vorzüglichen ma- rokkanischen stehen französische Gerichte auf der Karte.
✚ 191 D1 ✉ Hotel Ksar Sania, 1,5 km außer- halb von Merzouga, an der Piste nach Taouz ☎ 0535 57 74 14; www.ksarsaniahotelmerzouga.com ⊕ tägl. Frühstück, Mittag- und Abendessen

OUARZAZATE

Chez Dimitri €€
Das französisch-marokkanische Restaurant hat viel nostalgischen Charme. Das Gebäude von 1928 wurde zuerst als Post- und Telefon- amt sowie als Bar und Tanzsaal für die Soldaten genutzt. Den Saal zie- ren heute signierte SchwarzWeiß- Fotos von Filmstars und anderen Berühmtheiten, die hier waren. Auf der Speisekarte stehen traditionelle französische und marokkanische Gerichte, große Weinkarte.

📍 193 E3 ✉ 22 avenue Mohammed V
☎ 0524 88 73 46; www.bestrestaurantsmaroc.
com/en/restaurant-maroc/chez-dimitri.html
🕐 tägl. mittags und abends

La Kasbah €–€€
Von den Terrassen blickt man auf
die Kasbah. Hier und in den Spei-
seräumen werden gute marokkanische Speisen serviert, kein Alkohol.
📍 193 E3 ✉ gegenüber der Kasbah Taourirt
☎ 0524 88 20 33 🕐 tägl. 7–23 Uhr

Le Relais de Saint-Exupéry €€
Das nostalgische Restaurant hat einen schönen Speisesaal mit alten
Fotografien. Einige zeigen den
Schriftsteller Antoine de Saint-Exu-
péry, dessen Buch *Der kleine Prinz*
bis heute unvergessen ist; der Autor war Anfang der 1940er-Jahre
über Portugal nach Marokko ge-
reist. Zu den vorzüglichen Speisen
gehören französische und marokkanische Spezialitäten oder eine
Mischung – z. B. Dromedarfleisch
oder Fondue Bourguignonne.
📍 193 E3 ✉ 13, avenue Moulay Abdallah, an
der Straße nach Tinerhir
☎ 0524 88 77 79; www.relais-ouarzazate.com
🕐 tägl. mittags und abends

SKOURA

Chez Talout €€
Diese kleine Pension serviert boden-
ständige marokkanische Gerichte
auf der Terrasse mit Blick auf den
Palmenhain und die Berge.
📍 193 E3 ✉ 7 km vor Skoura, an der
Ouarzazate road ☎ 0524 85 26 66;
www.talout.com 🕐 tägl. mittags und abends

TALIOUINE

Auberge Souktana €
Auf der Speisekarte stehen klassische marokkanische Gerichte wie
tajine mit Fleischbällchen und Ei sowie *briouats* (kleine, gefüllte Paste-
ten). Auch ein köstliches Frühstück
ist zu haben. Serviert wird im überdachten Innenhof. Sie können Alkohol mitbringen (kein Ausschank).

📍 193 D2 ✉ 2 km außerhalb Taliouine, an der
Straße nach Ouarzazate ☎ 0528 53 40 75
🕐 tägl. 7–23 Uhr

TAROUDANT

Chez Nada €
Dieses einfache, sehr beliebte Restaurant serviert leckeren Couscous,
tajines und Salate innen oder auf
der Terrasse. Spezialitäten wie die
vorzügliche *pastilla* mit Taube müssen einige Stunden im Voraus bestellt werden.
📍 192 C2 ✉ rue Ferk Lahbab, beim Hotel Les
Saadiens ☎ 0528 85 17 26 🕐 tägl. 8–23 Uhr

Taroudant Hotel-Restaurant €–€€
Traditionelle französische und
marokkanische Gerichte werden im
Restaurant im Kolonialstil mit hohen Decken aufgetragen. Das älteste Hotel der Stadt liegt an einem
belebten Platz. Das Vier-Gänge-Me-
nü ist preiswert, abends gibt's an
der Bar einen Drink.
📍 192 C2 ✉ place al Alaouyine (Assarag)
☎ 0528 85 24 16 🕐 tägl. mittags und abends

TINERHIR

Tombouctou Hotel-Restaurant €€
Wie das Hotel bezaubert auch das
exzellente Restaurant durch
Charme und Fantasie. Auf der
Karte finden sich einige köstliche
spanische, aber auch marokkanische Gerichte. Spezialitäten wie
Couscous oder *mechoui* (Lammbraten) müssen im Voraus bestellt
werden; kein Alkoholausschank,
Mitbringen von Getränken erlaubt.
📍 190 B1 ✉ avenue Anzarane
☎ 0524 83 46 04; www.hoteltomboctou.com
🕐 tägl. mittags und abends

TIZNIT

Riad Janoub €€
In diesem exklusiven *riad* bekommt
man Abendessen nur auf Vorbestellung. Dafür bereitet die Köchin
des Hauses nach Fassi-Art wirklich

gutes Essen zu: eine große Auswahl an gekochten Salaten, *tajines*, *bastilla*… Gegessen wird entweder im schönen Garten, im stilvollen Salon oder auf der Terrasse.

✠ 192 B2 ✉ rue de la grande mosque ☎ 0528 60 27 26; www.riadjanoub.com

GORGE DU DADÈS/DU TODHRA

Fibule du Dades €

Die kleine Herberge mit nur drei einfachen hübschen Zimmern liegt am Ende der Dadès-Schlucht (Gorge du Dadès), kurz bevor sich die Serpentinen nach oben winden. Hier gibt es wunderbares Essen: Köstlich schmecken die *tajines*, die von der Dame des Hauses traditionell auf glühender Kohle gegart werden. Wer abends kommt, hat vielleicht das Glück, die Hausmusik zu hören, die der Vater mit seinen Söhnen hier veranstaltet.

✠ 193 F3 ✉ Gorge du Dadès, km 27 ☎ 0524 83 17 31

Les Roches €–€€

Das Hotel-Restaurant an der Todhra-Schlucht (Gorge du Todhra) besuchen mittags gern Reisegruppen, da man in Berberzelten speisen kann. Abends geht es ruhiger zu, wenn bei Kerzenschein feine marokkanische Speisen aufgetischt werden. Kein Alkoholausschank, Sie können Getränke mitbringen.

✠ 193 F3 ✉ Todhra-Schlucht ☎ 0661 74 36 17; www.les-roches.mezgarne. com ⊕ tägl. mittags und abends

VALLÉE D'OURIKA

Auberge Le Maquis €–€€

Das Restaurant dieses kleinen Hotels punktet mit einer wunderschönen Aussicht und hervorragender französisch-marokkanischer Küche. Das Hotel ist am Wochenende sehr beliebt bei Familien aus Marrakech – Sie sollten also im Voraus reservieren. Der Besitzer organisiert auch Wanderungen auf dem Yaggout-Plateau.

✠ 193 D3 ✉ 45 km vom Aghbalou-Ourika-Tal ☎ 0524 48 45 31; www.le-maquis.com ⊕ tägl. 7–23 Uhr

ZAGORA

Chez Ali €

Dieses kleine Gasthaus hat nur vier Zimmer und bietet einfache, aber hervorragende marokkanische Gerichte. Süßigkeiten und Snacks werden den ganzen Tag über in einem hübschen Garten serviert.

✠ 193 F2 ✉ avenue Mohammed V ☎ 0524 84 62 58; http://chezali.net ⊕ tägl. 8–22 Uhr

Dar Sofian €€

In einem wirklich paradiesischen Garten einer eleganten Villa kann man hervorragend essen. Die Speisekarte richtet sich sowohl nach der Saison als auch nach dem Marktangebot in Zagora. Neben den üblichen *tajines* und Couscous gibt es auch Leckereien wie gefüllte Tauben oder *bastilla*. Alkohol wird serviert – tagsüber dürfen Sie den Pool benutzen. Auch die Zimmer sind bildschön und komfortabel.

✠ 193 F2 ✉ Route de Nakhla, Amzrou ☎ 0524 84 73 19; www.riaddarsofian.com

Jnane Dar (Chez Abdessadek Naciri) €€

Frisch zubereitete marokkanische Speisen werden in einem hübschen Garten unter Zelten oder im Speisesaal serviert. Abends treten häufig Musiker aus der Gegend auf.

✠ 193 F2 ✉ gegenüber der Medersa Naciri, Tamegroute, 18 km südlich von Zagora ☎ 0524 84 06 22; www.jnanedar.ch ⊕ tägl. Frühstück, Mittag- und Abendessen

Kasbah Asmaa €€

Vorzügliche marokkanische Gerichte gibt es hier: Die Spezialität des Hauses ist *mechoui* (Lammbraten, einen Tag im Voraus bestellen). Alkohol gibt's nur zu den Mahlzeiten.

✠ 193 F2 ✉ 2 km von Zagora; an der Straße nach M'Hamid ☎ 0524 84 75 99; www.asmaa -zagora.com ⊕ tägl. mittags und abends

Wohin zum …
Einkaufen?

SOUKS UND MÄRKTE

An der Place des FAR in **Erfoud** ist täglich Markt und samstags wird ein größerer Souk abgehalten. Sonntags gibt es am Stadtrand von **Ouarzazate** Richtung Marrakech einen großen Souk, dienstags und samstags kleinere in **Sidi Daoud** bzw. **Tabounte**.

Taroudant ist für sein Kunsthandwerk bekannt, die beiden Souks sind authentischer und weniger touristisch als die in Marrakech. Im arabischen Souk ist ein großer Gewürzmarkt, es gibt einen vorzüglichen Souk für Berberschmuck und Plastiken. Auf dem Marché Berbère kaufen eher Einheimische ein: gute, preiswerte Töpferwaren der Berber, Kleidung und Nahrungsmittel.

Berühmt ist der Berbersilberschmuck aus **Tiznit**, der in den engen Gassen des Souks der Silberschmiede angeboten wird. Der neue Souk der Stadt an der Place du Mèchouar hat eine größere Auswahl, ist aber weniger ursprünglich. Es gibt einen Donnerstags-Souk an der Straße nach **Tafraoute**.

Der überdachte Souk in **Zagora** ist täglich geöffnet; mittwochs und samstags verkaufen die Berber aus der Gegend ihre Waren.

SCHMUCK UND ANTIQUITÄTEN

In der unteren Kasbah von **Aït Ben Haddou** verkaufen einige Geschäfte »Antiquitäten« und Teppiche aus der Gegend sowie Tuaregschmuck, doch Schnäppchen sind kaum zu finden. Tuaregschmuck wird in **Zagora** im **Maison Berbère** gegenüber dem Hotel Tinsouline angeboten; hier gibt es auch das schönste Kunsthandwerk der Stadt. Das **Cen-**tre Artisanal an der Avenue Mohammed V in **Tiznit** hat Schmuck und Kunsthandwerk im Angebot. Eine Auswahl schöner Antiquitäten und Teppiche bietet der Teppich-Souk in Taroudant.

KUNSTHANDWERK

Im **Ensemble Artisanal** gegenüber der Kasbah in **Ouarzazate** findet man Berbertöpferwaren, Arbeiten aus Holz und Alabaster, Teppiche und Silberschmuck. Eine **Teppich-Kooperative** findet sich in Tazenakht, rund 80 km westlich von Ouarzazate, wo vor allem Glaoui-Teppiche (aber auch andere) verkauft werden. Die Kooperative garantiert den Menschen hier ein Einkommen und teilt fair.

Das **Le Paon de l'Arganier** (5, boulevard Laayoune, gegenüber vom Berbère Palace Hotel in Ouarzazate; Tel. 0524 88 41 97) verkauft Schönheitsprodukte, die von Frauenkooperativen in Marokko hergestellt werden.

In **Tamegroute** gibt es mehrere kleine Keramikfabriken, die immer noch die hiesige, grün glasierte Keramik herstellen. Im **Dar Azawad in M'Hamid** (➤ 164) werden Produkte der oberen Preisklasse verkauft. In der Stadt gibt es außerdem mehrere Geschäfte, die bestickte Kleidung und bunte Gürtel sowie typische regionale Lederarbeiten der Touareg anbieten.

Erfoud ist für seinen dunklen, überallhin exportierten **Marmor** bekannt. Wer ein ungewöhnliches Souvenir sucht, wählt vielleicht ein **Aquarell** von Madeleine Laurent, die in der Rue el Wahda 68 beim Hotel Salam ihr Atelier hat.

DATTELN

Datteln sind ein schönes Mitbringsel, die besten sollen aus **Zagora** kommen. Kosten Sie einige Sorten vor dem Einkauf. In **Erfoud** erhält man die Datteln auf dem Markt.

Wohin zum ... Ausgehen?

AUSFLÜGE IN DIE WÜSTE

Das Unterhaltungsangebot in **Merzouga** konzentriert sich auf die Wüste: Viele Hotels haben diverse Sightseeing-Touren im Programm. **Kamelritte** bieten in Zagora die Veranstalter zu vergleichbaren Preisen an. Sie können über die Hotels vor Ort gebucht werden.

In M'Hamid bietet u. a. **Sahara Services** (Tel. 0661 77 67 66; www. saharaservices.info) wunderbar organisierte Touren (1–14 Tage) in der herrlichen Wüstenlandschaft zwischen M'Hamid und der algerischen Grenze an. **Wilderness Wheels** (44, hay al Qods; Tel. 0524 88 81 28; www.wilderness wheels.com) bietet geführte Motorradtouren. Der ultimative Ausflug ist zweifellos der **Marathon des Sables** (www.saharamarathon.com; März/April), ein siebentägiger Lauf durch die Wüste.

SANDBÄDER

Nach Merzouga kommen die Berber, um hier ein Sandbad zu nehmen. Doch es gehört Mut dazu, sich in der glühenden Hitze bis zum Hals im Sand eingraben zu lassen (Informationen in den Hotels).

SPORT UND FREIZEIT

Oukaïmeden hat einen imposanten Skilift auf 3273 m Höhe und die besten **Skibedingungen** in Marokko (Dezember bis März/April). **Wanderungen** sind an den tiefer gelegenen Hängen fast das ganze Jahr über möglich; Infos: **Refuge du Club Alpin** (Tel. 0661 97 11 11; www.caf rabat.com). Von **Kasbah du Toubkal** (➤ 164) aus lassen sich Ausflüge in das Atlasgebirge machen. **Golfer** gehen zu **Golf Royal** in Ouarzazate (Tel. 0524 88 26 53).

Die Atlasregion und der Süden sind ein Paradies für **Wanderer**. Die meisten wählen den bekannten Weg am **Berg Toubkal** (➤ 155), aber auch sonst ist die Landschaft spektakulär – z. B. am **Jebel Sarhro** oder im malerischen Aït Bougmez und dem **Djebel M'Goun** (➤ 163). Wenn Sie lieber in der Wüste und in den Sanddünen in der Nähe von M'Hamid oder Merzouga wandern möchten, kontaktieren Sie **Sahara Services** (M'Hamid; Tel. 0661 77 67 66; www.saharaservices.info).

In den städtischen Gärten in der Nähe des Palais Salam in Taroudant gibt es sechs **Tennisplätze**. Eine **Radtour** um die Stadtmauer ist empfehlenswert (Radvermietung an der Avenue Mohammed V).

Reiter finden Pferde im **Chez Habib** (368, Rue Mansour ed Dahabi) in der Nähe des Bab Zorgane. Das der Familie Proust gehörende **North Africa Horse** (20 km Route de Skoura, Tel. 0524 88 68 89) arrangiert Stunts mit Pferden und Kamelen für die Filmindustrie. Es gibt eine Show, Ausritte auf Kamelen oder Pferden werden angeboten. Das **Cinema Atlas** an der Rue de la Poste in Ouarzazate zeigt meist französische, indische oder arabische Filme.

VOGELBEOBACHTUNG

Der **Oued Massa Nationalpark** ist für sein Vogelschutzgebiet bekannt. Ornithologen aus aller Welt kommen hierher, um Vögel zu beobachten, die man sonst nirgendwo mehr findet. Touren hierher werden von Agadir aus organisiert.

DATTELFEST

Im Oktober findet in **Erfoud** das Dattelfest statt, eine Mischung aus religiöser Feier und irdischen Freuden.

Spaziergänge & Touren

1 KUTSCHFAHRT IN MARRAKECH

Tour

LÄNGE: 4–5 km DAUER: 3–4 Stunden inklusive Besichtigungen
START: Die Kutschen stehen hinter der Mosquée de la Koutoubia an der Avenue Houmane el Fetouaki (Bus Nr. 1 von den Hauptplätzen in Guéliz). ✠ 193 D3 ZIEL: Djemaa el Fnaa ✠ 193 D3

Die geruhsame Fahrt mit der Pferdekutsche *(calèche)* ist nicht nur für Familien ein besonderer Spaß. Sie führt in die südlichen Viertel der Medina, in der bedeutende Sehenswürdigkeiten stehen, die Leute aber auch ungerührt von Touristen ihren täglichen Geschäften nachgehen.

Es lohnt sich, im Voraus eine Summe für die ganze Fahrt inklusive Besichtigungsstopps auszuhandeln. Am besten ist eine Fahrt um 9 Uhr oder, wenn es nicht zu heiß ist, um 14 Uhr, denn viele Sehenswürdigkeiten haben mittags geschlossen.

❶–❷

Achten Sie auf das Minarett der **Mosquée de la Koutoubia**, eines der Wahrzeichen von Marrakech. Weiter geht es rechts auf die Rue Sidi Mimoun mit der Koubba de Youssef ben Tachfine auf der rechten Seite. Sie führt zu zwei Toren, dem **Bab Agnaou** und dem **Bab er Rob**

(▶ 59). Das **Bab Agnaou**, ein schönes Almohadentor, stammt aus derselben Zeit wie die Koutoubia und führte von der Medina in die Königsstadt. Sie gelangen in die ummauerte Stadt über einen Durchgang neben dem Bab Agnaou. Direkt vor Ihnen ragt die **Mosquée de la Kasbah** auf (auch Moschee von el Mansour genannt), sie wurde 1190 von Sultan Abou Youssouf Yakoub el Mansour errichtet. 1569 in Teilen durch eine Explosion zerstört, wurde sie von den nachfolgenden Königen restauriert, zuletzt von Hassan II. (1929–99). Ein enger Gang rechts der Moschee führt zum Eingang der herrlichen **Saaditengräber** (▶ 64), einem Höhepunkt der Stadtbesichtigung.

❷–❸

Weiter geht es auf der Rue de la Kasbah und am Ende links in die Rue du Méchouar. An deren Ende führt rechts ein Torweg in der Stadtmauer zu einem großen Platz. Nehmen Sie den rechten Weg durch die Porte de l'Aguedal. Sie führt zum **Méchouar**, wo die Sultane im 18. und 19. Jh. Audienzen hielten und europäische Botschafter empfingen. Gehen Sie über den Méchouar (der Königspalast links ist nicht zugänglich), und passieren Sie das Tor. Das nächste Tor unmittelbar links führt auf die Rue Berrima mit der *mellah*

Die Medina lässt sich sehr gut per Kutsche erkunden

Ahmed el Mansour ist im Saaditengrab mit seinem Sohn und Nachfolger Zaidan sowie seinem Enkel Mohammed esh Sheikh II. bestattet

DIE *MELLAH*

Erst 1558, erheblich später als in anderen Städten Marokkos, siedelten die Saaditen die jüdische Gemeinde von Marrakech in eine Gegend in der Nähe des Sultanspalasts um, die *mellah*. Es war ein sicheres Viertel mit nur zwei Eingangstoren. Die meisten Sultane schätzten die Juden als Bankiers, Händler und Handwerker. Ein Rat der Rabbis übte die Herrschaft in der Gemeinde aus, die ihre eigenen Friedhöfe, Gärten und Märkte hatte. Bis in die 1940er-Jahre lebten hier über 16 000 Menschen, danach emigrierten die meisten in den 1948 gegründeten Staat Israel, nur wenige blieben.

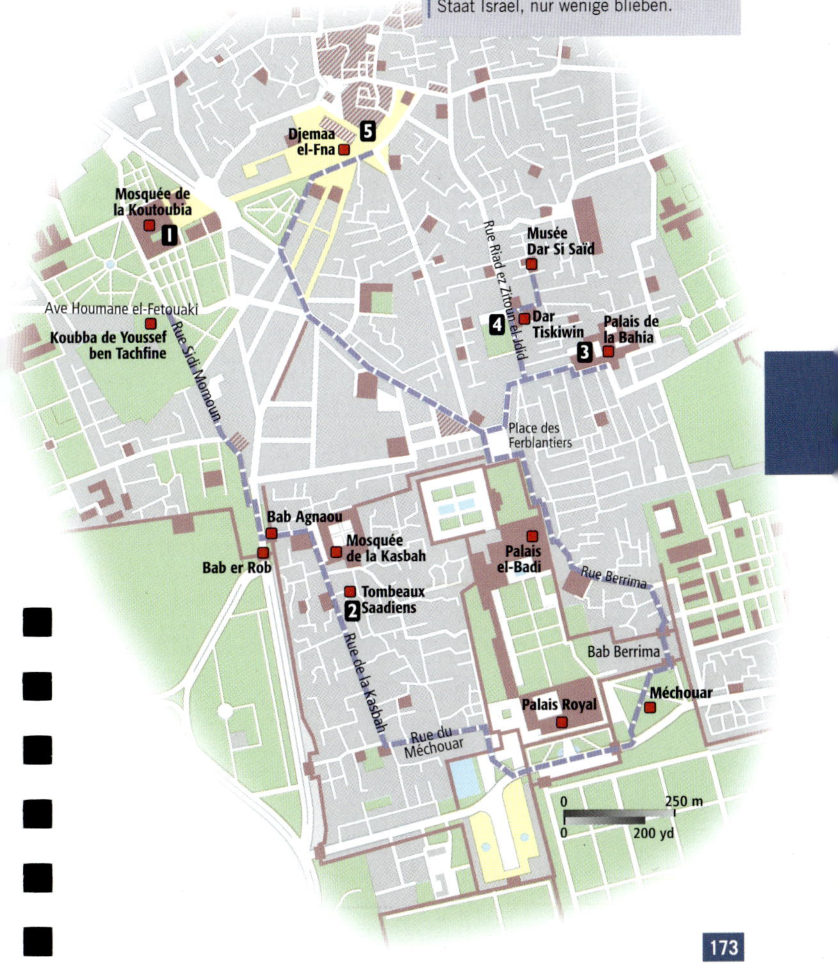

Von der einstigen Pracht des Palais El Badi ist so gut wie nichts mehr übrig

rechts dahinter. Am Ende der Straße, am Bab Berrima, führt ein Gang zwischen zwei Mauern zum im 16. Jh. erbauten **Palais El Badi** (➤ 64). Kehren Sie durch das Bab Berrima zur Place des Ferblantiers zurück, einem großen, rechteckigen *fondouk* (Karawanserei) mit Metallwerkstätten, in denen viele der in den Souks verkauften Laternen hergestellt werden. Die Fahrt geht weiter rechts in die Avenue Houmman el-Fetouaki mit dem Friedhof zur Linken und der *mellah* rechts. An der Kreuzung mit der Rue Riad ez Zitoun el-Jdid befindet sich der Eingang zum **Palais de la Bahia** (Ende 19. Jh. ➤ 64) mit einem Museum.

3–4

Nachdem Sie das Palais de la Bahia besucht haben, fahren Sie mit der Kutsche wieder rund 100 m zurück. Während die Kutsche auf dem Parking de la préfecture wartet, gehen Sie ein kurzes Stück zu Fuß. Rechts begeben Sie sich durch einen Torbogen in die Rue de la Bahia zunächst zu dem schönen Privatmuseum **Dar Tiskiwin** (gleich auf der rechten Seite) und danach weiter zum **Musée Dar Si Said,** das marokkanische Kunst zeigt; der Weg ist vom Tor aus beschildert.

4–5

Zurück in der Kutsche fahren Sie wieder in Richtung des **Place des Ferblantiers** und fahren von dort weiter zum **Djemaa el Fna.**

KLEINE PAUSE

In etlichen der herrschaftlichen Häuser aus dem 19. und 20. Jh. an der Rue Riad ez Zitoun el-Jdid haben sich heute anspruchsvolle Restaurants etabliert wie das **La Tanjia** (14 derb Jolid, Hay Essalem; Tel. 0524 38 38 26) und das **Earth Café** (2, Derb Zawak, Riad Ziton Kedim; Tel. 0660 54 49 92). Wer mehr Zeit hat, kann sich am **Djemaa el Fna** stärken (➤ 52).

2 RUND UM DEN TOUBKAL

Wanderung

LÄNGE: 12 km **DAUER:** 1 Tag **START/ZIEL:** Hotel Le Soleil, Imlil (Minibus, Truck oder Taxi von Asni) ✚ 193 D3 **INFORMATION:** Büro der Bergführer-vereinigung Marokkos in Imlil, Tel. 0524 48 56 26

Die Wanderung führt durch eine spektakuläre Gebirgslandschaft und schöne Berberdörfer. Sie ist der erste und leichteste Abschnitt des beliebten Aufstiegs auf den Jebel (Djebel) Toubkal und für Berber eine Pilgerroute zum Schrein des Sidi Chamarouch.

Obwohl sie recht lang ist, fällt diese Wanderung den meisten leicht. Wenn Sie sich nicht ganz sicher sind, können Sie ein Maultier als Transportmittel nehmen. Diese sind in Imlil oder Aremd für halbe oder ganze Tage zu mieten (in Cafés oder Restaurants fragen); Preis: etwa 150 DH pro Tag plus Trinkgeld für den Treiber. Für den viel begangenen Weg benötigen Sie eigentlich keinen Führer; wollen Sie dennoch einen anheuern, rechnen Sie mit mindestens 200 DH pro Tag.

In Imlil und Aremd gibt es etliche Hotels, in denen Sie übernachten können. Das Hotel Kasbah du Toubkal bietet Zimmer im Schlafsaal für Wanderer (► 164; www.kasbahdutoubkal.com) oder über das Büro in Marrakech (Tel. 0524 48 56 11).

❶–❷
Sie starten gegen 8 oder 9 Uhr am Hotel Le Soleil und folgen dem

Wanderer bei einer Pause neben den heiligen Wassern von Sidi Chamarouch

Spaziergänge & Touren

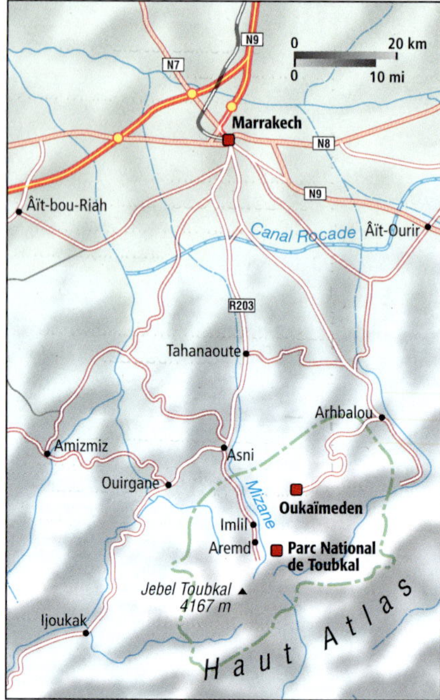

Häusern und am **Hotel Kasbah du Toubkal** vorbei, einer alten Glaoui-Kasbah mit einer wunderschönen Aussicht. Bald steigt der Pfad oberhalb der Walnussbäume an und die Landschaft öffnet sich. Nach etwa 45 Minuten (2 km) geht es links auf einen breiten Weg. Jenseits des Flusses thront auf einem breiten Sporn das malerische Aremd.

❷–❸

Aremd, das größte Dorf im Mizane-Tal, hat von der Besteigung des Jebel Toubkal durch Touristen profitiert. Im noch recht ursprünglichen Ort kann man beobachten, wie die Berber arbeiten und leben. Queren Sie den Fluss (es gibt eine Brücke, das Flussbett ist aber meist recht trocken), und steigen Sie über gewundene Straßen bis zum höchsten Punkt des Dorfes auf. Kehren Sie dann auf demselben Weg über den Fluss zurück und gehen Sie nach links, um im **Hotel Aremd** einzukehren.

Maultierpfad am Hotel de l'Etoile und an einigen kleinen Läden vorbei. Nehmen Sie an der Laiterie Toubkal den ersten Weg rechts, und bleiben Sie auf dem deutlich sichtbaren Pfad, der rechts des Flusses **Mizane** im Zickzack hinaufführt. Es geht an mehreren

Blick nahe Asni auf den Toubkal mit dem Hohen Atlas im Hintergrund

3–4

Nehmen Sie den Pfad gegenüber dem Hotel, der Weg führt durch Schwemmland und Obstgärten zu den Bergen auf der jenseitigen Talseite. Nach etwa 15 Minuten zieht sich unten an den Hängen rechts gut sichtbar ein Pfad durch die grauen Felsen am Fluss in die Berge hinauf.

Nach weiteren 15 Minuten erreichen Sie eine Quelle, bleiben aber auf dem Weg, der nun den Blick auf die Apfelbäume weiter unten freigibt. Nach einer weiteren Stunde werden die Felsbrocken größer, der Fluss bildet kleine Becken.

Plötzlich taucht am Weg eine weiße *koubba* auf, der **Schrein von Sidi Chamarouche**, einem muslimischen Heiligen, der mit traditionellen Berggeistern der Berber in Verbindung gebracht wird. Sein Grab ist nur Muslimen zugänglich, selbst die Brücke, die zum Schrein führt,

sollten Andersgläubige nicht betreten. Der Heilige ist als »König der *jinns*« bekannt.

Viele Pilger, die von einem Geist »besessen« sind (also an psychischen Krankheiten leiden), kommen hierher, damit Sidi Chamarouch Gewalt über den *jinn* bekommt und den Kranken heilt. Einige schwere Fälle bleiben Jahre in den Zellen am Schrein, doch die meisten kommen für einige Tage und baden im heiligen Becken neben der *koubba*.

4–5

Hier, wo der steile Aufstieg zum Jebel Toubkal beginnt, kann man picknicken oder im Weiler **Sidi Chamarouche** einkehren, der das Grab umgibt und von Nachkommen des Heiligen bewohnt wird. Die Becken hinter und unter dem Schrein sind nicht heilig und laden an heißen Tagen zum Bad ein. Aus Rücksicht auf die Einheimischen sollten Frauen beim Bad aber mindestens einen Badeanzug tragen und weiter oben ins Wasser gehen.

5–6

Zurück geht es auf demselben Weg, vorbei an den Fossilien- und Mineraliengeschäften von Sidi Chamarouch. Auf der Wanderung sind Sie kaum allein, denn besonders an den Wochenenden sind ganze Familien aus Marrakech hier unterwegs, häufig barfuß oder in Sandalen. Kehren Sie zur Übernachtung nach Aremd oder Imlil zurück.

KLEINE PAUSE

Getränke und Snacks sind auf der ganzen Route erhältlich. Im **Hotel Aremd** direkt unterhalb des Ortes oder im Weiler Sidi Chamarouch kann man einfach, aber gut zu Mittag speisen. Oder man **picknickt** und badet danach in den Becken des kleinen Flusses.

3 ENTLANG DER TIZI N'TICHKA
Tour

LÄNGE: 273 km **DAUER:** 1 Tag **START:** Bab Doukkala, Marrakech ✚ 193 D3 **ZIEL:** Ouarzazate (täglich Busse und Sammeltaxis von Marrakech über Télouet) ✚ 193 E3

Wie Tizi N'Test (➤ 157) gehört die auf über 2000 m führende Tizi N'Tichka zu den höchsten und spektakulärsten Straßen im Hohen Atlas. Sie bietet Gelegenheit zum Besuch einiger besonders eindrucksvoller Kasbahs.

Die Tour lässt sich auch mit dem Bus zurücklegen – es gibt regelmäßige Verbindungen über die Berge von Marrakech nach Ouarzazate –, doch man sollte dafür mehrere Stunden ansetzen, denn die Kasbahs von Télouet (➤ 161) und Aït Ben Haddou (➤ 154) liegen abseits der Straße. Daher ist es einfacher, für einen Tag ein Auto oder Sammeltaxi zu mieten. Die Straße ist gut und schnell, die abenteuerlichere Strecke von Télouet nach Aït Ben Haddou ist natürlich auch gut zu fahren. Allerdings geht dies nur bei gutem Wetter und deutlich besser ist es mit einem Geländewagen. Wer das Abenteuer nicht scheut, kann natürlich auch diesen direkteren Weg nehmen. Wir befahren die Hauptstraße.

❶–❷

Vom Bab Doukkala folgen Sie der Ausschilderung aus der Stadt nach Fès und Ouarzazate. Nach etwa 7,5 km nehmen Sie an der Gabelung die N 9 rechts nach Ouarzazate. Sie führt durch einen Eukalyptushain. Nach 36 km passieren Sie das erste größere Dorf an der Straße, **Aït-Ourir**, in dem das reizvolle Hotel Le Coq Hardi und Ruinen einer zinnenbewehrten Kasbah liegen. Die Straße, die nun dem Oued Zate folgt, verläuft durch zunehmend schönere Landschaft. Unterwegs sieht man im-

Entlang der Straße Tizi N'Tichka werden Steine und Mineralien verkauft

mer wieder Bergdörfer in dramatischer Hanglage. Inmitten duftender Pinienwälder liegt **Toufliat**, ein malerisches Berberdorf.

2–3

Nach 17 km erreicht man das Bergstädtchen **Taddert**, das von Walnussbäumen umgeben und von Mineralien- und Fossilienhändlern überschwemmt ist. Sie bieten ihre Waren auch entlang der Straße feil. Nach weiteren 12 km gelangt man zu einem **Aussichtspunkt** mit herrlichem Blick zurück übers Tal. Der Col du Tichka 5 km weiter ist mit 2260 m der höchste Pass des Landes. Hier bläst immer ein kräftiger Wind. Doch leider ist der Blick auf die Berge häufig durch

Der Tizi N'Tichka Pass bietet spektakuläre Ausblicke

viele Stände mit Keramik und Fossilien verstellt.

3–4

Nach weiteren 5 km nehmen Sie links eine kleine, nach **Télouet** ausgeschilderte Straße. Sie erreichen den Ort nach 20 km (➤ 161). Weiter geht es auf der Straße und durch das Dorf bis zur Auberge de Télouet (links). Hier biegen Sie nach rechts auf einen schmalen Weg, der zur Kasbah führt (ausgeschildert). Nach 500 m erreichen Sie den Platz vor der **Glaoui-Kasbah**. Halten Sie nach dem Wächter Ausschau, der Ihnen einen Blick ins Innere gestattet. Danach können Sie in der Auberge de Te_louet einkehren.

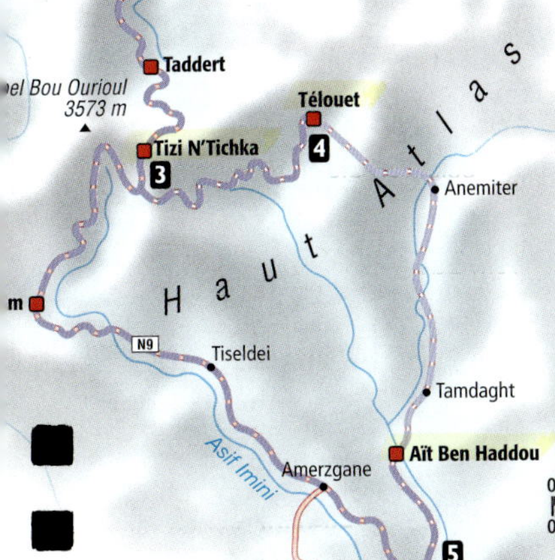

Spaziergänge & Touren

DIE HERREN DES HOHEN ATLAS

Die mächtige Familie Glaoui beherrschte den Atlas von 1875 bis 1956. Anfangs einfache Stammesführer, kontrollierten die Glaouis bald die wichtige Bergstraße des Tizi N'Tichka. Während andere Bergstämme gegen die französischen Kolonialherren kämpften, verbündeten sich die Glaouis mit ihnen. Der französische Marschall Lyautey schätzte ihre Hilfe und setzte ihrem Aufstieg nichts entgegen. Die Brüder Madani und T'hami ernannten sich zu Paschas von Marrakech und setzten Familienangehörige als *caids* (Stammesführer) ein. Diese führten eine despotische Herrschaft über das gesamte Hauptgebirge des Hohen Atlas und die Wüstenstädte. Die Brüder erbauten viele Kasbahs in der Gegend und waren bekannt für ihre verschwenderischen Feste.

Wenn Sie sich nur eine Kasbah ansehen möchten, sollten Sie sich für das gut erhaltene Aït Ben Haddou entscheiden

4–5

Kehren Sie durch die windzerzauste Landschaft mit den verstreut liegenden Terrassendörfern zurück zur Hauptstraße Marrakech–Ouarzazate, und biegen Sie links ab. Nach 10 km erreichen Sie Irherm n'Agoudal, ein typisches Dorf im Hohen Atlas auf 1970 m mit niedrigen Häusern und einem schönen *irherm* oder *agadir* (befestigter Gemeinschafts-Getreidespeicher). Das nächste Dorf Tiurdjal (20 km), das den Hang hinabzurutschen scheint, ist geschmückt von einem Marmor-Minarett mitsamt Storchennest auf der Spitze. Die Straße folgt nun dem Fluss Asif Imini, wird gerader und schneller befahrbar und bietet schöne Panoramablicke über einige der höchsten Gipfel des Atlas, insbesondere unmittelbar vor **Agouim** (8 km). Im Dorf haben Franziskaner an der staubigen Straße 6849, die nach Sour führt, eine Weber-Kooperative eingerichtet.

Wieder an der Hauptstraße, sollten Sie nach etwa 20 km nach der herrlichen **Tiseldei-Kasbah** links Ausschau halten und nach weiteren 2 km nach dem *ksar* von Iflilt, einem von Olivenhainen umgebenen Dorf. Etwa 8 km südlich liegt El Mdint, und 2 km nach Verlassen des Dorfes stehen rechts eine schöne Kasbah mit kunstvollen Türmen sowie der hübsche *ksar* von Taddoula, beide umgeben von Palmen.

5–6

10 km weiter biegen Sie an der Kreuzung nach links auf die 6803 ab, über die man nach 10 km **Aït Ben Haddou** erreicht (► 154). Den besten Blick auf den eindrucksvollen *ksar* hat man von einem Aussichtspunkt 2 km vor dem Dorf. Fahren Sie vom Dorf auf die Hauptstraße zurück und dann links weiter nach **Ouarzazate** (25 km; ► 161).

KLEINE PAUSE

Die **Auberge de Telouet** (Tel. 0524 89 07 17, geöffnet 7–19 Uhr) bietet ein Mittagsmenü (Salat und vorzügliche *tajine*) unter einem Berberzelt mit Blick auf die zerfallende Kasbah. Von der Terrasse des **La Kasbah** (► 167) hat man eine herrliche Aussicht über Aït Ben Haddou. Es werden marokkanisches Essen und am Pool kühle Getränke serviert.

Praktisches

Praktisches

WICHTIGE PAPIERE

- ● Erforderlich
- ○ Empfohlen
- ▲ Nicht erforderlich

	Deutschland	Österreich	Schweiz
Pass (mindestens 6 Monate gültig)	●	●	●
Visum	▲	▲	▲
Weiter- und Rückflugticket	○	○	○
Impfungen (Tetanus, Polio und Malaria)	○	○	○
Krankenversicherung	○	○	○
Reiseversicherung	○	○	○
Führerschein (national, für Selbstfahrer)	●	●	●
Kfz-Haftpflichtversicherung (bei Mietwagen eingeschlossen)	●	●	●
Fahrzeugschein	●	●	●

REISEZEIT

Rabat/Casablanca

Hauptsaison

Nebensaison

JAN	FEB	MÄRZ	APRIL	MAI	JUNI	JULI	AUG	SEPT	OKT	NOV	DEZ
17°C	18°C	19°C	21°C	23°C	25°C	28°C	28°C	27°C	25°C	20°C	18°C

☀ sonnig

⛅ wechselhaft

Nicht von ungefähr wird Marokko als kaltes Land mit heißer Sonne bezeichnet – es kann je nach Region und Jahreszeit **im Tagesverlauf erhebliche Temperaturunterschiede** geben. Im Sommer ist es an den Stränden heiß und voll, an der Atlantikküste ist der Himmel häufig bedeckt. Trotz **gemäßigten Klimas** ist es in den Seebädern außerhalb der Saison kühl. Der Sommer ist für einen Besuch des Hohen und Mittleren Atlas **bestens geeignet**, doch in Städten wie Fès oder Marrakech kann es unerträglich heiß sein. In den Süden und die Wüstenregion reist man am besten im Winter, von Oktober bis Februar, im Sommer steigt das Quecksilber hier leicht über 45°C. Wer das **ganze Land bereisen** möchte, sollte die Monate März bis Mai oder September/Oktober wählen.

INFORMATIONEN VORAB
Websites

■ www.visitmorocco.org
(Fremdenverkehrszentrale)

■ www.marokko.net
(sehr ausführliche Seite)

■ www.al-bab.com/maroc
(allgemeine Infos zu Marokko)

■ http://trekking-marokko.de/
(Sehr umfangreicher Marokko-Blog)

ANREISE

Mit dem Flugzeug: Royal Air Maroc (Tel. 069 92 00 140; www.royalairmaroc.de) und Lufthansa fliegen **nonstop** von Frankfurt nach Casablanca; Royal Air Maroc fliegt außerdem von Frankfurt **direkt** nach Tanger und weiter in andere marokkanische Städte. Die Billig-Airlines Air Berlin (www.AirBerlin.com), Easy Jet (www.easyjet.com), Air Arabia (www.airarabia.com) und TuiFly (www.tuifly.de) bieten von verschiedenen Orten Flüge nach Marokko an. Easyjet (www.easyjet.com) fliegt auch ab Genf und Basel.
Flugzeiten: Direktflüge von Frankfurt nach Casablanca dauern ca. 3,5 Stunden.
Mit dem Schiff: Mehrere Fährlinien verkehren zwischen Frankreich oder Spanien und Marokko. Die **günstigsten Preise** hat Trasmediterranea in Algeciras, Spanien (www.tras mediterranea.es). Mehrmals täglich verkehrt zwischen Algeciras und Ceuta eine **Autofähre** (90 Minuten), eine **Schnellfähre** (40 Minuten) oder ein **Katamaran** (30 Minuten). Die Passagiere müssen mit dem Bus zur marokkanischen Grenze und von dort aus mit einem weiteren Bus zu ihrem endgültigen Reiseziel fahren.
Mit dem Auto: Mit der Fähre setzen Sie **von Spanien oder Frankreich** über. Die Pass- und Zollkontrollen zwischen Ceuta und Marokko dauern lange, daher besser Tanger ansteuern!

ZEIT

In Marokko gilt die Westeuropäische Zeit (WEZ), das ist MEZ minus 1 Stunde. Ceuta und Melilla orientieren sich an der Mitteleuropäischen Zeit.

WÄHRUNG UND GELDWECHSEL

Währung: Die Währungseinheit von Marokko ist der Dirham (DH), unterteilt in 100 Centimes. **Banknoten** gibt es in den Einheiten 10, 20, 50, 100 und 200 DH, **Münzen** in den Einheiten 5, 10, 20 und 50 Centimes sowie 1, 2, 5 und 10 DH.
Geldwechsel: Bewahren Sie alle Belege bis zur Ausreise auf, denn Sie dürfen nur mit diesen Belegen zurücktauschen, falls Sie noch zu viele Dirhams haben sollten. Hotels und Banken tauschen Bargeld. In der Bank ist der Kurs in der Regel etwas günstiger.
Bank-/Kreditkarten: In fast jeder Stadt finden sich Geldautomaten, wo man mit Bankkarte und z. T. Kreditkarten Bargeld bekommt. Sollte kein Geld kommen, den Beleg aufheben und zu Hause kontrollieren, ob das Geld abgebucht wurde. Sollte dies geschehen sein, bei der Bank einen Antrag stellen. Das Geld wird meist schnell zurückgebucht. In besseren Hotels sowie in einigen Läden können Sie mit Kreditkarte bezahlen.
Sperrnummern: Unter Tel. 11 61 16 (aus dem Ausland mit der Vorwahl 0049) kann man für Deutschland unterschiedliche elektronische Berechtigungen wie Kreditkarten, On-line-Banking-Zugänge, Handykarten und die elektronische Identitätsfunktion des neuen Personalausweises bei Verlust sperren lassen.
Für Österreich gilt die Telefonnummer: 0043 1 7 17 01 45 00.
Die wichtigsten Notfallnummern in der Schweiz sind: 0041 044 659 69 00 (Swiss-card); 0041 044 8 28 35 01 (UBS Card Center) 0041 044 2 00 83 83 (VISECA); 0041 044 8 28 32 81 (Postfinance).

In Deutschland	In Österreich	In der Schweiz
Marokkanisches	Marokkanisches	Marokkanisches
Fremdenverkehrsamt	Fremdenverkehrsamt	Fremdenverkehrsamt
Graf-Adolf-Straße 59	Kärntner Ring 17/2/23	Schifflände 5
40210 Düsseldorf	1010 Wien	8001 Zürich
☎ 0211 37 05 51/52	☎ 01 5 12 53 26	☎ 044 2 52 73 16
marokkofva@aol.com	marokkotourismus@aon.at	info@marokko.ch

Praktisches

FEIERTAGE

1. Januar	Neujahr
1. Mai	Tag der Arbeit
23. Mai	Nationalfeiertag
30. Juli	Fest der Thronbesteigung
20. August	Tag der Revolution
23. August	Geburtstag von König Mohammed VI.
6. November	Jahrestag des Grünen Marsches
18. November	Unabhängigkeitstag

In Marokko werden die religiösen Feiertage des Islam beachtet, wie z. B. der Fastenmonat Ramadan. Die Feiertage orientieren sich am Mondkalender und variieren deshalb von Jahr zu Jahr.

ELEKTRIZITÄT

 In Marokko beträgt die Spannung 220 Volt, es ist daher normalerweise dort kein Adapter nötig. In manchen Gegenden beträgt die Spannung jedoch noch 110 Volt.

ÖFFNUNGSZEITEN

Geschäfte: In der Neustadt: Mo–Sa 9–13 und 15–19 Uhr. Die Souks sind von 9–19/20 Uhr (außer freitags) geöffnet.
Banken: Mo–Fr 8.30–11.30 und 14.30–16.30 Uhr.
Postämter: Mo–Fr 8.30–12 und 14.30–18.30 Uhr.
Museen: Di geschlossen, sonst von 12–15 Uhr geschlossen.
Apotheken: 9–12 und 15–17 Uhr.
Alle Zeiten können variieren!

TRINKGELD

Restaurantkellner (Service inkl.)	10–15%
Café/Bar	10–15%
Taxi	Wechselgeld
Führer (Sehenswürdigkeiten/Museum)	20 DH
Gepäckträger/Hotelpersonal	20 DH
Tankwart	5–10 DH
Toiletten (in Bars etc.)	5 DH

Auch Hausmeister, die eine Sehenswürdigkeit aufschließen, erwarten ein Trinkgeld.

ZEITUNTERSCHIED

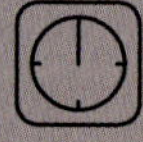   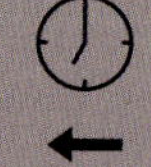 

Marokko	London (GMT)	MEZ (Berlin)	New York (EST)	Sydney (AEST)
12 Uhr	12 Uhr	13 Uhr	7 Uhr	22 Uhr

IN KONTAKT BLEIBEN

Alle Groß- und viele Kleinstädte haben ein Postamt (PTT). Der Service ist zuverlässig, Auslandspost kann jedoch lange unterwegs sein: von und nach Europa bis zu einer Woche. Briefe, die in die Briefkästen am oder im Postamt eingeworfen werden, kommen in der Regel schneller an.

In den Städten gibt es viele blau gekennzeichnete Selbstwähl-Telefonzellen mit Münzen oder Telefonkarten, die leicht zu bedienen sind. Die Karten kann man in allen Telecom-Läden kaufen. Sehr viel bequemer sind die vielen Teleboutiques, die man im ganzen Land findet. Diese kleinen Läden haben Telefonzellen, vermitteln bei Bedarf Gespräche und verschicken Faxe. Festnetztelefonnummern sind in Marokko seit 2009 zehnstellig. Nicht überall sind die neuen Nummern publiziert. Notfalls hilft die Telefonauskunft (Tel. 160).

Internationale Vorwahlnummern von Marokko ins Ausland:

Deutschland:	0049
Österreich:	0043
Schweiz:	0041

Mobilfunkanbieter und -dienste

Mobiltelefone (portable, »gsm«) wählen sich automatisch über Roaming in das entsprechende Partnernetz ein. Es kann günstiger sein, vor Ort eine Prepaid-Karte zu erwerben oder einen lokalen Chip (30 DH, Nachladen ab 10 DH).

WLAN und Internet

Internetcafés (»cybercafés) breiten sich überall in Marokko aus, oft auch in Kombination mit der Teleboutique. WLAN gibt's meist nur in großen Hotels und in Gueliz (Marrakech) im Park.

SICHERHEIT

- Hüten Sie sich vor selbst ernannten Führern, die sich als »Studenten« oder »Freunde« ausgeben; deren Hilfe sollten Sie, wenn überhaupt, nur mit größter Vorsicht annehmen. Buchen Sie offizielle Führer in den Touristenbüros.
- Lassen Sie sich nicht zum Kauf von Haschisch überreden – die Strafen für Drogenbesitz sind hoch.
- Achten Sie an belebten Orten unbedingt auf Taschendiebe.
- Halten Sie Bargeld und Pässe verborgen.
- Sie sollten abends in den Medinas nicht allein unterwegs sein.
- Außerhalb von Strand oder Hotel sollten sich Frauen nicht zu freizügig kleiden, sondern auch Arme und Beine bedecken.

Polizei:
☎ 19 von jedem Telefon

Praktisches

GESUNDHEIT

 **Krankenversicherung:** In den größeren marokkanischen Städten stehen gut ausgebildete Ärzte zur Verfügung. Die Notfallversorgung in staatlichen Krankenhäusern ist kostenlos.

 **Zahnarzt:** Vor Antritt der Reise sollten Sie Ihre Zähne gründlich untersuchen lassen. Lassen Sie sich im Notfall vom Konsulat in einer größeren Stadt einen Zahnarzt empfehlen.

 **Wetter:** Die Sonne kann sehr stark sein, Sie sollten sich daher mit leichter Baumwollkleidung, Kopfbedeckung und Sonnenschutzmittel mit hohem Lichtschutzfaktor schützen und viel in Flaschen abgefülltes Wasser trinken.

 **Medikamente:** Die Apotheken sind in der Regel gut sortiert. Medikamente sind meist deutlich günstiger als in Deutschland. Sie sollten immer Schmerzmittel, Mittel gegen Durchfall und gegen Sonnenbrand dabei haben.

 **Trinkwasser:** Unabgekochtes Leitungswasser kann zu Magenproblemen führen. Trinken Sie Wasser in Flaschen, essen Sie keine rohen Speisen (Salat, gewaschen mit Leitungswasser).

ERMÄSSIGUNGEN

Studenten/Kinder: Royal Air Maroc bietet Personen unter 26 Jahren bei Inlandsflügen 25 % Ermäßigung. InterRail-Ermäßigungen für Personen unter 26 gelten auch für Marokko.
Senioren: Ältere Menschen erhalten keine Rabatte. Einige Hotels südlich von Agadir haben Angebote für Langzeitgäste, doch fehlt es oft an Fahrstühlen.

SOUVENIRS AUS DER NATUR

Die Einfuhr von Tieren oder Pflanzen seltener oder gefährdeter Arten kann illegal sein oder eine spezielle Erlaubnis erfordern.

EINRICHTUNGEN FÜR BEHINDERTE

Spezielle Einrichtungen für Reisende mit Behinderungen gibt es in Marokko kaum, und die Medinas sind kein einfaches Pflaster. Die Marokkaner sind in der Regel hilfsbereit, und doch sind die Hotels, die öffentlichen Verkehrsmittel und Sehenswürdigkeiten meist nicht behindertengerecht konzipiert. Sie sollten sich mit Organisationen in Verbindung setzen, die sich auf Reisende mit Behinderungen spezialisiert haben.

 KINDER

In den meisten Hotels, Bars und Restaurants sind Kinder willkommen. Wickelräume gibt es kaum. Besondere Attraktionen für Kinder sind durch oben stehendes Logo gekennzeichnet.

TOILETTEN

Die meisten Hotels haben Sitztoiletten im europäischen Stil, doch sonst werden Sie fast überall Stehtoiletten antreffen, die normalerweise sauberer und hygienischer sind. Denken Sie daran, immer Toilettenpapier mitzunehmen.

BOTSCHAFTEN UND KONSULATE

Deutschland (Rabat)
7, Zankat Madnine
☎ 0537 21 86 00
www.rabat.diplo.de

Österreich (Rabat)
2, Zankat Tiddas
☎ 0537 76 40 03
www.bmeia.gv.at/
botschaft/rabat.html

Schweiz (Rabat)
Square de Berkane
☎ 0537 26 80 30

IMMER ZU GEBRAUCHEN

Das marokkanische Arabisch unterscheidet sich deutlich vom klassischen, außerdem werden hier drei Berberdialekte gesprochen. Einige Marokkaner sprechen fließend mehrere Sprachen. Im Folgenden sind die Wörter ansatzweise in phonetischer Umschrift wiedergegeben; eine exakte Aussprache ist damit allerdings noch nicht möglich. Wörter oder Buchstaben in Klammern geben die Formen an, die für weibliche Sprecher gelten.

IMMER ZU GEBRAUCHEN

Ja **Eeyeh, naam**
Nein **La**
Bitte **Min fadlak (fadlik) / Afek**
Danke **Shukran / Baraka allah utik**
Nichts zu danken / bitte sehr! **Al Afou**
Guten Tag zu Muslimen **As Salaam alaykum**
(formell)
Als Antwort **Wa alaykum Salaam**
Guten Tag (zwanglos) **La bes**
Als Antwort **Bikhir**
Willkommen **Ahlan wa sahlan**
Als Antwort **Ahlan bik(i)**
Auf Wiedersehen **Bislemah**
Guten Morgen **Sbah l`khir**
Guten Abend **Msa l`khir**
Gute Nacht **Leela sai-ida**
Wie geht's? **La bes?**
Danke, gut **Bikhir hamdulillaah**
So Gott will, hoffentlich **Inschallah**
Verzeihung **Esmghli**
Ich heiße ... **Ismee ...**
Sprechen Sie englisch? **Itkelim Ingleezi?**
Ich verstehe nicht **Mafhemsch**
Ich verstehe **Fhamt**
Ich spreche nicht arabisch
Ana Metkelimsh Arabi

ZAHLEN

0	sifr	5	khamsa
1	wahid	6	sitta
2	tnayn *(formell)*	7	sebaa
	schusch	8	tmanya
	(zwanglos)	9	tesa
3	tlaata	10	ashra
4	arbah		

WOCHENTAGE

Montag	youm al-itnayn
Dienstag	youm at-talaat
Mittwoch	youm al-arbah
Donnerstag	youm al-khamees
Freitag	youm al-gumah
Samstag	youm is sabt
Sonntag	youm al-hadd

NOTFALL! TAARI!

Hilfe! **Atkooni!**
Haltet den Dieb! **Serrak / Cheffar**
Polizei **Bulis**
Feuer **Afia/Nar**
Krankenhaus **S'bitar**
Gehen Sie weg! **Sir Fhalek!**
Wo ist die Toilette? **Feyn atoilet?**
Ich bin krank **Ana m'rihd**
Wir möchten einen Arzt **B'ghit T'bib**

EINKAUFEN

Geschäft **Hanut**
Ich hätte gern ... **B'ghiht ...**
Wie viel ...? **Schhal ...? / Bekam?**
Das ist mein letztes Angebot
Had shi b'zzaf
Billig **Rakhis**
Groß / klein **Kebeer / s´gheer**
Geöffnet / geschlossen **Maftuh / muglak**

UNTERWEGS

Ich habe die Orientierung verloren
Ana T'left
Wo ist ...? **Feyn ...?**
Flughafen **Mataar**
Bus **Kar**
Bushaltestelle **Mahattat el-ottobisat**
Botschaft **Sifaara**
Markt **Souk**
Moschee **Gaama; masjid**
Museum **Mathaf**
Platz **Saaha**
Straße **Zenka**
Taxistand **Manhattat at taxiyat**
Bahnhof **El gar**
Nah / fern? **Baid / kreeb?**
Wie viele Kilometer? **Kam kilomet?**
Links / rechts **Yassar / yemeen**
Hier / dort **Hina / hinak**
Geradeaus **Toul / Nishan**
Wann fährt der Bus / Zug ab?
Waktash tren / kar yamshi?
Ich möchte ein Taxi **B'ghit taxi**
(Eintritts-/Fahr-)karte **Warka / tickita**
Auto **Tonobil**
Zug **Tren**

Sprachführer

RESTAURANT: MATTAAM

Ich möchte ... essen **B'ghit akul ...**
Alkohol / Bier **Akohol / birra**
Brot **Khobz**
Kaffee / Tee **Jahua / tschai**
Fleisch **L'ham**
Mineralwasser **Mae maadini**
Salz und Pfeffer **Melh / filfil**
Rotwein / Weißwein **Schreb rouge / blanc**
Frühstück **Ftur**
Kellner **Garsson / Serbaay**
Speisekarte **La carte / Menu**
Rechnung **L'hssab**

GELD: FLUHSS

Wo ist die Bank? **Feyn el bank?**
Wechselgeld **Sarf**
Postamt **Bosta / Beriol**
(Post-)sendung **Barid**
Scheck **Scheck**
Kreditkarte **Cart visa**
Wie viel macht das? **Bsh hal hadik?**

GLOSSAR ZUM TEXT

Aim **Brunnen, Quelle**
Aït **Stamm**
Arabesque **Geometrisches und florales Ornament mit Schrift**
Bab **Tor in der Stadtmauer**
Babouche **Traditionelle Lederpantoffeln**
Baraka **Segen eines Heiligen, gesucht bei seinem marabout**
Berber **Die autochthone Bevölkerung von Marokko und Nordafrika**
Borj **Fort, Turm**
Caid **Distriktsverwalter**
Cherif (shereef, shrif) **Nachkomme des Propheten Mohammed**
Djemaa/jamaa **Moschee**
Drar **Haus**
Ensemble artisanal **Staatliches Geschäft mit Festpreisen**
Eye **Sanddüne**
Fantasia **Spektakuläre Feier, die traditionell bei Berberfesten abgehalten wird**
Fassi **Einwohner von Fès**
Fondouk **Gasthaus, Karawanserei**
Gnaoua **Bruderschaft, die von Sklaven aus Mali und Senegal abstammt**
Haik **Traditioneller Schleier**
Hammam **Dampfbad, oft in der Nähe der Moscheen für Waschungen vor dem Gebet**
Harira **Reichhaltige Fleischsuppe**
Jellaba **Oberbekleidung mit Kapuze**

Jinn **Kobold, guter oder böser Geist**
Joutia **Flohmarkt**
Karawanserei **Unterkünfte für Reisende**
Kasbah **Befestigtes Dorf**
Khanqah **Sufi-Kloster**
Kif **Haschisch**
Kissaria **Überdachter Markt**
Koran (Qu'ran) **Heiliges Buch der Muslime**
Koubba **Grab eines Heiligen/Kuppelbau** (siehe marabout)
Ksar **Befestigtes Dorf**
Ksour **Plural von ksar**
Makhzen **Regierung**
Marabout **Heiliger Mann, auch sein Grab** (siehe koubba)
Maristan **(Islamisches) Krankenhaus**
Mechouar **Großer Platz für offizielle Versammlungen**
Medersa **Koranschule**
Medina **Altstadt**
Mellah **Jüdisches Viertel**
Midan **Platz**
Minarett **Schlanker Turm an einer Moschee**
Minzah **Garten an alten marokkanischen Häusern**
Moulay **Nachkomme Mohammeds, Titel marokkanischer Sultane**
Mouloud **Geburtstag des Propheten**
Moussem **Wallfahrt und Feier zu Ehren eines muslimischen Heiligen**
Mstani **Christ**
Muhayyem **Campingplatz**
Oud **Marokkanische Musik**
Oued **Fluss oder Flussbett**
Pisé **Baumaterial aus gepresstem Lehm und Steinen aus dem Flussbett**
Ramadan **Islamischer Fastenmonat**
Ras **Quelle**
Sahn **Hof einer Moschee**
Sawiris **Einwohner von Essaouira**
Sharia **Straße**
Shouaf **Medizinmann**
Souk **Straßenmarkt, Basar**
Sufi **Islamische Bruderschaft von Asketen und Mystikern**
Tagine **Traditioneller Eintopf**
Tizi **Pass**
Tuareg **Berbernomaden aus der westlichen Sahara mit blauen Gewändern**
Vizier **Hauptgeistlicher eines islamischen Herrschers**
Zaouia **Ort für religiöse Zusammenkünfte**

Kapiteleinteilung: siehe vordere Umschlaginnenseite

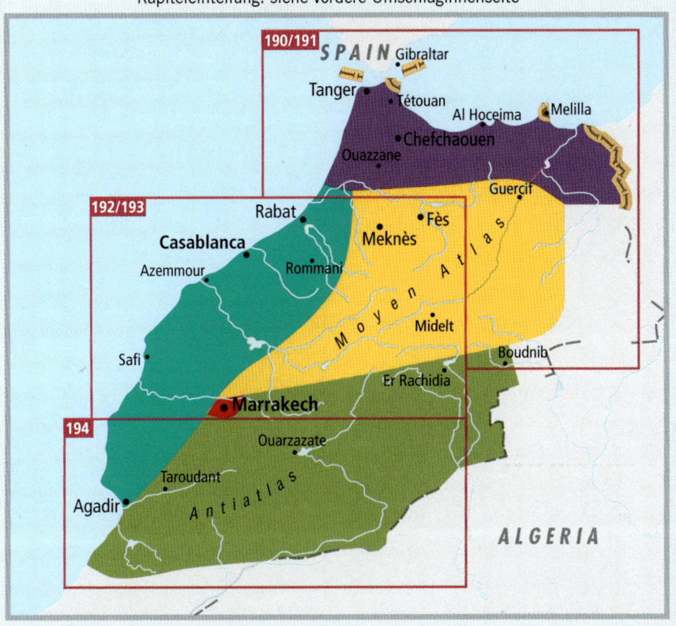

Legende

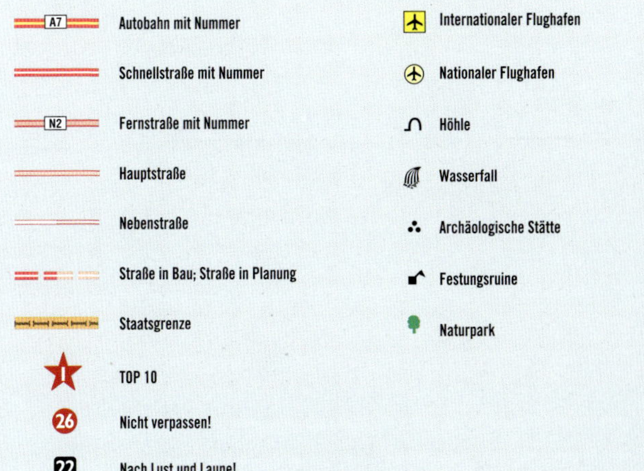

1 : 3.000.000

0	100	200 km
0	50	100 mi

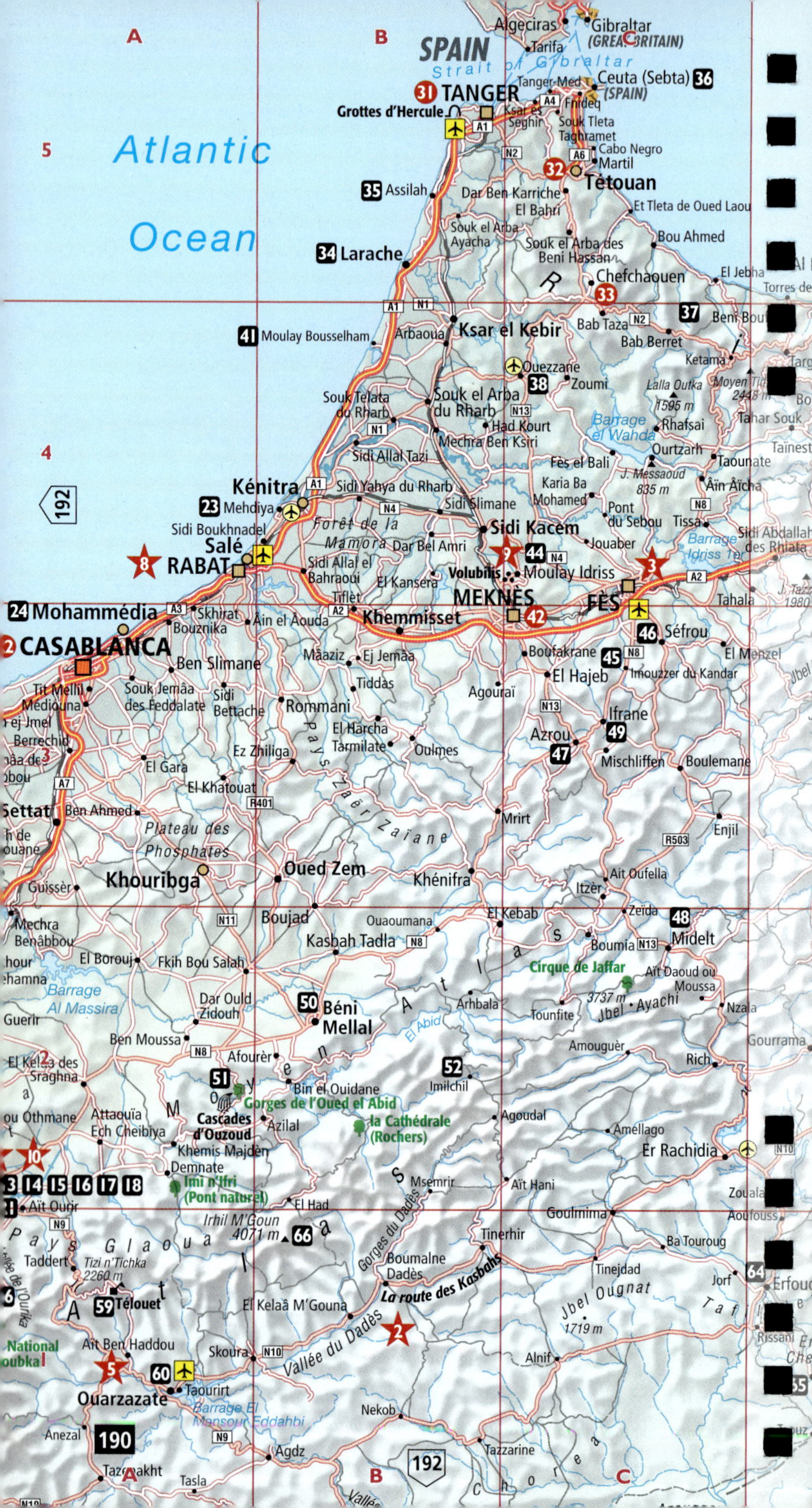

Atlantic
Ocean
SPAIN
Strait of Gibraltar
Algeciras
Tarifa
Gibraltar (GREAT BRITAIN)
Ceuta (Sebta) 36
(SPAIN)
31 TANGER
Tanger-Med
Fnideq
Grottes d'Hercule
Ksar es Seghir
Souk Tleta Taghramet
Cabo Negro
32
Martil
35 Assilah
Têtouan
Dar Ben Karriche El Bahri
Et Tleta de Oued Laou
34 Larache
Souk el Arba Ayacha
Souk el Arba des Beni Hassan
Bou Ahmed
Chefchaouen
El Jebha
Torres de
33
41 Moulay Bousselham
Arbaoua
Ksar el Kebir
Bab Taza 37
Bab Berret
Beni Bou
Targ
Souk Telata du Rharb
38 Ouezzane
Zoumi
Ketama
Moyen Tid 2448 m
Bou
Souk el Arba du Rharb
Lalla Outka 1595 m
Barrage el Wahda
Rhafsai
Tahar Souk
Tainest
Had Kourt
Ourtzarh
Taounate
Mechra Ben Ksiri
Fès el Bali
J. Messaoud 835 m
Taounate
Sidi Allal Tazi
Karia Ba Mohamed
Aïn Aïcha
Kénitra
Sidi Yahya du Rharb
23 Mehdiya
Sidi Slimane
Pont du Sebou
Tissa
Sidi Boukhnadel
Forêt de la Mamora
Dar Bel Amri
Sidi Kacem
Barrage Idriss Ier
Sidi Abdallah des Rhiata
Salé
8 RABAT
Sidi Allal el Bahraoui
El Kansera
9 44 N4
Volubilis
Moulay Idriss
3
Tiflet
MEKNÈS
FÈS
Tahala
24 Mohammédia
Skhirat
Khemmisset
42
Séfrou
J. Tazze 1980
Bouznika
Âin el Aouda
46
2 CASABLANCA
Mâaziz
Ej Jemâa
Boufakrane
45 N8
El Menzel
Tit Mellil
Ben Slimane
Tiddas
El Hajeb
Imouzzer du Kandar
Jbel
Mediouna
Souk Jemâa des Feddalate
Sidi Bettache
Agouraï
N13
Ifrane
ej Jmel
Rommani
Azrou
49
Berrechid
El Harcha Tarmilate
Oulmes
47
Mischliffen
Boulemane
âa de bou
El Gara
Ez Zhiliga
El Khatouat
R401
Mrirt
Enjil
Settat
Bèn Ahmed
Plateau des Phosphates
R503
h de ouane
Guisser
Khouribga
Oued Zem
Khénifra
Itzer
Zeida
48
Mechra Benâbbou
N11
Boujad
Ouaoumana
El Kebab
Boumia N13
Midelt
hour ehamna
El Borouj
Kasbah Tadla
N8
Cirque de Jaffar
Aït Daoud ou Moussa
Barrage Al Massira
Fkih Bou Salah
3737 m
Jbel Ayachi
Nza
Guerir
Dar Ould Zidouh
50 Béni Mellal
El Abid
Arhbala
Tounfite
Amouguèr
Rich
Gourrama
Ben Moussa
N8
Afourèr
Imilchil
52
El Kelâa des Sraghna
51
Bin el Ouidane
Gorges de l'Oued el Abid
Agoudal
Amèllago
Er Rachidia
N10
ou Othmane
Attaouïa Ech Cheibiya
Cascades d'Ouzoud
Azilal
la Cathédrale (Rochers)
Khemis Majden
Demnate
Msemrir
Aït Hani
Zouala
10
Imi n'Ifri (Pont naturel)
Goulmima
Aoufouss
3 14 15 16 17 18
El Had
Irhil M'Goun 4071 m 66
Tinerhir
Ba Touroug
Aït Ourir
Gorges du Dadès
64
Pays Glaoua
Taddert
Tizi n'Tichka 2260 m
Boumalne Dadès
Tinejdad
Jorf
Erfoud
La route des Kasbahs
Jbel Ougnat 1719 m
Rissani
Che
59 Télouet
El Kelaâ M'Gouna
2
National oubka
Aït Ben Haddou
Skoura
N10
Vallée du Dadès
Alnif
5
60
Taourirt
Nekob
Ouarzazate
Barrage El Mansour Eddahbi
Anezal
190
N9
Agdz
Tazzarine
192
Tazenakht
Tasla

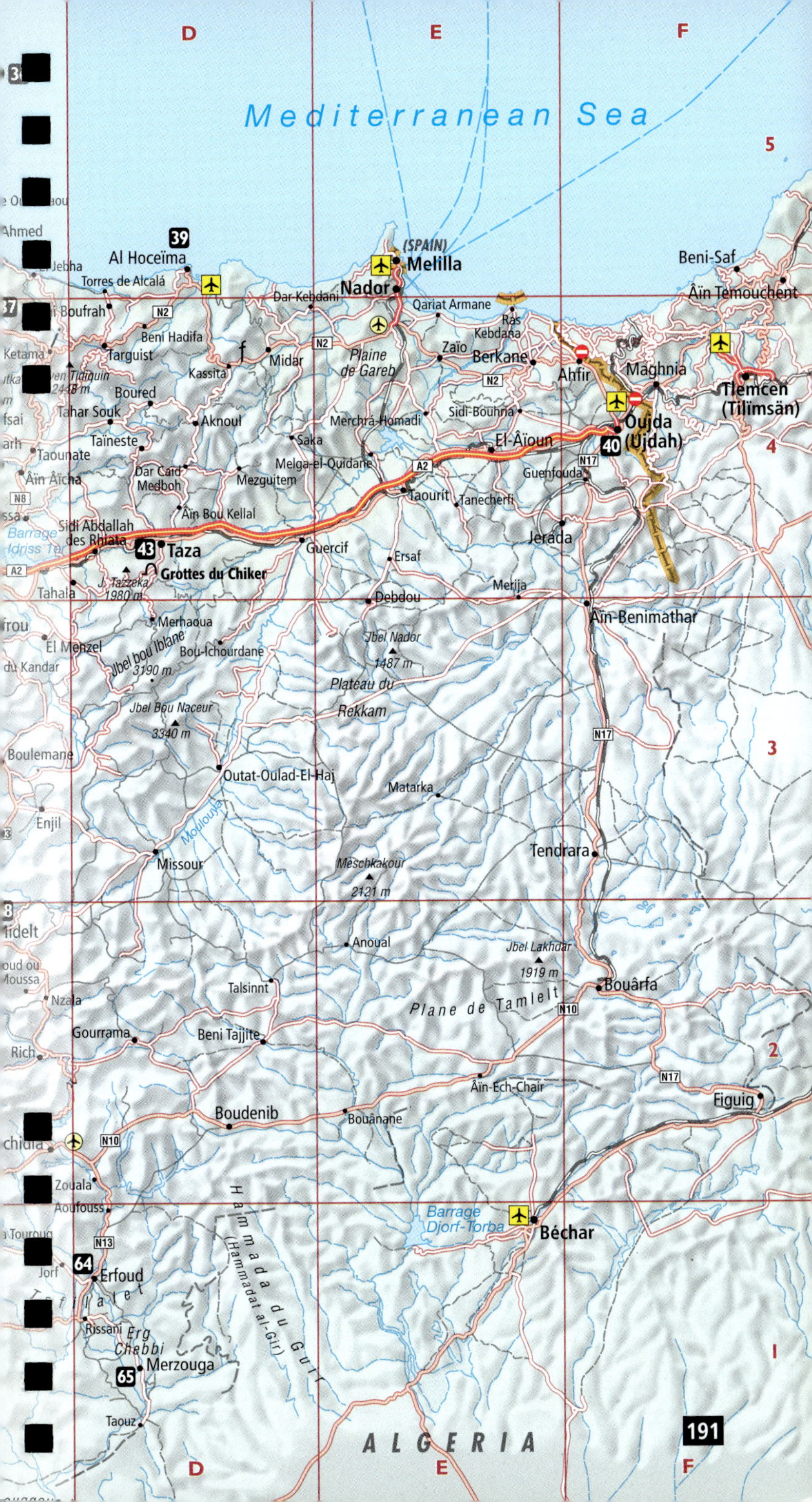

Mediterranean Sea
D
E
F
5
4
3
2
1
39
40
43
64
65
191
(SPAIN)
Melilla
Nador
Al Hoceïma
Torres de Alcalá
Jebha
Ahmed
e Ou… au
Dar-Kebdani
Qariat Armane
Ras Kebdana
Beni-Saf
Âin Temouchent
i Boufrah
Ketama
Beni Hadifa
Targuist
Kassita
Midar
Plaine de Gareb
Zaïo
Berkane
Ahfir
Maghnia
Tlemcen (Tilimsän)
Tiriquin 2448 m
Boured
Tahar Souk
Aknoul
Merchrâ-Homadi
Sidi-Bouhria
El-Âïoun
Oujda (Ujdah)
N2
N2
N2
Taineste
Saka
Guenfouda
Dar Caïd Medboh
Mezguitem
Melga-el-Quidane
Taourit
Tanecherfi
A2
N17
Âin Aïcha
Taounate
N8
ssa
Barrage Idriss 1er
Sidi Abdallah des Rhiata
Âin Bou Kellal
Guercif
Ersaf
Jerada
Merija
A2
Taza
Grottes du Chiker
J. Tazzeka 1980 m
Tahala
Debdou
Âin-Benimathar
irou
Merhaoua
Jbel bou Iblane 3190 m
Bou-Ichourdane
Jbel Nador 1487 m
El Menzel
du Kandar
Plateau du Rekkam
Jbel Bou Naceur 3340 m
Boulemane
Outat-Oulad-El-Haj
Matarka
Enjil
3
Moulouya
Missour
Meschkakour 2121 m
Tendrara
N17
idelt
oud ou Moussa
Anoual
Jbel Lakhdar 1919 m
Bouârfa
Nzala
Talsinnt
Plane de Tamlelt
N10
Gourrama
Beni Tajjite
Âin-Ech-Chair
N17
Rich
Figuig
Boudenib
Bouânane
chidia
N10
Zouala
Aoufouss
Barrage Djorf-Torba
Béchar
a Touroug
N13
Hammada du Guir (Hammâdat al-Gir)
Jorf
Erfoud
64
Rissani
Erg Chebbi
Merzouga
65
Taouz
ALGERIA
191

Atlantic Ocean
A B C
5
4
3
2
1
25 Azemmour
26 El Jadida
Sidi Moussa
Oued Frej
Souk el Jemaa
Sidi Smaïl
27 Oualidia
Khemis des
Zemamra
Sidi Benn
Cap Beddouza
Dar Caïd
Zerhouni
Had Harrara
Cap Safi
Jemâa Sahi
Arba Amrane
28 SAFI
Bouguedra
Youssoufia
R204
Dar Caïd Hadji
Sebt des
Gzoula
Chemaïa
R201
Talmest
N7
Oum el Âïoun
Moulay Bouzerktoun
N1
R207 Sidi Mokhtar
MARRAKECH
4 Essaouira
Ounara
Tleta
Henchane
Chichaoua
N8
Île de Mogador
Cap Sim
Aït bou Riah
Sidi Kaouki
Gorges de Moulay Brahi
A7
Had Smimou
Gorges
Ouirgane
Amizmiz
Asn
Cap Tafelney
Imi n Tanoute
Tin Mal
Ijouka
Tamri
53
Tizi N'Test
2092 m
Imouzzer des Ida-Outanane
29
Aoulouz
N1
A7
H   a   u   t
30 Agadir
Taroudant
55
Aït Melloul
Arazane
Oulad Teïma
Biougra
Aït Baha
Adrar n Aklim
2551 m
Igherm
J. Tabarount
1723 m
Sisi-Moussa-Agiou
J. Lekst
2359 m
Tagmoute
Tiznit
Tafraoute
Tat
57 Mirleft
54
Imitek
Anezi
N1
Akka
Sidi Ifni
Jemaa Ida Oussemlal
A n t i   A t l a s
Souk-Tleta-
des-Akhasass
194
El-Arb-
de-Mesti
Bou-Izakarn
Oua-Belli
Touzounine
O.-Noun
Foum-
Ouggoug
N12
Guelmim
Tagmoute
Icht
Oued Drâa
1
N1
Tadalt
Je
Tan Tan
Assa
192
Dar-Chebika
A B C
194

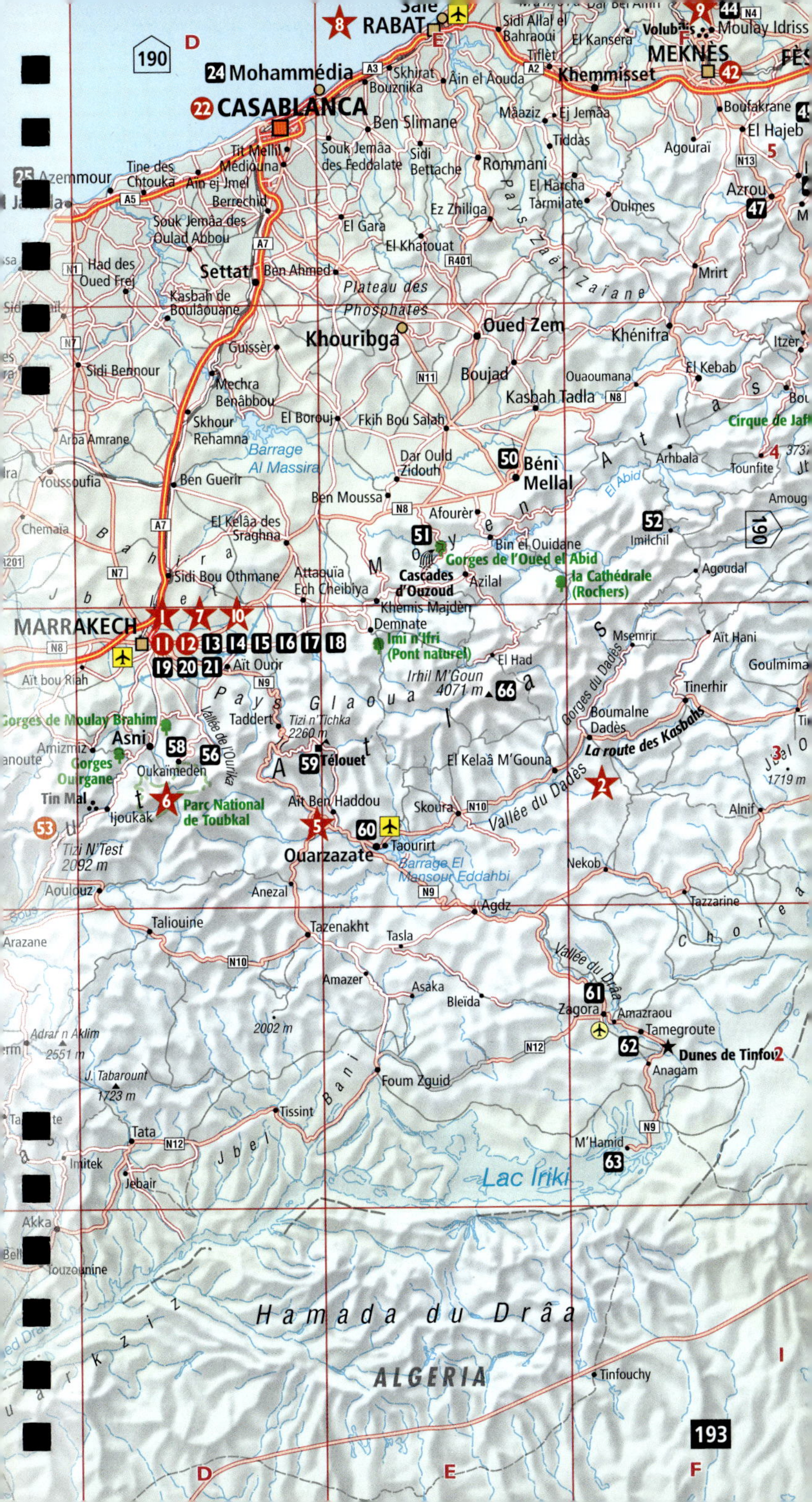
190
D
8 RABAT
Salé
E
Sidi Allal el Bahraoui
El Kansera
Tiflèt
Khemmisset
9 44 N4
Volubilis
Moulay Idriss
MEKNÈS
42
FÈS
24 Mohammédia
A3
Skhirat
Bouznika
Aïn el Aouda
Boufakrane
22 CASABLANCA
Ben Slimane
Mâaziz
Ej Jemâa
Tiddas
Agouraï
El Hajeb
5
Tit Mellil
Souk Jemâa des Feddalate
Sidi Bettache
Rommani
N13
Azrou
47
M
25 Azemmour
Tine des Chtouka
Médiouna
Aïn ej Jmel
Berrechid
El Gara
El Harcha
Tarmilate
Oulmes
Jamaâ
A5
El Khatouat
N1
Had des Oued Frej
Settat
Ben Ahmed
R401
Mrirt
Souk Jemâa des Oulad Abbou
A7
Plateau des Phosphates
N7
Kasbah de Boulâouane
Khouribga
Oued Zem
Khénifra
Itzèr
Guissèr
Boujad
Ouaoumana
El Kebab
Sidi Bennour
Mechra Benâbbou
El Borouj
Fkih Bou Salah
Kasbah Tadla
N8
Bou
Arba Amrane
Skhour Rehamna
Barrage Al Massira
Dar Ould Zidouh
50 Béni Mellal
El Abid
Arhbala
Tounfite
4
373
Cirque de Jaf
Youssoufia
Ben Guerir
Ben Moussa
N8
Afourèr
Amoug
Chemaïa
A7
El Kelâa des Sraghna
Bin el Ouidane
52
Imilchil
190
B201
N7
Sidi Bou Othmane
Attaouïa Ech Cheibiya
M
Gorges de l'Oued el Abid
Agoudal
J b i l e t
Cascades d'Ouzoud
Azilal
la Cathédrale (Rochers)
51
Khemis Majdèn
Demnate
Msemrir
Aït Hani
MARRAKECH
7 10
Imi n'Ifri (Pont naturel)
El Had
Gorges du Dadès
Goulmima
N8
11 12 13 14 15 16 17 18
Irhil M'Goun 4071 m
66
Tinerhir
19 20 21
Aït Ourir
N9
Pays Glaoua
Boumalne Dadès
3
1719 m
Gorges de Moulay Brahim
Taddert
Tizi n'Tichka 2260 m
La route des Kasbahs
Asni
58 56
Vallée de l'Ourika
59 Télouet
El Kelaâ M'Gouna
Amizmiz
Gorges Ourigane
Oukaïmeden
A
Vallée du Dadès
2
anoute
Tin Mal
6 Parc National de Toubkal
Aït Ben Haddou
Skoura
N10
Alnif
53
Ijoukak
5
60
Taourirt
Nekob
Tizi N'Test 2092 m
Ouarzazate
Barrage El Mansour Eddahbi
N9
Tazzarine
Aoulouz
Anezal
Agdz
Taliouine
Tazenakht
Tasla
C h o r e a
N10
Amazer
Asaka
Bleïda
Vallée du Drâa
61
Zagora
Amazraou
Tamegroute
2002 m
N12
62
Dunes de Tinfou 2
Adrar n Aklim 2551 m
Anagam
J. Tabarount 1723 m
Foum Zguid
N9
Jbel Bani
M'Hamid
63
Tata
N12
Tissint
Lac Iriki
Imitek
Jebair
Akka
Touzounine
H a m a d a   d u   D r â a
A L G E R I A
Tinfouchy
193
D
E
F

194
MAURETANIA
ALGERIA
SPAIN
Atlantic Ocean
U. Tabarou 1723 m
Tagmoute
Imitek
Akka
Touzounine
Oua-Belli
Tafraoute
Anezi
Tiznit
54
N1
Jemaa Ida Oussemlal
Bou-Izakarn
N12
Icht
Tagmoute
Guelmim
Assa
Tadalt
Zag
El-Mahbas
Tindouf
Sisi-Moussa-Aqiou
Mirleft
57
193
Sidi Ifni
El-Arb-de-Mesti
Foum-Ouggoug
Souk-Tleta-des-Akhasass
O.-Noun
N1
Idiriva
Tan Tan
Dar-Chebika
Tan Tan Plage
Abatteh
Sidi Akhfennir
Smara
Saguia el Hamra
El Hagounia
Al Gada
Tarfaya
N1
Laayoune (El Aïoun)
Lanzarote
Arrecife
Corralejo
Puerto del Rosario
Costa Calma
Fuerteventura
Morro Jable
E
D
C
B
A
1
2
3

Register

Abbildungsnachweis

AA/I. Burgum: 10/11, 22, 24, 32 (links), 33 (rechts), 77, 81, 87, 104, 116, 126, 130–133, 135, 137, 163, 175, 176, 185 (unten)

AA/P. Kenward: 23, 76, 91, 124, 127, 139, 149, 150/151

AA/S. McBride: 16, 20, 102/103, 106¬–110, 112, 113, 125, 134, 136, 179

akg-images: Manuel Cohen 4

Bildagentur Huber: A. Saffo 7, Bruno Cossa 84/85

Corbis: Ted Levine 13, arabianEye/JD Dallet 26, Olivier Martel 27, Atlantide Phototravel 82, K.M. Westermann 114, Robert van der Hilst 128/129 und 129, Robert Harding World Imagery/Matthew Williams-Ellis 153, K.M. Westermann 156

Getty Images: Time Life/Terrence Spencer 30, AFP/Philippe Wojazer 31, Gallo Images/Shaen Adey 86, The Image Bank/Walter Bibikow 92/93, The Image Bank/Jean du Boisberranger 105, The Image Bank/Walter Biblkow 138, Photographer's Choice/Maremagnum 162

laif: Aurora/Rachid Dahnoun 8, Le Figaro Magazine/Eric Martin 89 und 90

LOOK-foto: age fotostock 88 und 111, Kay Maeritz 115, age fotostock 152

mauritius images: age 85

picture-alliance/Selva/Leemage: 28/29

alle weiteren Fotos: AA/A. Mockford und N. Bonetti

Titelbild: Getty Images/Ugurhan Betin

© MAIRDUMONT GmbH & Co. KG
VERLAG KARL BAEDEKER

1. Aufl. 2015

Text: Sylvie Franquet, Muriel Brunswick-Ibrahim
Übersetzung: Brigitte Beier, Beatrix Gelhoff,
Anne Pitz (»Das Magazin«)
Redaktion: Anja Schlatterer, Anette Vogt, Ellen Weitbrecht
(red.sign, Stuttgart)
Programmleitung: Birgit Borowski
Chefredaktion: Rainer Eisenschmid

Kartografie: © MAIRDUMONT GmbH & Co. KG, Ostfildern
3D-Illustrationen: jangled nerves, Stuttgart

Anzeigenvermarktung:
MAIRDUMONT MEDIA
Tel. 0711/4502 333
media@mairdumont.com
media.mairdumont.com

Printed in China

Trotz aller Sorgfalt von Autoren und Redaktion sind Fehler und
Änderungen nach Drucklegung leider nicht auszuschließen.
Dafür kann der Verlag keine Haftung übernehmen.
Berichtigungen, Kritik und Verbesserungsvorschläge sind uns
jederzeit willkommen, bitte informieren Sie uns unter:

Verlag Karl Baedeker/Redaktion
Postfach 3162
D-73751 Ostfildern
Tel. 0711 4502 262
smart@baedeker.com
www.baedeker.com

10 GRÜNDE
WIEDERZUKOMMEN

1. Marokko ist so **vielfältig**, dass man es gar nicht auf einmal erfassen kann.

2. Nirgendwo sonst schmeckt der **Pfefferminztee** so sehr nach Kaugummi wie hier.

3. Die *riads* sind so **zauberhaft**, dass man immer wieder neue entdecken muss.

4. »Marokko liefert sich nicht aus. **Man muss es sich selbst suchen**« (Tahar Ben Jelloun).

5. Die **Oasen** sind so schön, dass man süchtig davon wird.

6. **Tajineformen** gehen kaputt. Die allerschönsten bekommt man nur in den Souks!

7. **Kamelreiten** kann man nicht auf einmal lernen. Man muss es immer wieder versuchen.

8. Die vielen **Festivals** in Marokko bieten Musikgenuss in allen Facetten.

9. Die tollen **Bars und Lounges** in Marrakech laden Nacht für Nacht wieder ein.

10. In einer **Kasbah zu wohnen** ist so wundervoll, dass es kein Einzelfall bleiben sollte.